"中原发展研究院智库丛书"的编撰和出版得到了中原发展研究基金会及郑州宇通集团公司、河南投资集团公司、河南民航发展投资有限公司、河南铁路投资有限责任公司、中原信托公司、中原证券公司、河南恒通化工集团公司等企业的赞助,也得到了深圳海王集团公司、北京汉唐教育集团公司、河南财政金融学院的专项资助。

"中原发展研究院智库丛书"是新型城镇化与中原经济区建设河南省协同创新中心系列研究及河南省发改委与财政厅政府购买服务项目的重要组成部分。

中原发展研究院
智库丛书

中原经济区发展指数报告
(2016)

主　　　编◎耿明斋
执　行　主　编◎张建秋
副　　主　　编◎张国骁

社会科学文献出版社
SOCIAL SCIENCES ACADEMIC PRESS (CHINA)

"中原发展研究院智库丛书"
编委会

编委会主任 张大卫

编委会副主任 耿明斋

编委会成员 （按姓氏笔画排序）

万　隆　　王宇燕　　王雪云　　王照平　　朱连昌
朱孟洲　　朱焕然　　任沁新　　刘　伟　　汤玉祥
孙有才　　杨盛道　　李和平　　肖新明　　冷　俊
宋丙涛　　张　琼　　张大卫　　张庆义　　张明超
张学功　　郑祖玄　　宗长青　　赵志亮　　赵水根
胡五岳　　段建新　　娄源功　　秦群立　　耿明斋
钱国玉　　徐衣显　　黄日珉　　菅明军　　盛国民
焦锦淼　　蒿慧杰

总　序

由苏联开启，曾经波及半个地球，涵盖几十个国家的计划经济体制模式，是基于某种理论逻辑构建的。而针对这种体制所进行的市场化改革，却是基于经济发展的现实需要。最初，为了证明这种改革的正当性，人们往往采取对理论进行重新解释甚至不惜曲解的办法。而守护原有理论正当性和纯洁性的学者则将这些理论与已经变化了的现实相对照，指出现实中某些变化的非合法性，要求纠正并向原有的符合理论模式的体制回归。1990年底，我参加了某个当时被认为是全国经济学界最重要的学术会议，强烈地感受到上述两派学者的分歧，也突然悟到他们都有一个共同的错误，即把现实放到了一个从属的地位，将现实的合法性归入某种理论框架，试图用理论的合法性来解释现实的合法性。这显然颠倒了理论与现实的关系。

其实，现实的合法性来源于自身，并不需要用理论来证明。因此，经济研究还有另外一条更为正确的途径，那就是从现实出发，从实际中我们所遇到的问题出发，先弄清楚问题是什么，然后再去寻找可以解释问题的理论。如果找不到现成的可以解释问题的理论，那就说明理论本身有问题，理论发展和创新的突破口也就找到了。自那以后，我就一头扎进了现实中，自觉走上了从现实出发、从问题出发的研究轨道。

还有一个问题也是经过长期琢磨和争论才弄清楚并坚持下来的，那就是我们研究的切入点和主攻方向究竟是涉及全局还是局部的问题；究竟是关注看起来更大、更重要但距离我们更遥远的事情，还是看起来更小也没那么重要但意义更深远的身边的事情。我们最终选择了后者，那就是发生在我们身边的看起来渺小但对整个中国的现代化进程都具有深远影响的事情，即传统平原农区工业化与经济社会转型。时间已证明当初我们的选择是正确的，相信其将继续证明我们的正确性。

十多年来，我们围绕传统平原农区工业化与经济社会转型这个主题进行了卓有成效的探索，主持了"欠发达平原农业区产业结构调整升级与工业化发展模式研究""传统平原农区工业化与社会转型路径研究""黄河中下游平原农区工业化与社会转型路径研究""中西部地区承接产业转移的重点与政策研究"等多项重大、重点、一般国家社科基金项目，以及一系列教育部、省政府、相关地方政府和企业委托项目的研究，完成了《关于建设中原城市群经济隆起带若干问题的思考》《河南省协调空间开发秩序和调整空间结构研究》《鹤壁现代城市形态发展战略规划》等多个区域发展研究报告，编撰出版了《传统农区工业化与社会转型丛书》一套，出版《中国农区工业化道路研究》《人口流动、制度壁垒与新型城镇化》等专著数十种。2004年初提出论证并被河南省委、省政府采纳，写入河南省"十一五"和"十二五"规划及历次省域经济发展重要文件的"郑汴一体化"战略，成为我们这个团队的品牌之作。

为了更好地凝练方向，聚集人才，积累资料和成果，早在1994年1月，我们就成立了"改革发展研究院"。2009年9月，更是促成了河南省人民政府研究室与河南大学合作共建了"中原发展研究院"。① 中原发展研究院的宗旨是更好地践行从现实出发、从身边的问题做起的研究理念，围绕传统平原农区工业化与经济社会转型这个主轴，以河南这个典型区域为对象，从宏观到微观、从经济结构到社会结构，把每个细枝末节都梳理清楚，在更基础的层面把握经济和社会演进的方向，为政府提供有科学依据的决策建议，为经济学术尤其是发展经济学、制度经济学和区域经济学提供有价值的思想素材，在传统的政府系列和高校及科研院所之外打造一个高端的智库机构。

2011年9月，适逢中原发展研究院成立两周年之际，《国务院关于支持河南省加快建设中原经济区的指导意见》（国发〔2011〕32号）的出台，标志着中原经济区正式上升为国家战略，同时，也意味着以河南省，即以中原为研究对象的中原发展研究院真正是应时而生。中原发展研究院多位学者作为全程深度参与中原经济区上升国家战略研究谋划团队的核心成员，从一开始就意识到，作为较早就有意识地将自己的研究领域锁定在河南也就是中原的专业团队，我们应该为中原经济区的研究和建设做点什么。为此，从2011年3月开始，中原发展研究院启动了一项计划，就是全面梳理中原经济区经济社会发展的现状，比较其优势和劣势，分析其发展过程中遇到的问题，提出解决问题的思路，构成一个能够反映中原经济区经济社会发展运行状况的完整体系，成果以《中原经济区竞争力报告》为题，作为中原发展研究院的系列年度出版物之一，每年一本，连续编撰出版，首份报告于2012年4月面世。

2012年，适逢河南大学百年庆典，深圳海王集团总裁刘占军博士和北京汉唐教育集团张晓彬董事长两位校友得知我们的研究计划后，不仅非常赞赏，而且乐于施以援手，分别资助了《中原经济区发展指数报告》和《中原经济区金融竞争力报告》两个项目，这两个项目的首份年度报告于2013年11月面世。从2014年开始，河南财政金融学院则资助《中原经济区财政发展报告》的编撰与出版。

上述三种报告的编撰和出版，不仅使我们收获了知识和经验，也为我们赢得了社会声誉。2013年6月，我们又获得了新一轮高水平大学建设工程项目，即2011工程项目——新型城镇化与中原经济区建设河南省协同创新中心——的支持，并以中原发展研究院为依托单位，同年，中原发展研究院获批为河南省高校人文社会科学重点研究基地。② 为了将"中原发展研究"这一主题做深做细做透，2013年下半年我们就开始酝酿谋划更大规模的研究出版计划。该计划的基本思路是：在继续编撰出版《中原经济区竞争力报告》和《中原经济区发展指数报告》等综合性报告的基础上，将"中原发展"问题按不同的经济社会活动领域分解成若干个专题，分别进行研究，并于每年定期出版专题报告，形成系列，冠以"中原发展研究院智库丛书"名称。

---

① 2013年河南省发展和改革委员会也加入了共建序列。
② 作为智库建设的先行者，中原发展研究院于2015年7月被确定为河南省委、省政府重点支持的智库机构之首（中共河南省委办公厅、河南省人民政府办公厅发豫办〔2015〕32号文《关于加强中原智库建设的意见》），同时被吸收为国家智库中国国际经济交流中心的理事单位。

"中原发展研究院智库丛书"实际上是自 20 世纪 90 年代初开启的传统平原农区工业化与经济社会转型研究的继续和升华,也是前述国家社科基金重大招标项目"中西部地区承接产业转移的重点与政策研究"(项目编号：11&ZD050)、新型城镇化与中原经济区建设河南省协同创新中心以及河南省人文社会科学重点研究基地中原发展研究院系列专题等多个课题研究成果的有机组成部分。同时融汇了中央相关部委、河南省委省政府及相关部门、相关基层政府与企业委托的各类专项研究课题及提交报告和政策建议的内容。

需要特别说明的是,该项研究和出版计划得到了郑州宇通集团公司、河南投资集团公司、河南民航发展投资公司、河南铁路投资公司、中原信托公司、中原证券公司、河南恒通化工集团公司等企业及河南省中原发展研究基金会的赞助。同时,河南省发展和改革委员会、河南省财政厅也以政府购买服务的方式给予了支持,在此一并表示感谢,对这些企业及政府部门领导强烈的社会责任感和使命感表示深深的敬意。

"中原发展研究院智库丛书"为年度出版物,其所含所有报告均为每年一期,连续出版。

该丛书是中原发展研究院的重点项目和拳头产品,我们为其研究和撰写投入了大量精力,力求无憾。但因项目工程浩大,问题和瑕疵必然在所难免。期待着关心中原经济区建设的各级领导和专家及广大读者提出宝贵意见,以使该丛书能够不断改进,日臻完善。

耿明斋

2016 年 5 月 8 日修订

目 录

第1章 中原经济区发展指数的编制方法与实施过程 ············ 001
- 一 编制理论基础 ············ 001
- 二 指标体系的确立 ············ 002
- 三 指标的无量纲化处理 ············ 007
- 四 指标权重的确定 ············ 007
- 五 指数的合成方法 ············ 011
- 六 指数的计算结果 ············ 011

第2章 郑州市发展指数分析 ············ 026
- 一 郑州市发展评价分析 ············ 026
- 二 郑州市经济发展评价分析 ············ 027
- 三 郑州市生态环境发展评价分析 ············ 028
- 四 郑州市社会环境发展评价分析 ············ 029

第3章 开封市发展指数分析 ············ 031
- 一 开封市发展评价分析 ············ 031
- 二 开封市经济发展评价分析 ············ 032
- 三 开封市生态环境发展评价分析 ············ 033
- 四 开封市社会环境发展评价分析 ············ 034

第4章 洛阳市发展指数分析 ············ 036
- 一 洛阳市发展评价分析 ············ 036
- 二 洛阳市经济发展评价分析 ············ 037

三　洛阳市生态环境发展评价分析……………………………………… 038
　四　洛阳市社会环境发展评价分析……………………………………… 039

第5章　平顶山市发展指数分析……………………………………………… 041
　一　平顶山市发展评价分析……………………………………………… 041
　二　平顶山市经济发展评价分析………………………………………… 042
　三　平顶山市生态环境发展评价分析…………………………………… 043
　四　平顶山市社会环境发展评价分析…………………………………… 044

第6章　安阳市发展指数分析………………………………………………… 046
　一　安阳市发展评价分析………………………………………………… 046
　二　安阳市经济发展评价分析…………………………………………… 047
　三　安阳市生态环境发展评价分析……………………………………… 048
　四　安阳市社会环境发展评价分析……………………………………… 049

第7章　鹤壁市发展指数分析………………………………………………… 051
　一　鹤壁市发展评价分析………………………………………………… 051
　二　鹤壁市经济发展评价分析…………………………………………… 052
　三　鹤壁市生态环境发展评价分析……………………………………… 053
　四　鹤壁市社会环境发展评价分析……………………………………… 054

第8章　新乡市发展指数分析………………………………………………… 056
　一　新乡市发展评价分析………………………………………………… 056
　二　新乡市经济发展评价分析…………………………………………… 057
　三　新乡市生态环境发展评价分析……………………………………… 058
　四　新乡市社会环境发展评价分析……………………………………… 059

第9章　焦作市发展指数分析………………………………………………… 061
　一　焦作市发展评价分析………………………………………………… 061
　二　焦作市经济发展评价分析…………………………………………… 062

三　焦作市生态环境发展评价分析 …………………………………………………… 063
　四　焦作市社会环境发展评价分析 …………………………………………………… 064

第10章　濮阳市发展指数分析 …………………………………………………………… 066
　一　濮阳市发展评价分析 ……………………………………………………………… 066
　二　濮阳市经济发展评价分析 ………………………………………………………… 067
　三　濮阳市生态环境发展评价分析 …………………………………………………… 068
　四　濮阳市社会环境发展评价分析 …………………………………………………… 069

第11章　许昌市发展指数分析 …………………………………………………………… 071
　一　许昌市发展评价分析 ……………………………………………………………… 071
　二　许昌市经济发展评价分析 ………………………………………………………… 072
　三　许昌市生态环境发展评价分析 …………………………………………………… 073
　四　许昌市社会环境发展评价分析 …………………………………………………… 074

第12章　漯河市发展指数分析 …………………………………………………………… 076
　一　漯河市发展评价分析 ……………………………………………………………… 076
　二　漯河市经济发展评价分析 ………………………………………………………… 077
　三　漯河市生态环境发展评价分析 …………………………………………………… 078
　四　漯河市社会环境发展评价分析 …………………………………………………… 079

第13章　三门峡市发展指数分析 ………………………………………………………… 081
　一　三门峡市发展评价分析 …………………………………………………………… 081
　二　三门峡市经济发展评价分析 ……………………………………………………… 082
　三　三门峡市生态环境发展评价分析 ………………………………………………… 083
　四　三门峡市社会环境发展评价分析 ………………………………………………… 084

第14章　南阳市发展指数分析 …………………………………………………………… 086
　一　南阳市发展评价分析 ……………………………………………………………… 086
　二　南阳市经济发展评价分析 ………………………………………………………… 087

三　南阳市生态环境发展评价分析 …………………………………………… 088

四　南阳市社会环境发展评价分析 …………………………………………… 089

第 15 章　商丘市发展指数分析 …………………………………………… 091

一　商丘市发展评价分析 ……………………………………………………… 091

二　商丘市经济发展评价分析 ………………………………………………… 092

三　商丘市生态环境发展评价分析 …………………………………………… 093

四　商丘市社会环境发展评价分析 …………………………………………… 094

第 16 章　信阳市发展指数分析 …………………………………………… 096

一　信阳市发展评价分析 ……………………………………………………… 096

二　信阳市经济发展评价分析 ………………………………………………… 097

三　信阳市生态环境发展评价分析 …………………………………………… 098

四　信阳市社会环境发展评价分析 …………………………………………… 099

第 17 章　周口市发展指数分析 …………………………………………… 101

一　周口市发展评价分析 ……………………………………………………… 101

二　周口市经济发展评价分析 ………………………………………………… 102

三　周口市生态环境发展评价分析 …………………………………………… 103

四　周口市社会环境发展评价分析 …………………………………………… 104

第 18 章　驻马店市发展指数分析 ………………………………………… 106

一　驻马店市发展评价分析 …………………………………………………… 106

二　驻马店市经济发展评价分析 ……………………………………………… 107

三　驻马店市生态环境发展评价分析 ………………………………………… 108

四　驻马店市社会环境发展评价分析 ………………………………………… 109

第 19 章　济源市发展指数分析 …………………………………………… 111

一　济源市发展评价分析 ……………………………………………………… 111

二　济源市经济发展评价分析 ………………………………………………… 112

三　济源市生态环境发展评价分析 ·· 113
　　四　济源市社会环境发展评价分析 ·· 114

第 20 章　运城市发展指数分析 ·· 116
　　一　运城市发展评价分析 ··· 116
　　二　运城市经济发展评价分析 ·· 117
　　三　运城市生态环境发展评价分析 ·· 118
　　四　运城市社会环境发展评价分析 ·· 119

第 21 章　晋城市发展指数分析 ·· 121
　　一　晋城市发展评价分析 ··· 121
　　二　晋城市经济发展评价分析 ·· 122
　　三　晋城市生态环境发展评价分析 ·· 123
　　四　晋城市社会环境发展评价分析 ·· 124

第 22 章　长治市发展指数分析 ·· 126
　　一　长治市发展评价分析 ··· 126
　　二　长治市经济发展评价分析 ·· 127
　　三　长治市生态环境发展评价分析 ·· 128
　　四　长治市社会环境发展评价分析 ·· 129

第 23 章　邢台市发展指数分析 ·· 131
　　一　邢台市发展评价分析 ··· 131
　　二　邢台市经济发展评价分析 ·· 132
　　三　邢台市生态环境发展评价分析 ·· 133
　　四　邢台市社会环境发展评价分析 ·· 134

第 24 章　邯郸市发展指数分析 ·· 136
　　一　邯郸市发展评价分析 ··· 136
　　二　邯郸市经济发展评价分析 ·· 137

三　邯郸市生态环境发展评价分析 ……………………………………… 138

　　四　邯郸市社会环境发展评价分析 ……………………………………… 139

第25章　聊城市发展指数分析 ………………………………………………… 141

　　一　聊城市发展评价分析 ………………………………………………… 141

　　二　聊城市经济发展评价分析 …………………………………………… 142

　　三　聊城市生态环境发展评价分析 ……………………………………… 143

　　四　聊城市社会环境发展评价分析 ……………………………………… 144

第26章　菏泽市发展指数分析 ………………………………………………… 147

　　一　菏泽市发展评价分析 ………………………………………………… 147

　　二　菏泽市经济发展评价分析 …………………………………………… 148

　　三　菏泽市生态环境发展评价分析 ……………………………………… 149

　　四　菏泽市社会环境发展评价分析 ……………………………………… 150

第27章　淮北市发展指数分析 ………………………………………………… 152

　　一　淮北市发展评价分析 ………………………………………………… 152

　　二　淮北市经济发展评价分析 …………………………………………… 153

　　三　淮北市生态环境发展评价分析 ……………………………………… 154

　　四　淮北市社会环境发展评价分析 ……………………………………… 155

第28章　宿州市发展指数分析 ………………………………………………… 157

　　一　宿州市发展评价分析 ………………………………………………… 157

　　二　宿州市经济发展评价分析 …………………………………………… 158

　　三　宿州市生态环境发展评价分析 ……………………………………… 159

　　四　宿州市社会环境发展评价分析 ……………………………………… 160

第29章　蚌埠市发展指数分析 ………………………………………………… 162

　　一　蚌埠市发展评价分析 ………………………………………………… 162

　　二　蚌埠市经济发展评价分析 …………………………………………… 163

三　蚌埠市生态环境发展评价分析 ………………………………………… 164
　　四　蚌埠市社会环境发展评价分析 ………………………………………… 165

第30章　亳州市发展指数分析 …………………………………………………… 167
　　一　亳州市发展评价分析 …………………………………………………… 167
　　二　亳州市经济发展评价分析 ……………………………………………… 168
　　三　亳州市生态环境发展评价分析 ………………………………………… 169
　　四　亳州市社会环境发展评价分析 ………………………………………… 170

第31章　阜阳市发展指数分析 …………………………………………………… 172
　　一　阜阳市发展评价分析 …………………………………………………… 172
　　二　阜阳市经济发展评价分析 ……………………………………………… 173
　　三　阜阳市生态环境发展评价分析 ………………………………………… 174
　　四　阜阳市社会环境发展评价分析 ………………………………………… 175

第32章　巩义市发展指数分析 …………………………………………………… 177
　　一　巩义市发展评价分析 …………………………………………………… 177
　　二　巩义市经济发展评价分析 ……………………………………………… 178
　　三　巩义市生态环境发展评价分析 ………………………………………… 179
　　四　巩义市社会环境发展评价分析 ………………………………………… 180

第33章　兰考县发展指数分析 …………………………………………………… 182
　　一　兰考县发展评价分析 …………………………………………………… 182
　　二　兰考县经济发展评价分析 ……………………………………………… 183
　　三　兰考县生态环境发展评价分析 ………………………………………… 184
　　四　兰考县社会环境发展评价分析 ………………………………………… 185

第34章　汝州市发展指数分析 …………………………………………………… 187
　　一　汝州市发展评价分析 …………………………………………………… 187
　　二　汝州市经济发展评价分析 ……………………………………………… 188

三　汝州市生态环境发展评价分析……………………………………………… 189

四　汝州市社会环境发展评价分析……………………………………………… 190

第 35 章　滑县发展指数分析……………………………………………………… 192

一　滑县发展评价分析…………………………………………………………… 192

二　滑县经济发展评价分析……………………………………………………… 193

三　滑县生态环境发展评价分析………………………………………………… 194

四　滑县社会环境发展评价分析………………………………………………… 195

第 36 章　长垣县发展指数分析…………………………………………………… 197

一　长垣县发展评价分析………………………………………………………… 197

二　长垣县经济发展评价分析…………………………………………………… 198

三　长垣县生态环境发展评价分析……………………………………………… 199

四　长垣县社会环境发展评价分析……………………………………………… 200

第 37 章　邓州市发展指数分析…………………………………………………… 202

一　邓州市发展评价分析………………………………………………………… 202

二　邓州市经济发展评价分析…………………………………………………… 203

三　邓州市生态环境发展评价分析……………………………………………… 204

四　邓州市社会环境发展评价分析……………………………………………… 205

第 38 章　永城市发展指数分析…………………………………………………… 207

一　永城市发展评价分析………………………………………………………… 207

二　永城市经济发展评价分析…………………………………………………… 208

三　永城市生态环境发展评价分析……………………………………………… 209

四　永城市社会环境发展评价分析……………………………………………… 210

第 39 章　固始县发展指数分析…………………………………………………… 212

一　固始县发展评价分析………………………………………………………… 212

二　固始县经济发展评价分析…………………………………………………… 213

三　固始县生态环境发展评价分析 …………………………………………… 214
　　四　固始县社会环境发展评价分析 …………………………………………… 215

第40章　鹿邑县发展指数分析 ……………………………………………………… 217
　　一　鹿邑县发展评价分析 ……………………………………………………… 217
　　二　鹿邑县经济发展评价分析 ………………………………………………… 218
　　三　鹿邑县生态环境发展评价分析 …………………………………………… 219
　　四　鹿邑县社会环境发展评价分析 …………………………………………… 220

第41章　新蔡县发展指数分析 ……………………………………………………… 222
　　一　新蔡县发展评价分析 ……………………………………………………… 222
　　二　新蔡县经济发展评价分析 ………………………………………………… 223
　　三　新蔡县生态环境发展评价分析 …………………………………………… 224
　　四　新蔡县社会环境发展评价分析 …………………………………………… 225

后　记 ………………………………………………………………………………… 227

第1章
中原经济区发展指数的编制方法与实施过程

一般情况下,指数的编制过程主要包括以下五部分:第一,寻找理论基础;第二,确立评价指标体系;第三,对指标体系进行无量纲化处理;第四,确定各个指标的权重;第五,确定指数的合成方法。

一 编制理论基础

中原经济区发展指数是用来综合评判中原经济区内部各区域发展的速度、质量以及潜力的一种标准,因此指数的编制必须要有符合自身经济发展规律的评判标准,这个评判标准就是相应的理论基础。结合中原经济区发展的实际与"发展"的一般内涵,课题组把中原经济区发展指数的理论基础锁定在可持续发展以及"三化"协调发展两种理论之上。

1. 绿色发展理论

在快速的工业化和城镇化进程中,中原经济区经济与社会的发展过多地依赖资源和投资,形成了以"高耗能、高污染、高投资"为特征的粗放式发展模式。当资源的储量不断下降,自然及社会环境的承载能力接近极限时,越来越多的有识之士意识到,只注重"量"而忽略"质"的粗放式发展方式难以为继,转变经济发展方式,走资源节约型、环境友好型、绿色可持续的发展道路势在必行,因此中原经济区发展指数首先选择了绿色发展理论作为指导。绿色发展理论的核心就是可持续发展,无论是从一个国家、地区还是从全球范围来看,生态环境的可持续发展都是全面可持续发展的基础,经济的可持续发展是核心,而以人为本的社会环境的可持续发展则是人类社会发展的最终目标,因此可持续发展至少包括经济、社会、生态环境三个方面的可持续发展。相应地,中原经济区发展指数的编制在考虑到经济发展的同时,结合自身的特点以及时代特征,融入了生态环境的可持续发展以及社会环境的可持续发展。

2. 新型城镇化引领的"三化"协调发展理论

中原经济区的战略定位中包括国家重要的粮食生产和现代农业基地,全国工业化、城镇化、信息化和农业现代化协调发展示范区。目前,中原经济区发展形势与战略定位还有一定距离,整体上属于欠发达地区,区域内部分化较为明显,南部的传统农区经济与社会的发展滞后于北部地区,北部地区工业化进程也明显快于城镇化进程,农业现代化进程则最为缓慢。信息化只有在城镇化、工业化和农业现代化发展到一定阶段时才会对经济和社会的发展产生明显的推动作用。通过新型城镇化引领"三化"协调发展已被证明是中原经济区现代化之路的最佳选择,因此中原经济区发展指数应该体现城镇化、工业化与农业现代化"三化"协调发展这一思想。

3. 指数与上一年度的调整之处

本报告是中原经济区发展指数年度报告系列的第四本,在延续上一年度框架的基础上,做了以下调整。

(1) 对省直管县的考察进行了调整。省直管县是指省直辖县级行政单位,省直管县改革是中共中央做出的重大决策,经过一段时间的发展,目前省直管县试点改革的成效已经有所体现,在 2014 年将河南省 10 个省直管县作为独立的整体纳入考察的体系后,2015年又进一步增加相应的对比分析等内容。

(2) 对指标体系进行了进一步优化。根据课题组确定的指标选取原则——"全面性、实用性、独立性",在此基础上,本报告将上一年度指标体系中一些数据质量差、区分度不强、实用性较弱的指标予以删除或替换。

(3) 省略了同往年重复且与报告内容联系相对薄弱的部分内容。

二 指标体系的确立

1. 指标选取的原则

(1) 全面性。中原经济区发展指数的目的之一是在"三化"协调理论及可持续发展的理论基础上全面反映区域内部 30 个地市的整体发展情况。相应的指标体系要配合这一目标,既要涉及经济和社会的发展,又要兼顾未来的可持续发展,做到尽量客观而又全面地体现城镇化、工业化及农业现代化的主要方面以及资源、环境的承载能力,且能够点面结合,从整体和局部的不同角度系统地反映中原经济区的发展情况。

(2) 实用性。中原经济区发展指数不能仅停留在理论研究层面,还要与实践相结合,指导现实应用。这就要求指标体系具有很强的实用性,便于读者对区域整体和 30 个不同地市的发展情况进行分析比较。因此,首先,指标的含义应该简明易懂,能够被一般读者接受;其次,要求数据来自于公开的、可信度高的数据库,即指标数据容易获取且数据质量被公众认可;最后,不同地市统计口径应当一致,同一地市不同年份的统计口径也要保持一致,只有这样才能提升指数的可操作性,便于实践应用,辅助读者科学地进行决策分析。

(3) 独立性。指标体系的建立需遵循独立性原则。同一层次的指标应相互独立,保证指标间形成并列关系,严禁出现包含与被包含关系,尽可能减少各指标间的关联度,消除指标间的相互依赖关系。只有这样,才能顺利展开接下来的赋权工作,保证指标权重的精准。

2. 指标体系的选取思路

中原经济区发展指数是一个多目标多层次的评价体系,而"三化"协调发展理论与可持续发展理论为多层次评价提供了一系列准则,具体如下。

(1) 准则层 B

现有文献中,人均 GDP 是衡量地区经济发展水平的最重要的指标。但是由于人均

GDP自身存在缺陷，20世纪50年代中期以来学者们不断在人均GDP指标的基础上寻找若干指标，试图还原经济发展的全过程，尽量弥补人均GDP的不足，如人类发展指数、绿色GDP等都是这一努力的结果。可持续发展理论就是在这一背景下产生的，根据可持续发展理论的基本内涵，本报告选取经济、生态环境、社会环境作为准则层B，具体见图1-1。

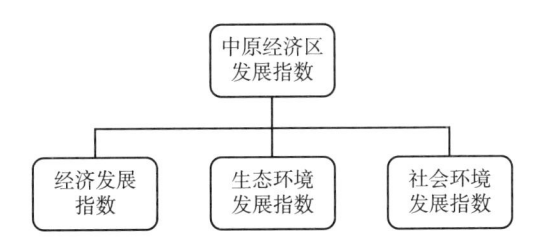

图1-1 建立在可持续发展理论基础上的中原经济区发展指数准则层B示意

（2）准则层C和方案层D

课题组在准则层B的基础上，又构造了其下层的准则层C与方案层D，具体如下。

第一，工业化是一个国家和地区经济发展过程中所经历的以工业扩张、结构变动、产出增长、城市化及农业现代化为基本特征的特殊历史阶段，其结果是解决从不发达状态进入发达状态，这是广义上的工业化。在这一定义中，工业化、城镇化和农业现代化是协调一体的，但受制于发展环境的约束，中原经济区乃至整个中国的"三化"的发展是不协调的，城镇化和农业现代化滞后于工业化的发展。当前，我国提出新型工业化道路，即以信息化带动工业化、以工业化促进信息化，科技含量高、经济效益好、资源消耗低、环境污染少、人力资源优势得到充分发挥的工业化道路。为了特别体现中原经济区"三化"协调发展这一理念，城镇化和农业现代化应该从工业化中分离出来，这就是通常所说的狭义的工业化。按照对狭义工业化的理解，工业化首先应该体现为产出的增长，这表现为人均GDP的增长；其次应该体现为工业部门的扩张，最能反映国民经济这一变化的是三次产业结构的变动，而三次产业结构只是表明工业化对国民经济结构变动的数量效应，不足以反映工业内部结构优化的问题。制造业增加值的比重是衡量工业内部结构的最常用的指标，制造业增加值比重越高，表明区域经济对能源的依赖程度越小，可持续发展的能力也就越强。该指标的获取需要相应地市最新的统计年鉴，而各个地市最新的统计年鉴出版的顺序又参差不齐，故该指标的可得性不能得到保证。但由于国有经济一般主要涉及采矿业以及相应的资源型制造业，因此制造业增加值比重与非国有工业比重密切相关，非国有工业增加值比重可以近似作为制造业增加值比重的替代指标。

第二，城镇化的内涵至少应该包括人口的城镇化、土地的城镇化、经济活动的城镇化以及生活方式的城镇化等四个方面，课题组用常住人口城镇化率、第一产业就业人数比重以及人均全社会消费品零售总额三个指标分别衡量人、经济活动与生活方式的城镇化。土地的城镇化通常用城市建成区面积及其增长率来衡量，但考虑到城市的扩建存在类似"一次扩建多年填空"的问题，因此城市建成区面积增长与时间并无直接的统计上的相关关系，所以课题组最终舍去了衡量土地的城镇化相关指标。

第三，农业现代化是指利用现代工业、现代科技与现代经营管理理念等方法，使得农业的生产从传统农业向现代农业转化的过程和手段。从这个定义不难推断，农业现代化至少应该具有规模化（前提）、市场化（动力）、机械化（手段）、科技化（目标）等四个特征。课题组分别用劳均农作物播种面积反映农业生产实际的规模化经营程度，用单产农用化肥施用量反映市场化与商品化程度。值得注意的是，以地市为统计单元的科技化指标目前缺失，课题组不得已把这类指标舍弃。但从具体的约束条件来看，缺失科技指标并不会从根本上削弱农业现代化的衡量标准。这是因为中原经济区目前农业的科技水平在农业现代化过程中所起到的作用较小，农业现代化面临的首要问题是实现规模化与市场化，进而实现机械化。如果农业现代化的前三个特征实现不了，就没有市场化的利益激励机制，农业的科技水平也不会对农业现代化有非常显著的贡献。这可以从每年有大量的农业科技资金投入却没有产生相应的效益来验证。经济发展指数及其下层指标详见图1-2。

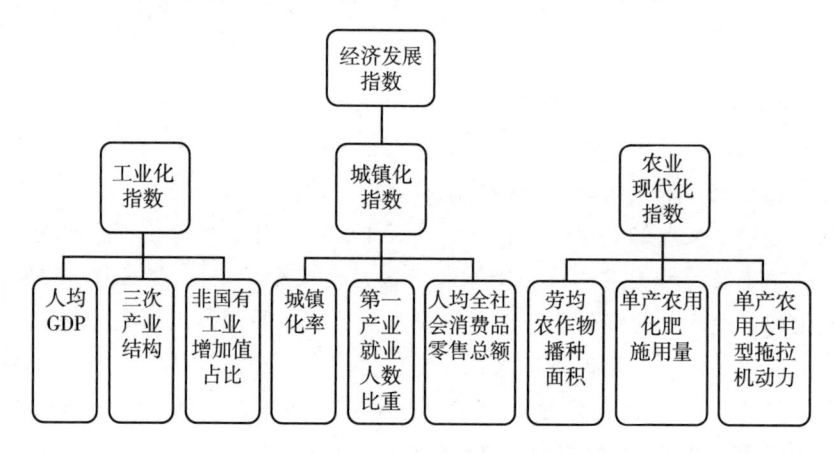

图1-2 建立在"三化"协调发展理论基础上的经济发展指数及其下层结构示意

第四，对于生态环境的可持续发展，课题组认为应该从三个方面来衡量：第一是考察经济结构对能源的依赖程度，一般选取单位GDP能耗指标，经济结构对能源的依赖程度越强，其对生态环境的破坏程度就越高。二是环境污染状况，近年来各地频现雾霾天气，呼吸系统疾病发病率急剧上升，所以选取按辖区面积平均的工业烟尘排放量作为代表。三是化解污染负外部性的努力程度，用工业固体废物综合利用率这一指标予以全面、整体地表示不同地市化解各种污染的负外部性所做出的努力。生态环境发展指数及其下层指标详见图1-3。

第五，对于以人为本的社会环境的可持续发展来说，首先考虑的是发展的目的是为了人类自身，其首要表现就是居民收入的不断增加，主要包括城镇居民人均可支配收入和农村居民人均纯收入两个指标。其次，现代化的过程也是缩小城乡收入差距的过程，用城乡居民收入结构衡量城乡收入差距状况。在收入水平一定的情况下，以人为本的社会环境的可持续发展离不开良好的医疗与教育体系支撑，健全的医疗体系是保证构成社会微观主体的人有一个健康的体魄，而高质量的教育环境更是提高了受教育者未来的发展潜力，因此

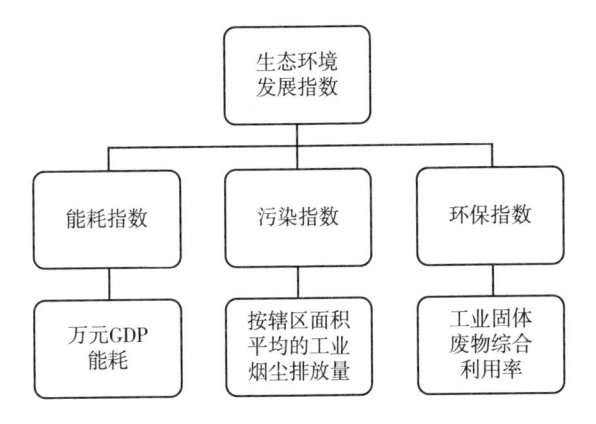

图 1-3 生态环境发展指数及其下层结构示意

健康和教育指标是在收入指标之后要考虑的。健康指标主要从卫生资源的可得性考虑,选取了每万人卫生技术人员数以及每万人卫生机构床位数两个指标,而教育指标选取了反映教育财政投入力度的人均教育经费和反映基础教育发展情况的万人中小学专任教师数两个指标,分别考察了教育发展的"质"和"量"。最后,以人为本还体现为人的生活环境的状况,课题组主要从公共绿地的稀缺程度、日常生活的便利程度以及道路交通的拥挤程度三个方面来设计指标。城镇化是未来的发展方向,因此本报告分别选用人均城市公园绿地面积、万人城市公共汽车数、人均城市道路面积来具体衡量。社会环境发展指数及其下层指标详见图1-4。

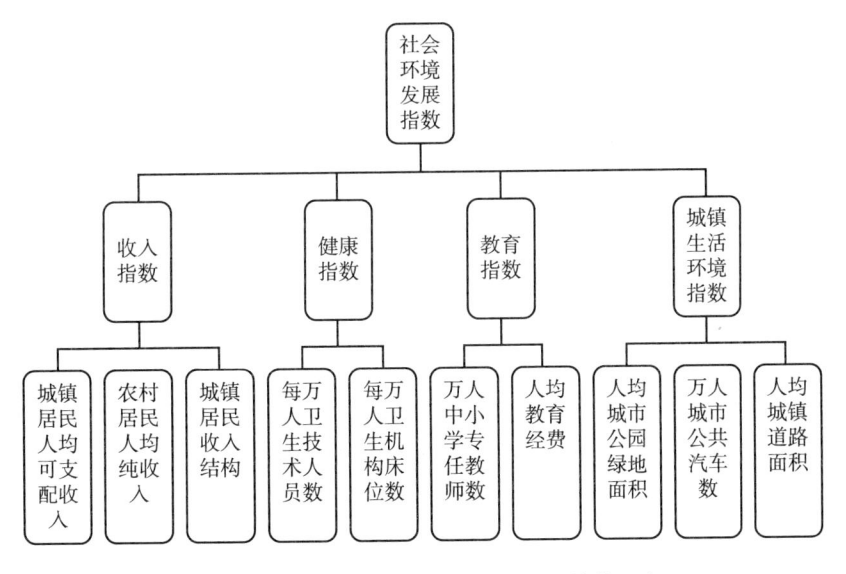

图 1-4 社会环境发展指数及其下层结构示意

3. 指标体系的递阶层次结构

按照上述指标选取的原则,课题组构造了中原经济区发展指数指标体系的递阶层次结构,具体见表1-1。

表1-1 中原经济区发展指数指标体系的递阶层次结构

目标层 A	准则层 B	准则层 C	方案层 D（权重）	指标说明
中原经济区发展指数 A	经济发展指数 B_1(0.5390)	工业化指数 C_1(0.1588)	人均 GDP D_1(0.0953)	反映工业化的总量效应
			三次产业结构 D_2(0.0318)	用结构指标对工业化的总量效应进行修正
			非国有工业增加值占比 D_3(0.0318)	在上述基础上进一步修正
		城镇化指数 C_2(0.3496)	城镇化率 D_4(0.2214)	按常住人口统计的城镇化
			第一产业就业人数比重 D_5(0.0911)	经济活动的城镇化
			人均全社会消费品零售总额 D_6(0.0371)	生活方式的城镇化
		农业现代化指数 C_3(0.0306)	劳均农作物播种面积 D_7(0.0226)	反映农业实际的规模化经营程度
			单产农用化肥施用量 D_8(0.0051)	反映农业的市场化与商品化程度
			单产农用大中型拖拉机动力 D_9(0.0029)	反映农业的机械化程度
	生态环境发展指数 B_2(0.1638)	能耗指数 C_4(0.1024)	万元 GDP 能耗 D_{10}(0.1024)	经济结构对能源的依赖程度
		污染指数 C_5(0.0205)	按辖区面积平均的工业烟尘排放量 D_{11}(0.0205)	空气污染状况
		环保指数 C_6(0.0409)	工业固体废物综合利用率 D_{12}(0.0409)	化解污染负外部性的努力程度
	社会环境发展指数 B_3(0.2972)	收入指数 C_7(0.1385)	城镇居民人均可支配收入 D_{13}(0.0462)	城镇居民收入状况
			农村居民人均纯收入 D_{14}(0.0462)	农村居民收入状况
			城乡居民收入结构 D_{15}(0.0462)	城乡收入差距状况
		健康指数 C_8(0.0479)	每万人卫生技术人员数 D_{16}(0.0239)	卫生资源软环境的可得性
			每万人卫生机构床位数 D_{17}(0.0239)	卫生资源硬环境的可得性
		教育指数 C_9(0.0824)	万人中小学专任教师数 D_{18}(0.0412)	基础教育的可得性，反映教育资源的数量
			人均教育经费 D_{19}(0.0412)	衡量教育水平，反映教育的质量
		城市生活环境指数 C_{10}(0.0285)	人均城市公园绿地面积 D_{20}(0.0095)	公共绿地的稀缺程度
			万人城市公共汽车数 D_{21}(0.0095)	社区生活的便利程度
			人均城市道路面积 D_{22}(0.0095)	日常出行的拥挤程度

注：括号中数字为该指标相对于目标层 A 的权重；由于四舍五入的原因，各项指标权重相加之和略大于1。

三 指标的无量纲化处理

发展指数包含了系统而又综合的指标集,因此构成该指标体系的基本数据单元存在量纲上的差异,要想使量纲不同的指标之间具有可比性,必须通过一定的数理方法消除量纲不同的影响,这一过程称之为数据的标准化或者无量纲化处理。综合考虑,本文采用极差法对数据进行标准化处理,对每一项评价指标确定一个满意值和不允许值,以满意值为上限,以不允许值为下限,计算各指标实现满意值的程度,并以此确定各指标的评价值。公式如下:

$$f(x_i) = \frac{x_i - x_s}{x_h - x_s} \cdot 100$$

人均 GDP、人均全社会消费品零售总额、城镇居民人均可支配收入、农村居民人均纯收入等四个指标先取自然对数,再按照上述方法进行标准化处理,公式如下:

$$f(x_i) = \frac{\ln x_i - \ln x_s}{\ln x_h - \ln x_s} \cdot 100$$

其中,$f(x_i)$表示区域 i 某单项指标的标准化得分,其取值范围为 [0,100]。x_i 表示区域 i 某单项指标的实际值,x_h 表示某单项指标的满意值,x_s 表示某单项指标的不允许值。对于正向指标,满意值为最大值,不允许值为最小值;对于逆向指标,满意值为最小值,不允许值为最大值。

关于满意值的选择,课题组选择台湾地区 2010 年相应数据作为参照系,[①] 原因在于台湾地区已经实现了工业化与现代化,经济发展与社会结构已经进入高水平均衡状态。而关于不允许值的选择,课题组选用 2009~2011 年中原经济区涵盖所有地市中出现的最小值作为参照系,原因在于出现最小值的这些区域(如阜阳等),其按照 2009 年可比价格计算的人均 GDP 还没有达到钱纳里多国模型所要求的工业化的初级阶段的水平,故把这些区域作为不允许值的参照系也符合经济发展的一般规律。经过满意值与不允许值参照系的选择,把对比的标尺设定在还未进入工业化初级阶段(不允许值)与已经实现工业化(满意值)两个范围之内,其意义在于不仅能够进行横向对比,而且能进行纵向对比。

数据主要来源于 *Taiwan Statistical DataBook*(2011),以及《中国统计年鉴》《河南统计年鉴》《山西统计年鉴》《河北经济年鉴》《山东统计年鉴》《安徽统计年鉴》《中国城市统计年鉴》等,极个别数据来源于中原经济区各地市的 2013~2015 年国民经济和社会发展统计公报、政府工作报告以及相应的官方网站等。

四 指标权重的确定

消除了指标间不同量纲的影响,接下来要对指标赋权,为完成最终的加总计算做准

[①] 涉及价格因素的指标,课题组都已经进行了相应的平减,确保数据的可比性。

备。综合考虑，本文选用层次分析方法对指标赋权。该方法的优点是将定性与定量相结合，将复杂问题层次化、定性问题定量化，体现了主观分析方法的客观性质，在多层次、多目标决策以及权重确定方面具有重要作用。

在构造中原经济区发展指数指标体系的递阶层次结构以后，就需要构造相应的判断矩阵。构造判断矩阵的方法是：每一个具有向下隶属关系的元素（被称作准则）作为判断矩阵的第一个元素（位于左上角），隶属于它的各个元素依次排列在其后的第一行和第一列。以目标层中原经济区发展指数为例，其判断矩阵就如表1-2所示。

表1-2 判断矩阵示例

中原经济区发展指数	经济发展指数	生态环境发展指数	社会环境发展指数
经济发展指数			
生态环境发展指数			
社会环境发展指数			

目标层以下各层的判断矩阵以此类推。在判断矩阵的基础上，邀请专家对判断矩阵进行打分，打分依据如表1-3所示。

表1-3 判断矩阵打分依据

重要性标度	含义
1	表示两个元素相比，具有同等重要性
3	表示两个元素相比，前者比后者稍重要
5	表示两个元素相比，前者比后者明显重要
7	表示两个元素相比，前者比后者强烈重要
9	表示两个元素相比，前者比后者极端重要
2,4,6,8	表示上述判断的中间值
倒数	若元素 i 与元素 j 的重要性之比为 a_{ij}，则元素 j 与元素 i 的重要性之比为 $a_{ji}=1/a_{ij}$

综合各个专家的打分结果，课题组经过多次深入讨论，最终各个判断矩阵及相应的权重 W 和一致性比率 CR 如表1-4至表1-14所示。

表1-4 中原经济区发展指数判断矩阵

中原经济区发展指数	经济发展指数	生态环境发展指数	社会环境发展指数	W	CR
经济发展指数	1	3	2	0.538961	
生态环境发展指数	1/3	1	1/2	0.163781	0.007939
社会环境发展指数	1/2	2	1	0.297258	

表 1-5 经济发展指数判断矩阵

经济发展指数	工业化指数	城镇化指数	农业现代化指数	W	CR
工业化指数	1	1/3	7	0.294638	
城镇化指数	3	1	9	0.648619	0.070082
农业现代化指数	1/7	1/9	1	0.056743	

表 1-6 生态环境发展指数判断矩阵

生态环境发展指数	万元 GDP 能耗	按辖区面积平均的工业烟尘排放量	工业固体废物综合利用率	W	CR
万元 GDP 能耗	1	3	3	0.6	
按辖区面积平均的工业烟尘排放量	1/3	1	1	0.2	0
工业固体废物综合利用率	1/3	1	1	0.2	

表 1-7 社会环境发展指数判断矩阵

社会环境发展指数	收入指数	健康指数	教育指数	城市生活环境指数	W	CR
收入指数	1	2	3	4	0.465819	
健康指数	1/2	1	2	3	0.27714	0.011496
教育指数	1/3	1/2	1	2	0.16107	
城市生活环境指数	1/4	1/3	1/2	1	0.09597	

表 1-8 工业化指数判断矩阵

工业化指数	人均 GDP	三次产业结构比	非国有工业增加值占比	W	CR
人均 GDP	1	3	3	0.6	
三次产业结构比	1/3	1	1	0.2	0
非国有工业增加值占比	1/3	1	1	0.2	

表 1-9 城镇化指数判断矩阵

城镇化指数	城镇化率	第一产业就业人数比重	人均全社会消费品零售总额	W	CR
城镇化率	1	3	5	0.633346	
第一产业就业人数比重	1/3	1	3	0.260498	0.033375
人均全社会消费品零售总额	1/5	1/3	1	0.106156	

表 1-10 农业现代化指数判断矩阵

农业现代化指数	劳均农作物播种面积	单产农用大中型拖拉机动力	单产农用化肥施用量	W	CR
劳均农作物播种面积	1	5	7	0.737971	
单产农用大中型拖拉机动力	1/5	1	2	0.167594	0.012242
单产农用化肥施用量	1/7	1/2	1	0.094435	

表 1-11 收入指数判断矩阵

收入指数	城镇居民人均可支配收入	农村居民人均纯收入	城乡居民收入结构	W	CR
城镇居民人均可支配收入	1	1	1	0.333333	
农村居民人均纯收入	1	1	1	0.333333	0
城乡居民收入结构	1	1	1	0.333333	

表 1-12 健康指数判断矩阵

健康指数	每万人卫生技术人员数	每万人卫生机构床位数	W	CR
每万人卫生技术人员数	1	1	0.5	0
每万人卫生机构床位数	1	1	0.5	

表 1-13 教育指数判断矩阵

教育指数	万人中小学专任教师数	人均教育经费	W	CR
万人中小学专任教师数	1	1	0.5	0
人均教育经费	1	1	0.5	

表 1-14 城市生活环境指数判断矩阵

城市生活环境指数	人均城市公园绿地面积	万人城市公共汽车数	人均城市道路面积	W	CR
人均城市公园绿地面积	1	1	1	0.333333	
万人城市公共汽车数	1	1	1	0.333333	0
人均城市道路面积	1	1	1	0.333333	

可以看出，各个层次的判断矩阵的一致性指标 $CR=\dfrac{CI}{RI}<0.1$，均通过逻辑一致性检验，因此各个指标相较于其上层指数的权重就如上述各表 W 列所示。值得注意的是，各个判断矩阵每一项组成部分的权重只是相对于上层指数的权重，因此每一项指标在整个指标体系中的权重需要通过相应的换算得到，最终的结果就如表 1-1 括号中的数字所示。

五 指数的合成方法

在多指标综合评价中,合成是指通过一定的算式,将多个指标对事物不同方面的评价值综合在一起,以得到一个整体性的评价。可用于合成的数学方法有很多,常见的有加权算术平均合成模型、加权几何平均合成模型以及加权算术平均和加权几何平均联合使用的混合合成模型。中原经济区发展指数采用加权算术平均合成模型,具体是将各个地市的全部指标标准化得分进行由低到高分层加权计算,得到总得分,具体公式如下。

$$f(X_A) = \sum_{B=1}^{3} W_B X_B = \sum_{C=1}^{10} W_C X_C = \sum_{D=1}^{23} W_D X_D$$

其中,$f(X_A)$ 是区域 X 发展指数的最终得分;W_B 为准则层 B 的权重,W_C 为准则层 C 的权重,W_D 为方案层 D 的权重;X_B 为区域 X 准则层 B 的标准化得分,X_C 为区域 X 准则层 C 的标准化得分,X_D 为 X 区域方案层 C 的标准化得分。

六 指数的计算结果

在完成了以上四部分的基础上,就可以计算中原经济区各区域[①]各层次的发展指数了,具体如表 1-15 至表 1-28 所示[②]。

1. 目标层 A 之中原经济区发展指数结果

表 1-15 中原经济区发展指数

地市	2012 年		2013 年			2014 年		
	评测值	排名	评测值	排名 1	排名 2	评测值	排名 1	排名 2
郑州市	59.30	1	64.14	1	1	65.00	1	1
开封市	35.09	17	42.78	13	16	45.62	12	16
洛阳市	41.50	8	46.82	9	11	49.09	6	8
平顶山市	34.58	19	40.62	16	20	42.03	19	23
安阳市	36.24	16	40.37	18	22	40.52	22	29
鹤壁市	45.00	5	48.73	3	5	51.11	4	6
新乡市	40.21	11	46.98	7	9	48.53	9	11
焦作市	46.16	3	48.40	5	7	50.58	5	7
濮阳市	33.68	21	38.71	21	25	41.45	20	25
许昌市	42.50	7	48.63	4	6	48.96	7	9
漯河市	39.76	12	44.03	12	14	45.21	13	17

① 受限于数据的可得性,山东省泰安市东平县和安徽省淮南市凤台县与潘集区三个组成部分没有包含在内,最终的计算结果只包含中原经济区 30 个地级市,下同。

② 由于指数实现了纵向对比,所以以下表格中多数评测值的最小值不为"0.00","—"表示数据暂缺。

续表

地市	2012 年		2013 年			2014 年		
	评测值	排名	评测值	排名1	排名2	评测值	排名1	排名2
三门峡市	41.47	9	44.51	11	13	46.58	11	13
南阳市	33.58	22	37.83	22	26	40.68	21	28
商丘市	29.81	27	36.38	25	32	38.16	25	32
信阳市	34.89	18	40.26	19	23	42.16	18	22
周口市	32.05	24	36.97	24	31	39.29	24	31
驻马店市	30.99	25	36.99	23	30	40.06	23	30
济源市	47.99	2	50.52	2	4	53.19	2	4
运城市	30.45	26	33.57	27	34	34.44	29	38
晋城市	43.27	6	47.63	6	8	51.26	3	5
长治市	37.38	15	40.59	17	21	42.24	17	21
邢台市	32.13	23	35.93	26	33	37.94	26	33
邯郸市	37.98	13	39.88	20	24	44.11	15	19
聊城市	34.58	20	42.41	14	17	45.12	14	18
菏泽市	37.98	14	41.31	15	19	43.21	16	20
淮北市	45.07	4	46.91	8	10	48.70	8	10
宿州市	29.28	28	31.28	30	38	34.12	30	39
蚌埠市	41.02	10	44.55	10	12	47.25	10	12
亳州市	27.89	29	32.51	28	36	34.99	27	36
阜阳市	26.62	30	31.40	29	37	34.72	28	37
巩义市	—	—	53.20	—	2	53.81	—	3
兰考县	—	—	43.12	—	15	46.00	—	15
汝州市	—	—	37.63	—	28	41.38	—	26
滑县	—	—	27.80	—	40	28.46	—	40
长垣县	—	—	51.98	—	3	54.58	—	2
邓州市	—	—	32.54	—	35	35.95	—	35
永城市	—	—	37.20	—	29	41.72	—	24
固始县	—	—	37.67	—	27	40.95	—	27
鹿邑县	—	—	41.60	—	18	46.36	—	14
新蔡县	—	—	28.15	—	39	36.06	—	34

2. 准则层 B 之经济发展指数及其下层指数结果

表 1-16 经济发展指数

地市	2012 年		2013 年			2014 年		
	评测值	排名	评测值	排名1	排名2	评测值	排名1	排名2
郑州市	68.22	1	70.06	1	1	70.76	1	1
开封市	30.50	21	33.73	19	21	35.89	19	23
洛阳市	43.68	7	45.41	7	9	46.97	7	9
平顶山市	33.93	17	35.78	17	19	37.01	18	22

续表

地市	2012年		2013年			2014年		
	评测值	排名	评测值	排名1	排名2	评测值	排名1	排名2
安阳市	36.01	14	37.46	14	16	37.69	16	18
鹤壁市	45.42	6	49.32	4	5	51.40	4	5
新乡市	38.34	11	42.82	10	12	44.68	9	11
焦作市	47.79	4	49.75	3	4	51.12	5	6
濮阳市	26.03	23	28.44	23	29	31.90	22	27
许昌市	40.78	9	42.58	11	13	42.11	12	14
漯河市	35.88	15	38.23	13	15	39.11	15	17
三门峡市	39.22	10	42.96	8	10	44.50	10	12
南阳市	25.96	24	27.97	24	30	30.12	24	30
商丘市	21.15	28	24.11	27	34	25.91	28	35
信阳市	27.51	22	30.18	22	26	31.83	23	28
周口市	21.90	26	24.52	26	33	27.06	26	33
驻马店市	21.69	27	24.63	25	32	28.13	25	32
济源市	53.02	2	54.69	2	3	56.06	2	3
运城市	30.65	20	31.96	20	23	33.68	21	25
晋城市	47.23	5	48.60	5	6	54.45	3	4
长治市	40.84	8	42.94	9	11	44.24	11	13
邢台市	31.93	19	31.58	21	24	33.75	20	24
邯郸市	38.12	12	37.19	16	18	46.29	8	10
聊城市	32.09	18	37.24	15	17	39.86	14	16
菏泽市	35.37	16	34.92	18	20	37.68	17	19
淮北市	47.88	3	47.99	6	7	50.49	6	7
宿州市	22.00	25	23.26	28	35	26.75	27	34
蚌埠市	38.07	13	38.39	12	14	41.79	13	15
亳州市	20.07	30	21.12	30	37	23.95	30	37
阜阳市	20.24	29	21.31	29	36	25.80	29	36
巩义市	—	—	58.89	—	2	58.66	—	2
兰考县	—	—	29.41	—	27	32.94	—	26
汝州市	—	—	30.87	—	25	31.71	—	29
滑县	—	—	11.59	—	40	13.64	—	40
长垣县	—	—	46.64	—	8	49.64	—	8
邓州市	—	—	20.57	—	38	21.75	—	39
永城市	—	—	33.47	—	22	37.24	—	20
固始县	—	—	25.27	—	31	28.58	—	31
鹿邑县	—	—	28.94	—	28	37.10	—	21
新蔡县	—	—	14.40	—	39	23.06	—	38

表 1-17 工业化指数

地市	2012年		2013年			2014年		
	评测值	排名	评测值	排名1	排名2	评测值	排名1	排名2
郑州市	76.41	1	78.46	1	2	80.09	1	2
开封市	47.29	17	50.45	17	21	53.39	16	20
洛阳市	59.79	6	60.98	8	9	63.06	9	10
平顶山市	49.77	16	50.52	16	20	51.99	20	24
安阳市	54.83	10	55.43	12	14	56.93	12	15
鹤壁市	56.49	9	62.26	7	8	64.18	8	9
新乡市	53.10	13	56.78	11	13	58.57	11	13
焦作市	66.86	3	69.16	3	4	71.08	3	4
濮阳市	46.88	18	51.90	15	19	55.24	15	19
许昌市	60.70	5	62.58	6	7	65.31	6	7
漯河市	54.70	11	58.09	9	10	60.49	10	11
三门峡市	59.02	7	67.87	4	5	67.70	5	6
南阳市	41.57	22	43.05	20	25	45.33	22	27
商丘市	30.68	28	35.18	27	35	37.94	28	36
信阳市	39.53	24	42.18	22	27	45.40	21	26
周口市	37.96	25	41.23	24	29	44.43	24	29
驻马店市	36.44	26	39.93	26	31	43.18	25	30
济源市	74.23	2	74.75	2	3	75.37	2	3
运城市	40.87	23	41.74	23	28	43.04	26	31
晋城市	54.55	12	54.78	13	15	71.04	4	5
长治市	57.33	8	56.87	10	12	56.31	13	17
邢台市	42.48	21	42.27	21	26	44.88	23	28
邯郸市	42.96	20	40.12	25	30	52.43	19	23
聊城市	64.14	4	64.38	5	6	65.20	7	8
菏泽市	51.53	15	53.71	14	17	55.46	14	18
淮北市	51.75	14	49.16	19	23	52.65	18	22
宿州市	33.72	27	32.39	28	36	39.38	27	35
蚌埠市	46.48	19	49.30	18	22	53.10	17	21
亳州市	27.43	29	25.35	29	39	31.30	29	39
阜阳市	25.62	30	24.72	30	40	29.24	30	40
巩义市	—	—	83.81	—	1	84.51	—	1
兰考县	—	—	53.40	—	18	56.61	—	16
汝州市	—	—	54.61	—	16	57.41	—	14
滑县	—	—	28.99	—	38	32.83	—	38
长垣县	—	—	57.65	—	11	60.21	—	12
邓州市	—	—	37.54	—	34	40.44	—	34
永城市	—	—	39.37	—	32	40.94	—	33
固始县	—	—	37.91	—	33	41.11	—	32
鹿邑县	—	—	47.87	—	24	51.43	—	25
新蔡县	—	—	31.16	—	37	33.88	—	37

表1-18 城镇化指数

地市	2012年		2013年			2014年		
	评测值	排名	评测值	排名1	排名2	评测值	排名1	排名2
郑州市	68.63	1	70.34	1	1	71.17	1	1
开封市	23.49	20	26.85	21	24	28.63	21	24
洛阳市	39.06	7	41.04	7	8	42.67	8	9
平顶山市	29.13	14	31.21	14	16	32.34	14	17
安阳市	28.86	15	30.64	16	18	30.73	20	23
鹤壁市	41.56	6	44.54	5	6	46.85	6	7
新乡市	32.20	13	36.54	10	11	38.55	10	11
焦作市	42.16	5	44.03	6	7	45.21	7	8
濮阳市	17.84	23	19.41	24	30	23.06	25	29
许昌市	33.09	11	34.56	11	12	33.58	13	15
漯河市	28.79	16	30.79	15	17	31.45	15	18
三门峡市	32.97	12	34.48	12	13	37.06	12	13
南阳市	19.14	22	21.21	23	27	23.49	24	28
商丘市	16.15	26	18.48	26	32	20.58	26	33
信阳市	22.46	21	25.21	22	25	26.40	22	26
周口市	14.83	28	17.17	28	35	19.43	29	36
驻马店市	14.34	30	17.06	29	36	20.52	27	34
济源市	46.71	3	49.13	2	3	51.09	3	3
运城市	26.68	19	28.61	19	22	30.93	17	20
晋城市	46.15	4	48.92	4	5	50.71	4	4
长治市	35.46	9	39.91	8	9	42.29	9	10
邢台市	26.78	17	28.71	18	21	30.80	19	22
邯郸市	36.75	8	38.98	9	10	47.36	5	6
聊城市	17.31	25	28.01	20	23	30.89	18	21
菏泽市	26.69	18	28.84	17	20	31.33	16	19
淮北市	47.46	2	49.07	3	4	51.14	2	2
宿州市	16.05	27	18.28	27	33	20.30	28	35
蚌埠市	34.75	10	33.53	13	15	37.07	11	12
亳州市	14.51	29	16.80	30	37	18.18	30	37
阜阳市	17.49	24	19.34	25	31	24.13	23	27
巩义市	—	—	49.45	—	2	49.54	—	5
兰考县	—	—	18.21	—	34	21.45	—	32
汝州市	—	—	21.28	—	26	21.59	—	31
滑县	—	—	1.29	—	40	4.25	—	40
长垣县	—	—	33.80	—	14	36.67	—	14
邓州市	—	—	11.61	—	38	12.22	—	39
永城市	—	—	29.65	—	19	33.36	—	16
固始县	—	—	19.44	—	29	22.69	—	30
鹿邑县	—	—	20.57	—	28	28.50	—	25
新蔡县	—	—	5.82	—	39	15.33	—	38

表 1-19 农业现代化指数

地市	2012 年		2013 年			2014 年		
	评测值	排名	评测值	排名1	排名2	评测值	排名1	排名2
郑州市	21.13	20	23.27	14	23	17.66	16	25
开封市	23.51	15	25.50	12	20	27.93	8	16
洛阳市	12.77	27	14.49	19	29	12.60	22	32
平顶山市	6.47	30	11.49	23	33	12.61	21	31
安阳市	19.87	21	22.14	15	24	17.34	17	26
鹤壁市	32.19	7	36.76	4	8	36.99	4	9
新乡市	31.93	8	41.99	2	4	42.63	2	6
焦作市	13.09	26	14.33	20	30	15.10	20	29
濮阳市	11.46	28	9.74	25	35	11.73	24	34
许昌市	25.25	13	30.37	8	14	19.08	14	23
漯河市	19.15	23	20.11	17	26	15.73	19	28
三门峡市	7.86	29	10.43	24	34	9.13	28	38
南阳市	22.92	17	26.97	10	16	27.00	10	18
商丘市	28.81	11	30.99	7	13	24.30	11	19
信阳市	22.75	18	24.61	13	22	23.39	13	21
周口市	19.44	22	21.78	16	25	24.19	12	20
驻马店市	29.08	10	31.59	6	12	36.98	5	10
济源市	15.08	25	14.03	21	31	12.56	23	33
运城市	22.95	16	19.48	18	27	16.44	18	27
晋城市	21.56	19	12.85	22	32	11.05	25	35
长治市	16.79	24	5.11	28	38	3.97	29	39
邢台市	36.10	3	8.90	26	36	9.61	27	37
邯郸市	28.75	12	1.53	30	40	2.26	30	40
聊城市	34.69	4	1.85	29	39	10.76	26	36
菏泽市	50.63	1	6.96	27	37	17.88	15	24
淮北市	32.52	5	29.57	9	15	31.83	7	13
宿州市	29.24	9	32.79	5	11	34.82	6	11
蚌埠市	32.26	6	37.23	3	7	37.07	3	8
亳州市	45.40	2	48.61	1	2	51.80	1	5
阜阳市	23.76	14	26.06	11	19	27.10	9	17
巩义市	—	—	37.33	—	6	28.65	—	15
兰考县	—	—	32.90	—	10	41.47	—	7
汝州市	—	—	17.26	—	28	13.92	—	30
滑　县	—	—	38.97	—	5	21.31	—	22
长垣县	—	—	136.30	—	1	143.00	—	1
邓州市	—	—	34.81	—	9	33.73	—	12
永城市	—	—	46.51	—	3	62.25	—	2
固始县	—	—	26.28	—	18	30.71	—	14
鹿邑县	—	—	26.33	—	17	61.10	—	3
新蔡县	—	—	25.49	—	21	55.19	—	4

3. 准则层B之生态环境发展指数及其下层指数结果

表1-20 生态环境发展指数

地市	2012年		2013年			2014年		
	评测值	排名	评测值	排名1	排名2	评测值	排名1	排名2
郑州市	81.66	14	82.62	16	24	82.96	16	23
开封市	89.77	5	91.16	5	11	90.81	7	12
洛阳市	74.36	19	75.92	19	27	81.42	18	25
平顶山市	73.96	20	74.82	20	28	74.88	21	29
安阳市	68.73	22	66.41	24	32	63.14	27	37
鹤壁市	74.40	18	74.19	21	29	75.63	20	28
新乡市	85.37	11	85.81	11	18	86.45	11	18
焦作市	67.02	23	66.92	23	31	72.94	22	30
濮阳市	81.49	15	82.93	14	22	83.73	14	21
许昌市	88.87	7	89.39	7	13	89.85	8	13
漯河市	87.84	8	88.75	8	15	89.30	9	15
三门峡市	64.29	24	65.13	25	34	69.85	23	31
南阳市	86.81	9	87.28	9	16	91.19	5	10
商丘市	85.53	10	86.19	10	17	88.15	10	17
信阳市	91.01	4	91.55	3	9	91.80	3	8
周口市	95.31	1	95.53	1	5	96.59	1	4
驻马店市	89.69	6	90.55	6	12	91.11	6	11
济源市	60.56	26	61.47	27	36	68.66	24	33
运城市	38.57	30	40.89	30	40	39.44	30	40
晋城市	64.12	25	64.81	26	35	67.47	26	35
长治市	45.89	28	48.34	29	39	50.60	29	39
邢台市	52.39	27	67.66	22	30	68.46	25	34
邯郸市	45.57	29	59.13	28	38	56.11	28	38
聊城市	81.17	16	82.78	15	23	84.38	13	20
菏泽市	82.79	13	83.38	13	21	82.98	15	22
淮北市	75.80	17	77.03	18	26	78.98	19	27
宿州市	73.43	21	78.16	17	25	82.64	17	24
蚌埠市	91.12	3	91.38	4	10	91.38	4	9
亳州市	92.91	2	93.26	2	7	93.39	2	6
阜阳市	84.40	12	85.15	12	19	85.81	12	19
巩义市	—	—	65.27	—	33	68.92	—	32
兰考县	—	—	100.45	—	1	100.41	—	1
汝州市	—	—	83.56	—	20	88.84	—	16
滑县	—	—	97.14	—	4	79.35	—	26
长垣县	—	—	95.48	—	6	96.11	—	5
邓州市	—	—	98.41	—	2	97.77	—	3
永城市	—	—	59.40	—	37	63.37	—	36
固始县	—	—	89.20	—	14	89.75	—	14
鹿邑县	—	—	97.83	—	3	98.29	—	2
新蔡县	—	—	92.10	—	8	92.59	—	7

表 1-21 能耗指数

地市	2012 年		2013 年			2014 年		
	评测值	排名	评测值	排名1	排名2	评测值	排名1	排名2
郑州市	88.29	5	89.27	5	10	91.47	3	8
开封市	90.71	3	89.66	4	9	90.86	5	10
洛阳市	82.10	12	83.52	12	18	85.24	11	17
平顶山市	72.79	22	74.33	22	30	78.97	17	25
安阳市	66.63	24	67.43	24	33	69.29	24	33
鹤壁市	67.14	23	68.20	23	32	71.37	23	32
新乡市	79.18	14	80.08	14	22	81.28	14	22
焦作市	73.99	19	75.86	20	28	77.85	20	28
濮阳市	76.37	15	77.78	15	23	80.69	15	23
许昌市	86.36	8	87.51	7	12	89.12	7	12
漯河市	83.25	11	83.91	11	17	84.75	13	19
三门峡市	75.30	17	76.63	17	25	77.10	22	30
南阳市	93.18	2	93.87	2	7	94.83	2	7
商丘市	80.79	13	81.99	13	21	84.84	12	18
信阳市	86.37	7	87.36	8	13	88.14	9	15
周口市	94.67	1	95.40	1	5	96.66	1	5
驻马店市	85.76	9	86.97	9	15	88.22	8	14
济源市	45.89	28	48.28	28	37	50.90	28	37
运城市	22.99	30	26.44	30	40	31.03	30	40
晋城市	59.77	25	61.69	25	34	63.45	26	35
长治市	45.21	29	47.51	29	38	49.86	29	38
邢台市	55.56	26	59.77	26	35	63.63	25	34
邯郸市	54.41	27	57.16	27	36	61.42	27	36
聊城市	73.95	20	75.41	21	29	77.71	21	29
菏泽市	74.33	18	76.48	18	26	78.00	19	27
淮北市	73.95	20	76.05	19	27	78.93	18	26
宿州市	83.52	10	84.64	10	16	86.50	10	16
蚌埠市	87.74	6	88.89	6	11	90.56	6	11
亳州市	89.27	4	89.96	3	8	91.01	4	9
阜阳市	76.25	16	77.51	16	24	79.10	16	24
巩义市	—	—	73.95	—	31	75.70	—	31
兰考县	—	—	102.68	—	1	103.20	—	1
汝州市	—	—	82.38	—	20	84.14	—	20
滑县	—	—	98.08	—	3	98.65	—	3
长垣县	—	—	94.64	—	6	95.76	—	6
邓州市	—	—	98.85	—	2	99.68	—	2
永城市	—	—	42.15	—	39	47.49	—	39
固始县	—	—	82.76	—	19	83.83	—	21
鹿邑县	—	—	97.32	—	4	98.23	—	4
新蔡县	—	—	87.36	—	13	88.39	—	13

表 1-22 污染指数

地市	2012年		2013年			2014年		
	评测值	排名	评测值	排名1	排名2	评测值	排名1	排名2
郑 州 市	74.19	21	83.24	20	27	62.93	25	34
开 封 市	85.95	18	87.35	17	24	81.47	18	26
洛 阳 市	89.21	15	87.82	16	23	87.94	14	22
平顶山市	64.20	27	57.98	27	36	42.99	27	36
安 阳 市	57.74	28	51.31	28	37	21.81	29	38
鹤 壁 市	84.27	20	77.06	21	28	72.57	21	30
新 乡 市	94.17	9	94.36	8	13	90.19	11	19
焦 作 市	72.25	24	69.02	25	34	77.02	20	29
濮 阳 市	87.29	17	90.34	13	20	80.79	19	27
许 昌 市	89.31	14	86.85	18	25	83.52	16	24
漯 河 市	92.00	12	93.68	9	15	93.77	7	12
三门峡市	91.91	13	91.91	12	19	88.15	13	21
南 阳 市	98.10	3	98.30	2	4	96.90	2	4
商 丘 市	87.32	16	87.88	15	22	87.74	15	23
信 阳 市	99.46	1	98.89	1	3	96.76	3	6
周 口 市	97.63	4	97.75	4	6	98.06	1	3
驻马店市	95.81	6	95.13	6	11	93.23	8	15
济 源 市	72.81	22	69.70	24	33	96.65	4	7
运 城 市	84.59	19	84.50	19	26	67.44	23	32
晋 城 市	71.97	25	72.92	22	30	72.35	22	31
长 治 市	43.66	29	49.50	29	38	40.33	28	37
邢 台 市	72.81	23	70.04	23	32	58.19	26	35
邯 郸 市	37.62	30	31.78	30	39	0.01	30	40
聊 城 市	93.26	11	92.63	10	17	92.54	9	16
菏 泽 市	93.80	10	89.77	14	21	82.55	17	25
淮 北 市	65.17	26	68.68	26	35	66.03	24	33
宿 州 市	95.25	7	95.00	7	12	89.86	12	20
蚌 埠 市	94.87	8	92.53	11	18	91.13	10	18
亳 州 市	98.19	2	97.78	3	5	95.33	5	9
阜 阳 市	96.05	5	95.81	5	10	94.22	6	11
巩 义 市	—	—	0.00	—	40	16.73	—	39
兰 考 县	—	—	93.48	—	16	91.50	—	17
汝 州 市	—	—	71.05	—	31	93.38	—	14
滑 县	—	—	96.95	—	8	94.38	—	10
长 垣 县	—	—	93.77	—	14	93.38	—	13
邓 州 市	—	—	96.57	—	9	95.97	—	8
永 城 市	—	—	76.29	—	29	79.66	—	28
固 始 县	—	—	99.89	—	2	99.21	—	1
鹿 邑 县	—	—	97.38	—	7	96.79	—	5
新 蔡 县	—	—	100.01	—	1	99.15	—	2

表1-23 环保指数

地市	2012年		2013年			2014年		
	评测值	排名	评测值	排名1	排名2	评测值	排名1	排名2
郑州市	67.04	21	59.83	23	33	74.63	23	32
开封市	90.43	16	100.00	1	2	100.00	1	1
洛阳市	33.69	26	38.65	28	38	62.18	27	36
平顶山市	87.64	18	93.32	15	25	93.15	18	27
安阳市	86.74	19	78.13	21	31	83.98	21	30
鹤壁市	88.76	17	91.27	19	29	92.90	19	28
新乡市	97.19	9	96.35	13	22	99.93	4	11
焦作市	38.59	25	34.99	29	39	52.50	28	37
濮阳市	92.77	14	92.71	17	27	96.81	13	21
许昌市	96.83	10	98.18	8	17	98.58	11	18
漯河市	99.00	5	99.97	3	11	99.98	3	10
三门峡市	0.00	30	0.00	30	40	27.38	30	39
南阳市	54.28	22	54.31	24	34	73.34	24	33
商丘市	99.56	4	98.47	7	16	99.61	7	14
信阳市	98.04	7	98.18	8	17	99.06	9	16
周口市	95.12	12	93.76	14	24	94.89	14	22
驻马店市	96.69	11	97.87	10	19	98.61	10	17
济源市	97.22	8	97.22	12	21	99.87	5	12
运城市	44.47	24	45.47	26	36	39.49	29	38
晋城市	70.76	20	67.10	22	32	75.97	22	31
长治市	50.39	23	49.95	25	35	63.31	25	34
邢台市	21.40	28	91.60	18	28	94.86	15	23
邯郸市	24.09	27	93.01	16	26	94.54	16	24
聊城市	93.17	13	97.52	11	20	98.46	12	20
菏泽市	100.00	1	100.00	1	2	100.00	1	1
淮北市	92.62	15	88.64	20	30	92.10	20	29
宿州市	17.98	29	39.75	27	37	62.55	26	35
蚌埠市	98.65	6	98.56	6	15	94.40	17	25
亳州市	99.77	3	99.76	5	13	99.40	8	15
阜阳市	99.95	2	99.95	4	12	99.77	6	13
巩义市	—	—	101.63	—	1	98.51	—	19
兰考县	—	—	100.00	—	2	100.00	—	1
汝州市	—	—	100.00	—	2	100.00	—	1
滑县	—	—	94.18	—	23	0.00	—	40
长垣县	—	—	100.00	—	2	100.00	—	1
邓州市	—	—	98.79	—	14	93.17	—	26
永城市	—	—	100.00	—	2	100.00	—	1
固始县	—	—	100.00	—	2	100.00	—	1
鹿邑县	—	—	100.00	—	2	100.00	—	1
新蔡县	—	—	100.00	—	2	100.00	—	1

4. 准则层B之社会环境发展指数及其下层指数结果

表1-24 社会环境发展指数

地市	2012年		2013年			2014年		
	评测值	排名	评测值	排名1	排名2	评测值	排名1	排名2
郑州市	37.23	1	43.21	1	1	44.67	1	1
开封市	23.78	25	32.45	13	17	38.37	4	6
洛阳市	29.01	13	33.39	9	13	35.11	10	15
平顶山市	24.13	24	30.52	17	23	33.02	19	25
安阳市	24.63	22	31.29	15	21	33.21	16	22
鹤壁市	33.65	3	33.59	8	11	37.08	7	10
新乡市	27.81	16	33.06	10	14	34.62	11	16
焦作市	33.63	4	35.80	6	9	37.28	6	9
濮阳市	30.48	9	32.90	11	15	35.48	9	14
许昌市	33.50	5	37.09	2	3	38.84	3	5
漯河市	29.78	12	29.83	20	26	31.98	23	30
三门峡市	32.65	6	36.05	5	8	37.52	5	8
南阳市	22.90	27	28.45	24	30	32.00	22	29
商丘市	24.36	23	31.12	16	22	32.82	21	27
信阳市	27.55	17	30.20	18	24	33.55	13	19
周口市	24.99	21	27.21	26	32	29.90	25	32
驻马店市	25.89	20	29.82	21	27	33.55	14	20
济源市	34.27	2	36.89	3	4	39.47	2	4
运城市	30.39	10	32.48	12	16	33.08	17	23
晋城市	32.06	7	36.41	4	5	36.56	8	12
长治市	30.87	8	32.12	14	18	34.01	12	18
邢台市	23.27	26	26.29	27	33	28.73	27	34
邯郸市	28.74	14	34.13	7	10	33.53	15	21
聊城市	26.63	18	29.47	23	29	33.03	18	24
菏泽市	27.84	15	29.62	22	28	31.33	24	31
淮北市	30.18	11	28.31	25	31	28.77	26	33
宿州市	19.98	28	20.00	28	35	20.75	30	40
蚌埠市	26.02	19	29.86	19	25	32.82	20	26
亳州市	16.34	29	19.61	30	37	22.83	28	38
阜阳市	16.26	30	20.00	29	36	22.74	29	39
巩义市	—	—	36.23	—	7	36.69	—	11
兰考县	—	—	36.32	—	6	39.69	—	3
汝州市	—	—	24.53	—	34	32.76	—	28
滑县	—	—	18.92	—	38	27.30	—	37
长垣县	—	—	37.63	—	2	40.65	—	2
邓州市	—	—	17.88	—	39	27.64	—	36
永城市	—	—	31.65	—	20	37.91	—	7
固始县	—	—	31.67	—	19	36.51	—	13
鹿邑县	—	—	33.49	—	12	34.53	—	17
新蔡县	—	—	17.74	—	40	28.48	—	35

表 1-25 收入指数

地市	2012 年		2013 年			2014 年		
	评测值	排名	评测值	排名1	排名2	评测值	排名1	排名2
郑州市	38.27	1	40.31	1	2	43.01	1	2
开封市	20.41	20	22.72	19	24	25.69	19	24
洛阳市	22.60	14	24.84	15	19	27.43	16	20
平顶山市	21.21	18	23.71	18	22	26.51	18	22
安阳市	25.49	9	27.64	9	12	30.30	9	12
鹤壁市	28.42	5	30.83	5	7	33.51	5	7
新乡市	25.56	8	27.80	8	11	30.42	8	11
焦作市	30.99	3	33.23	3	5	35.84	3	5
濮阳市	18.65	21	21.25	21	27	24.24	22	28
许昌市	29.98	4	32.10	4	6	34.75	4	6
漯河市	25.98	7	28.32	7	10	30.94	7	10
三门峡市	22.59	15	24.94	14	18	27.99	15	19
南阳市	22.00	16	24.28	17	21	27.26	17	21
商丘市	16.11	28	18.31	28	35	21.16	29	36
信阳市	18.57	22	21.22	22	28	24.07	23	29
周口市	14.65	29	16.76	30	38	19.66	30	38
驻马店市	16.76	26	19.05	25	32	21.91	26	33
济源市	32.71	2	34.93	2	3	37.53	2	3
运城市	16.26	27	18.34	27	34	21.52	28	35
晋城市	23.54	13	25.50	13	17	28.46	14	18
长治市	23.84	11	25.77	12	16	29.13	13	16
邢台市	16.97	24	18.92	26	33	22.03	25	32
邯郸市	24.92	10	26.31	11	14	29.19	12	15
聊城市	26.67	6	29.23	6	8	32.12	6	8
菏泽市	23.73	12	26.33	10	13	29.49	11	14
淮北市	20.70	19	22.64	20	25	25.21	20	25
宿州市	16.94	25	20.02	23	30	22.22	24	31
蚌埠市	21.83	17	24.45	16	20	29.74	10	13
亳州市	17.23	23	19.80	24	31	24.44	21	27
阜阳市	13.99	30	17.46	29	37	21.75	27	34
巩义市	—	—	41.12	—	1	43.89	—	1
兰考县	—	—	15.66	—	40	18.69	—	40
汝州市	—	—	29.19	—	9	31.95	—	9
滑县	—	—	16.19	—	39	19.04	—	39
长垣县	—	—	34.33	—	4	37.47	—	4
邓州市	—	—	25.83	—	15	28.67	—	17
永城市	—	—	23.32	—	23	26.37	—	23
固始县	—	—	21.75	—	26	24.61	—	26
鹿邑县	—	—	20.22	—	29	23.28	—	30
新蔡县	—	—	17.51	—	36	20.64	—	37

表1-26 健康指数

地市	2012年		2013年			2014年		
	评测值	排名	评测值	排名	排名	评测值	排名	排名
郑州市	80.03	1	93.85	1	1	95.26	1	1
开封市	45.31	12	50.31	10	12	54.38	6	8
洛阳市	51.61	3	57.12	3	4	59.14	3	4
平顶山市	48.79	8	51.00	9	11	55.73	5	7
安阳市	43.41	15	48.79	13	15	48.14	15	17
鹤壁市	43.45	14	46.66	16	19	48.60	14	16
新乡市	51.5	4	55.70	4	5	56.46	4	6
焦作市	50.6	6	55.29	5	6	51.01	10	12
濮阳市	41.63	16	47.51	15	17	49.25	12	14
许昌市	41.44	17	43.03	18	21	43.48	20	24
漯河市	45.76	11	50.12	11	13	48.74	13	15
三门峡市	56.01	2	58.46	2	3	62.77	2	3
南阳市	31.34	24	37.11	24	30	39.00	25	32
商丘市	32.44	23	41.41	21	24	41.71	22	28
信阳市	21.2	29	25.98	29	37	27.37	29	38
周口市	28.43	26	31.51	26	33	34.52	26	34
驻马店市	32.82	22	38.51	22	26	43.21	21	25
济源市	38.82	18	42.94	19	22	47.95	16	18
运城市	51.4	5	52.39	7	9	54.21	7	9
晋城市	44.81	13	48.64	14	16	47.35	17	20
长治市	46.79	10	48.95	12	14	49.77	11	13
邢台市	31.11	25	36.61	25	31	40.19	23	30
邯郸市	34.03	19	37.88	23	28	39.67	24	31
聊城市	33.94	20	42.33	20	23	44.15	19	23
菏泽市	33.21	21	44.89	17	20	46.07	18	21
淮北市	49.89	7	52.42	6	8	53.18	8	10
宿州市	25.48	28	26.79	28	35	28.19	28	37
蚌埠市	47.53	9	51.67	8	10	51.52	9	11
亳州市	16.4	30	19.24	30	40	21.15	30	39
阜阳市	26.6	27	29.98	27	34	32.03	27	35
巩义市	—	—	35.67	—	32	40.65	—	29
兰考县	—	—	70.30	—	2	81.86	—	2
汝州市	—	—	47.36	—	18	41.78	—	27
滑县	—	—	38.16	—	27	44.73	—	22
长垣县	—	—	54.81	—	7	56.49	—	5
邓州市	—	—	19.62	—	38	31.65	—	36
永城市	—	—	37.28	—	29	42.37	—	26
固始县	—	—	26.16	—	36	34.58	—	33
鹿邑县	—	—	38.74	—	25	47.50	—	19
新蔡县	—	—	19.61	—	39	20.77	—	40

表 1-27 教育指数

地市	2012 年		2013 年			2014 年		
	评测值	排名	评测值	排名1	排名2	评测值	排名1	排名2
郑州市	17.23	24	22.55	25	31	25.66	24	32
开封市	17.97	23	29.33	17	22	41.78	7	12
洛阳市	32.74	12	32.23	11	15	35.21	13	19
平顶山市	16.82	25	29.11	19	24	33.08	17	23
安阳市	13.07	27	30.64	13	17	33.21	15	21
鹤壁市	37.43	8	30.70	12	16	36.80	11	16
新乡市	19.00	20	29.35	16	21	31.75	18	24
焦作市	29.90	15	29.60	15	20	33.17	16	22
濮阳市	46.01	1	44.83	3	6	48.27	3	6
许昌市	38.94	6	36.14	9	12	40.10	8	13
漯河市	26.80	17	24.32	21	27	26.17	23	31
三门峡市	40.38	3	38.79	8	11	39.75	9	14
南阳市	18.34	22	29.32	18	23	35.02	14	20
商丘市	39.13	5	52.89	2	3	55.08	2	3
信阳市	44.23	2	56.85	1	1	58.15	1	1
周口市	35.48	10	42.00	6	9	44.27	5	10
驻马店市	32.33	13	42.96	5	8	47.59	4	7
济源市	31.59	14	28.13	20	25	31.18	20	26
运城市	40.00	4	43.55	4	7	41.89	6	11
晋城市	37.88	7	39.36	7	10	39.05	10	15
长治市	36.91	9	33.62	10	13	35.39	12	18
邢台市	25.04	18	20.10	28	34	23.23	25	33
邯郸市	28.18	16	24.12	22	28	26.48	22	30
聊城市	18.42	21	18.79	30	36	22.33	28	37
菏泽市	33.03	11	30.51	14	18	31.39	19	25
淮北市	23.75	19	22.77	24	30	20.78	29	39
宿州市	13.47	26	20.23	27	33	18.72	30	40
蚌埠市	12.89	28	19.46	29	35	22.94	26	35
亳州市	12.30	29	23.14	23	29	26.51	21	29
阜阳市	8.54	30	21.14	26	32	22.93	27	36
巩义市	—	—	26.32	—	26	21.21	—	38
兰考县	—	—	49.06	—	4	50.77	—	4
汝州市	—	—	-0.72	—	39	30.47	—	27
滑县	—	—	2.84	—	38	23.12	—	34
长垣县	—	—	32.32	—	14	36.42	—	17
邓州市	—	—	-1.02	—	40	26.70	—	28
永城市	—	—	30.47	—	19	47.16	—	8
固始县	—	—	47.67	—	5	56.84	—	2
鹿邑县	—	—	56.31	—	2	49.16	—	5
新蔡县	—	—	14.34	—	37	46.78	—	9

表1-28 城市生活环境指数

地市	2012年		2013年			2014年		
	评测值	排名	评测值	排名1	排名2	评测值	排名1	排名2
郑州市	18.09	27	31.96	15	22	22.68	23	32
开封市	20.79	25	58.78	5	6	63.19	2	2
洛阳市	11.43	29	38.43	10	16	31.80	14	20
平顶山市	18.02	28	33.30	14	21	26.34	21	29
安阳市	22.30	22	21.47	23	33	22.30	24	33
鹤壁市	31.66	14	33.36	13	20	35.85	9	15
新乡市	24.41	18	31.28	18	25	26.66	20	27
焦作市	28.79	16	33.45	12	19	33.07	13	19
濮阳市	24.34	19	30.55	19	27	29.96	16	22
许昌市	21.56	23	54.05	6	7	47.33	7	9
漯河市	29.99	15	18.98	24	34	25.62	22	30
三门峡市	19.97	26	44.44	8	10	34.96	10	16
南阳市	26.32	17	31.69	16	23	34.53	11	17
商丘市	8.15	30	13.22	26	36	10.25	28	38
信阳市	33.63	12	3.86	30	40	18.94	25	34
周口市	39.07	7	27.97	22	30	30.37	15	21
驻马店市	39.97	6	29.55	21	29	33.35	12	18
济源市	41.95	4	61.57	3	4	58.54	3	4
运城市	35.97	9	35.72	11	18	28.28	17	23
晋城市	35.16	11	60.34	4	5	50.62	5	6
长治市	20.84	24	30.32	20	28	27.23	19	26
邢台市	35.57	10	62.62	2	3	57.89	4	5
邯郸市	40.00	5	94.68	1	1	64.60	1	1
聊城市	37.86	8	39.89	9	15	49.66	6	8
菏泽市	23.78	20	17.45	25	35	15.33	26	36
淮北市	61.62	1	31.40	17	24	28.17	18	25
宿州市	44.26	3	7.90	29	39	6.93	30	40
蚌埠市	48.17	2	49.53	7	8	44.96	8	10
亳州市	23.55	21	9.13	28	38	7.25	29	39
阜阳市	32.26	13	12.23	27	37	11.36	27	37
巩义市	—	—	42.04	—	13	39.79	—	12
兰考县	—	—	42.75	—	12	38.83	—	13
汝州市	—	—	36.51	—	17	28.17	—	24
滑县	—	—	46.30	—	9	50.15	—	7
长垣县	—	—	40.20	—	14	41.69	—	11
邓州市	—	—	30.95	—	26	18.60	—	35
永城市	—	—	66.09	—	2	59.72	—	3
固始县	—	—	42.90	—	11	38.76	—	14
鹿邑县	—	—	23.13	—	32	25.12	—	31
新蔡县	—	—	25.57	—	31	26.62	—	28

第 2 章
郑州市发展指数分析

一 郑州市发展评价分析

2013~2014 年，郑州市发展指数及其下层指标评价值和排位变化情况，如表 2-1 和图 2-1 所示。

表 2-1 郑州市 2013~2014 年发展评价值及排名

指标	经济发展指数	生态环境发展指数	社会环境发展指数	郑州市发展指数
2012 年	68.22	81.66	37.23	59.30
2013 年	70.06	82.62	43.21	64.14
2014 年	70.76	82.96	44.67	65.00
2013 年排名	1	16	1	1
2014 年排名	1	16	1	1
升降	0	0	0	0
优势度	优势	中势	优势	优势
2014 年全排名	1	23	1	1

注：中原经济区 30 地市中各表格中"2013 年排名""2014 年排名"均指在 30 地市中的排名，"优势度"依据"2014 年排名"得出，即第 1~10 名为优势、第 11~20 为中势、第 21~30 为劣势；"2014 年全排名"是指在 30 个地级市及 10 个县级市整体中的排名情况。

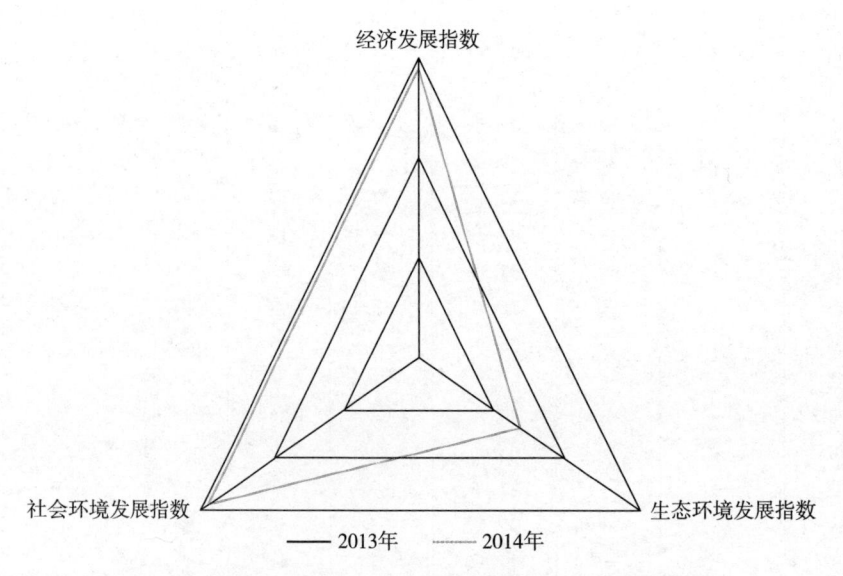

图 2-1 郑州市 2013~2014 年发展指数及下层指标排位比较

（1）2014年郑州市发展指数排位处于第1位，表明其在中原经济区处于优势地位，与2013年相比排位保持不变。

（2）从准则层指标的优势度看，经济发展指数、社会环境发展指数是郑州市发展指数中的优势指标，生态环境发展指数是郑州市发展指数中的中势指标。

（3）从雷达图图形变化看，2014年与2013年相比，面积不变，郑州发展指数排位呈平稳态势。

（4）从排位变化的动因看，在经济发展指数、生态环境发展指数、社会环境发展指数排位保持不变的综合作用下，2014年郑州市发展指数排位保持不变，居中原经济区第1位。

二 郑州市经济发展评价分析

2013~2014年，郑州市经济发展指数及其下层指标评价值和排位变化情况，如表2-2和图2-2所示。

表2-2 郑州市2013~2014年经济发展评价值及排名

指标	人均GDP	三次产业结构	非国有工业增加值占比	工业化指数	城镇化率	第一产业就业人数比重	人均全社会消费品零售总额	城镇化指数	劳均农作物播种面积	单产农用化肥施用量	单产农用大中型拖拉机动力	农业现代化指数	经济发展指数
2012年	71.95	97.08	69.12	76.41	66.68	74.74	65.21	68.63	21.20	15.66	23.91	21.13	68.22
2013年	72.91	97.80	75.75	78.46	68.04	77.71	66.16	70.34	23.46	20.77	26.25	23.27	70.06
2014年	74.67	98.51	77.93	80.09	70.19	74.75	68.34	71.17	14.49	24.16	30.88	17.66	70.76
2013年排名	1	1	11	1	1	1	1	1	16	3	7	14	1
2014年排名	1	1	13	1	1	1	1	1	19	5	7	16	1
升降	0	0	-2	0	0	0	0	0	-3	-2	0	-2	0
优势度	优势	优势	中势	优势	优势	优势	优势	优势	中势	优势	优势	中势	优势
2014年全排名	2	2	21	2	1	2	1	1	27	8	11	25	1

（1）2014年郑州市经济发展指数排位处于第1位，表明其在中原经济区处于优势地位，与2013年相比排位不变。

（2）从方案层指标的优势度看，人均GDP、三次产业结构、城镇化率、第一产业就业人数比重、人均全社会消费品零售总额、单产农用化肥施用量、单产农用大中型拖拉机动力是郑州市经济发展指数中的优势指标，非国有工业增加值占比、劳均农作物播种面积是郑州市经济发展指数中的中势指标。

（3）从雷达图图形变化看，2014年与2013年相比，面积略有缩小，经济发展指数排位呈下降态势。

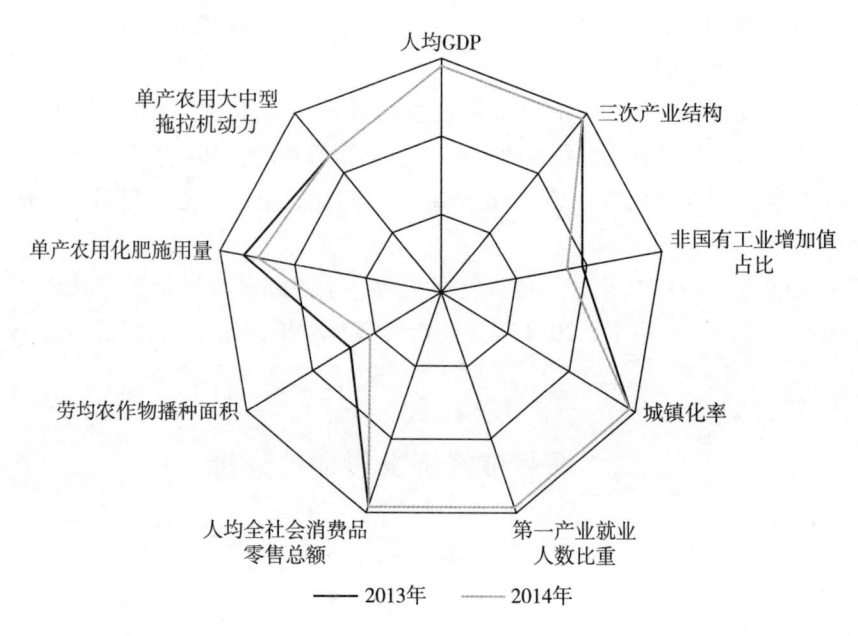

图 2-2　郑州市 2013~2014 年经济发展指数及下层指标排位比较

（4）从排位变化的动因看，在非国有工业增加值占比、劳均农作物播种面积、单产农用化肥施用量指标排位下降和人均 GDP、三次产业结构、城镇化率、第一产业就业人数比重、人均全社会消费品零售总额、单产农用大中型拖拉机动力等指标排位不变的综合作用下，2014 年郑州市经济发展指数排位不变，居中原经济区第 1 位。

三　郑州市生态环境发展评价分析

2013~2014 年，郑州市生态环境发展指数及其下层指标评价值和排位变化情况，如表 2-3 和图 2-3 所示。

表 2-3　郑州市 2013~2014 年生态环境发展评价值及排名

指标	万元 GDP 能耗	按辖区面积平均的工业烟尘排放量	工业固体废物综合利用率	生态环境发展指数
2012 年	88.29	74.19	67.04	81.66
2013 年	89.27	83.24	59.83	82.62
2014 年	91.47	62.93	74.63	82.96
2013 年排名	5	20	23	16
2014 年排名	3	25	23	16
升降	2	-5	0	0
优势度	优势	劣势	劣势	中势
2014 年全排名	8	34	32	23

万元GDP能耗

工业固体废物综合利用率　　按辖区面积平均的工业烟尘排放量

—— 2013年　　 —— 2014年

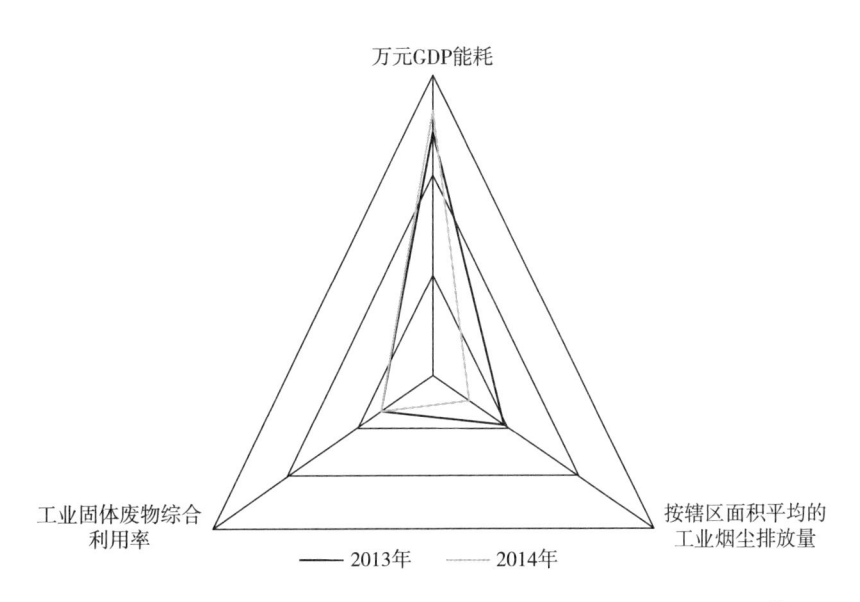

图2-3　郑州市2013~2014年生态环境发展指数及下层指标排位比较

（1）2014年郑州市生态环境发展指数排位处于第16位，表明其在中原经济区处于中势地位，与2013年相比排位不变。

（2）从方案层指标的优势度看，万元GDP能耗是郑州市生态环境发展指数中的优势指标，按辖区面积平均的工业烟尘排放量、工业固体废物综合利用率是郑州市生态环境发展指数中的劣势指标。

（3）从雷达图图形变化看，2014年与2013年相比，面积略有缩小，生态环境发展指数排位呈下降态势。

（4）从排位变化的动因看，在万元GDP能耗指标排位上升和按辖区面积平均的工业烟尘排放量指标排位下降的综合作用下，2014年郑州市生态环境发展指数排位保持不变，居中原经济区第16位。

四　郑州市社会环境发展评价分析

2013~2014年，郑州市社会环境发展指数及其下层指标评价值和排位变化情况，如表2-4和图2-4所示。

（1）2014年郑州市社会环境发展指数排位处于第1位，表明其在中原经济区处于优势地位，与2013年相比排位没有变化。

（2）从方案层指标的优势度看，城乡居民收入结构、城镇居民人均可支配收入、农村居民人均纯收入、每万人卫生技术人员数、每万人卫生机构床位数、人均教育经费、万人城市公共汽车数是郑州市社会环境发展指数中的优势指标，万人中小学专任教师数、人均城市公园绿地面积、人均城市道路面积是郑州市社会环境发展指数中的劣势指标。

表2-4 郑州市2013~2014年社会环境发展评价值及排名

指标	城乡居民收入结构	城镇居民人均可支配收入	农村居民人均纯收入	收入指数	每万人卫生技术人员数	每万人卫生机构床位数	健康指数	万人中小学专任教师数	人均教育经费	教育指数	人均城市公园绿地面积	人均城市道路面积	万人城市公共汽车数	城市生活环境指数	社会环境发展指数
2012年	31.03	42.21	42.84	38.27	64.70	95.36	80.03	3.37	31.09	17.23	2.67	0.00	63.74	18.09	37.23
2013年	32.39	43.90	44.64	40.31	76.33	111.36	93.85	16.43	28.66	22.55	22.61	23.47	11.11	31.96	43.21
2014年	33.15	48.34	47.54	43.01	80.03	110.49	95.26	19.20	32.12	25.66	20.25	16.70	31.08	22.68	44.67
2013年排名	1	1	1	1	1	1	1	30	3	25	17	24	8	15	1
2014年排名	1	1	1	1	1	1	1	29	4	24	24	26	9	23	1
升降	0	0	0	0	0	0	0	1	-1	1	-7	-2	-1	-8	0
优劣度	优势	优势	优势	优势	优势	优势	优势	劣势	优势	劣势	劣势	劣势	优势	劣势	优势
2014年全排名	3	1	1	2	1	1	1	39	4	32	33	36	12	32	1

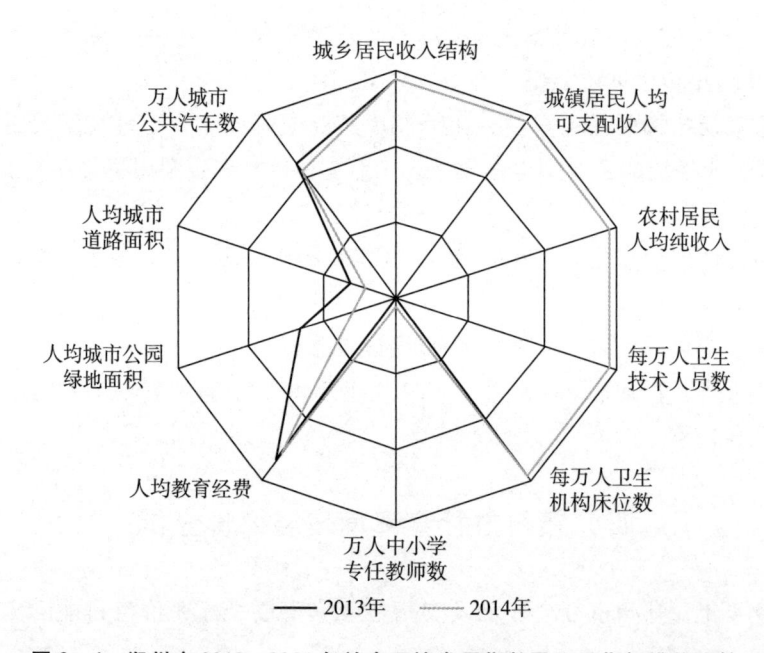

图2-4 郑州市2013~2014年社会环境发展指数及下层指标排位比较

（3）从雷达图图形变化看，2014年与2013年相比，面积基本略有缩小，社会环境发展指数排位呈下降态势。

（4）从排位变化的动因看，在人均教育经费、人均城市公园绿地面积、人均城市道路面积、万人城市公共汽车数排位下降和万人中小学专任教师数排位上升的综合作用下，2014年郑州市社会环境发展指数排位保持不变，居中原经济区第1位。

第3章
开封市发展指数分析

一 开封市发展评价分析

2013~2014年,开封市发展指数及其下层指标评价值和排位变化情况,如表3-1和图3-1所示。

表3-1 开封市2013~2014年发展评价值及排名

指标	经济发展指数	生态环境发展指数	社会环境发展指数	开封市发展指数
2012年	30.50	89.77	23.78	35.09
2013年	33.73	91.16	32.45	42.78
2014年	35.89	90.81	38.37	45.62
2013年排名	19	5	13	13
2014年排名	19	7	4	12
升降	0	-2	9	1
优势度	中势	优势	优势	中势
2014年全排名	23	12	6	16

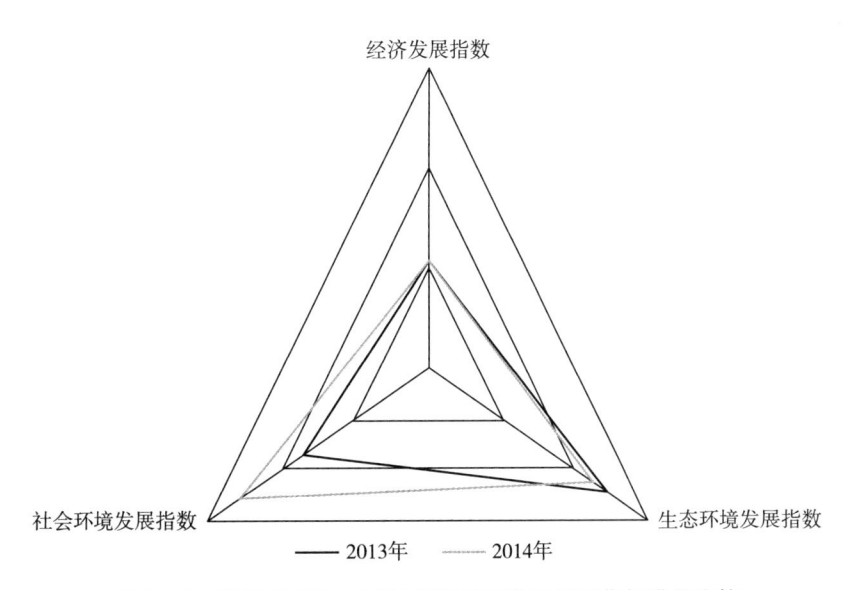

图3-1 开封市2013~2014年发展指数及下层指标排位比较

（1）2014年开封市发展指数排位处于第12位，表明其在中原经济区处于中势地位，与2013年相比排位上升1位。

（2）从准则层指标的优势度看，生态环境发展指数、社会环境发展指数是开封市发展指数中的优势指标，经济发展指数是开封市发展指数中的中势指标。

（3）从雷达图图形变化看，2014年与2013年相比，面积有所增大，开封发展指数排位呈上升态势。

（4）从排位变化的动因看，在社会环境发展指数排位上升、经济发展指数排位不变、生态环境发展指数排位下降的综合作用下，2014年开封市发展指数排位上升1位，居中原经济区第12位。

二 开封市经济发展评价分析

2013~2014年，开封市经济发展指数及其下层指标评价值和排位变化情况，如表3-2和图3-2所示。

表3-2 开封市2013~2014年经济发展评价值及排名

指标	人均GDP	三次产业结构	非国有工业增加值占比	工业化指数	城镇化率	第一产业就业人数比重	人均全社会消费品零售总额	城镇化指数	劳均农作物播种面积	单产农用化肥施用量	单产农用大中型拖拉机动力	农业现代化指数	经济发展指数
2012年	41.26	30.30	82.35	47.29	19.39	28.33	36.09	23.49	28.30	8.22	11.03	23.51	30.50
2013年	43.31	33.09	89.25	50.45	21.61	34.57	38.61	26.85	30.94	8.88	12.46	25.50	33.73
2014年	46.17	38.26	90.14	53.39	24.25	34.94	38.83	28.63	33.66	10.47	14.08	27.93	35.89
2013年排名	19	23	4	17	21	18	11	21	12	16	21	12	19
2014年排名	19	23	5	16	21	16	15	21	9	18	21	8	19
升降	0	0	-1	1	0	2	-4	0	3	-2	0	4	0
优势度	中势	劣势	优势	中势	劣势	中势	中势	劣势	优势	中势	劣势	优势	中势
2014年全排名	24	28	13	20	22	23	16	24	16	26	29	16	23

（1）2014年开封市经济发展指数排位处于第19位，表明其在中原经济区处于中势地位，与2013年相比排位保持不变。

（2）从方案层指标的优势度看，非国有工业增加值占比、劳均农作物播种面积、农业现代化指数是开封市经济发展指数中的优势指标，人均GDP、工业化指数、第一产业就业人数比重、人均全社会消费品零售总额、单产农用化肥施用量是开封市经济发展指数中的中势指标，其余为劣势指标。

（3）从雷达图图形变化看，2014年与2013年相比，面积基本不变，经济发展指数排位呈平稳态势。

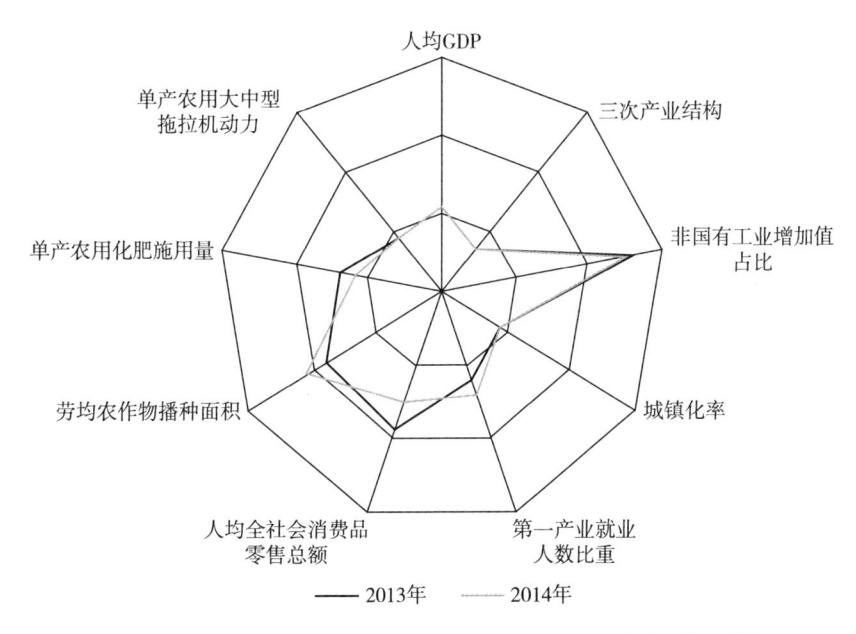

图 3-2 开封市 2013~2014 年经济发展指数及下层指标排位比较

（4）从排位变化的动因看，在第一产业就业人数比重、劳均农作物播种面积数等指标排位上升和非国有工业增加值占比、人均全社会消费品零售总额、单产农用化肥施用量指标排位下降的综合作用下，2014 年开封市经济发展指数排位保持不变，居中原经济区第 19 位。

三 开封市生态环境发展评价分析

2013~2014 年，开封市生态环境发展指数及其下层指标评价值和排位变化情况，如表 3-3 和图 3-3 所示。

表 3-3 开封市 2013~2014 年生态环境发展评价值及排名

指标	万元 GDP 能耗	按辖区面积平均的工业烟尘排放量	工业固体废物综合利用率	生态环境发展指数
2012 年	90.71	85.95	90.43	89.77
2013 年	89.66	87.35	100.00	91.16
2014 年	90.86	81.47	100.00	90.81
2013 年排名	4	17	1	5
2014 年排名	5	18	1	7
升降	-1	-1	0	-2
优势度	优势	中势	优势	优势
2014 年全排名	10	26	1	12

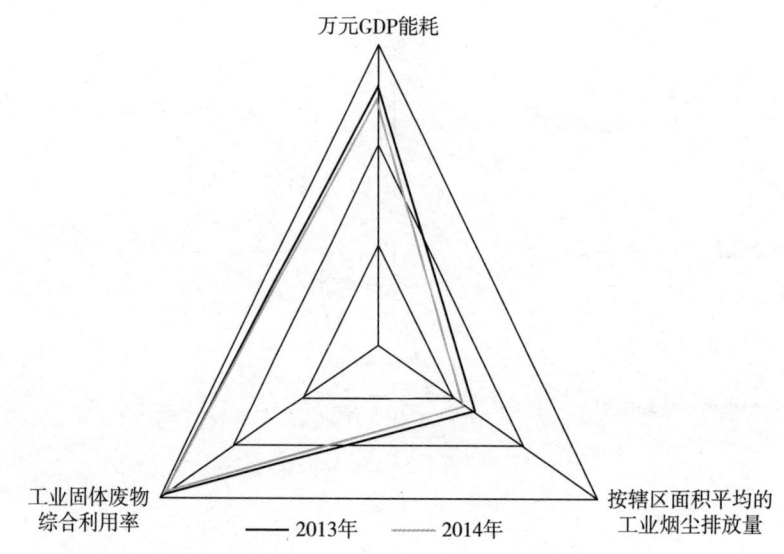

图 3-3　开封市 2013~2014 年生态环境发展指数及下层指标排位比较

（1）2014 年开封市生态环境发展指数排位处于第 7 位，表明其在中原经济区处于优势地位，与 2013 年相比排位下降 2 位。

（2）从方案层指标的优势度看，万元 GDP 能耗、工业固体废物综合利用率是开封市生态环境发展指数中的优势指标，按辖区面积平均的工业烟尘排放量是开封市生态环境发展指数中的中势指标。

（3）从雷达图图形变化看，2014 年与 2013 年相比，面积略微缩小，生态环境发展指数排位呈下降态势。

（4）从排位变化的动因看，在万元 GDP 能耗、按辖区面积平均的工业烟尘排放量指标排位下降和工业固体废物综合利用率指标排位保持不变的综合作用下，2014 年开封市生态环境发展指数排位下降 2 位，居中原经济区第 7 位。

四　开封市社会环境发展评价分析

2013~2014 年，开封市社会环境发展指数及其下层指标评价值和排位变化情况，如表 3-4 和图 3-4 所示。

（1）2014 年开封市社会环境发展指数排位处于第 4 位，表明其在中原经济区处于优势地位，与 2013 年相比排位上升 9 位。

（2）从方案层指标的优势度看，每万人卫生技术人员数、每万人卫生机构床位数、万人中小学专任教师数、人均城市道路面积、万人城市公共汽车数是开封市社会环境发展指数中的优势指标，城镇居民人均可支配收入是开封市社会环境发展指数中的劣势指标，其余均为开封市社会环境发展指数中的中势指标。

（3）从雷达图图形变化看，2014 年与 2013 年相比，面积明显增大，社会环境发展指数排位呈现上升态势。

表 3-4 开封市 2013~2014 年社会环境发展评价值及排名

指标	城乡居民收入结构	城镇居民人均可支配收入	农村居民人均纯收入	收入指数	每万人卫生技术人员数	每万人卫生机构床位数	健康指数	万人中小学专任教师数	人均教育经费	教育指数	人均城市公园绿地面积	人均城市道路面积	万人城市公共汽车数	城市生活环境指数	社会环境发展指数
2012年	17.57	21.52	23.65	20.41	37.00	53.62	45.31	18.70	17.23	17.97	7.64	47.19	46.31	20.79	23.78
2013年	18.44	23.94	25.78	22.72	41.79	58.83	50.31	42.47	16.18	29.33	24.61	62.51	18.72	58.78	32.45
2014年	10.00	26.00	19.00	25.69	46.20	62.56	54.38	58.21	25.34	41.78	35.76	62.97	90.86	63.19	38.37
2013年排名	10	26	19	19	8	12	10	12	24	17	15	6	2	5	13
2014年排名	12	25	19	19	5	9	6	7	19	7	15	6	1	2	4
升降	-2	1	0	0	3	3	4	5	5	10	0	0	1	3	9
优势度	中势	劣势	中势	中势	优势	优势	优势	优势	中势	优势	中势	优势	优势	优势	优势
2014年全排名	17	28	24	24	7	11	8	12	20	12	20	8	1	2	6

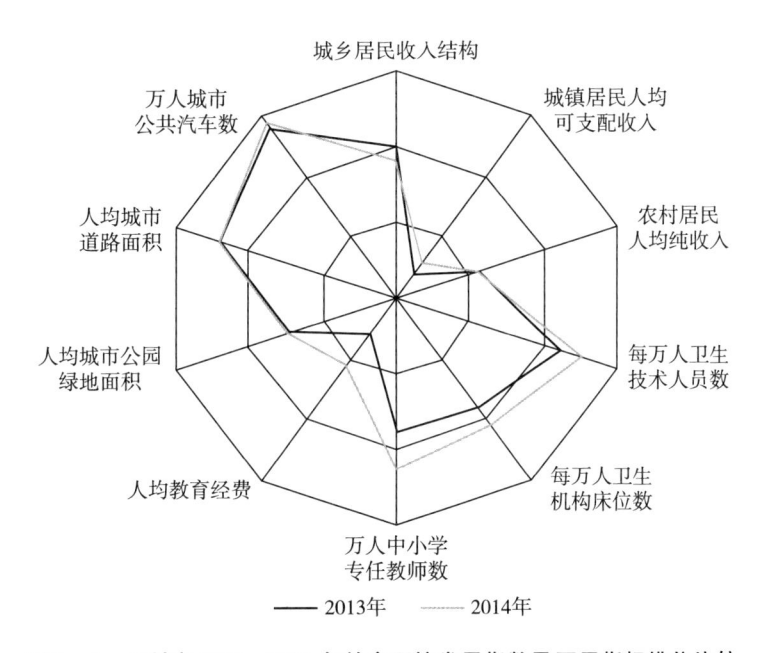

图 3-4 开封市 2013~2014 年社会环境发展指数及下层指标排位比较

（4）从排位变化的动因看，在城镇居民可支配收入、每万人卫生技术人员数、每万人卫生机构床位数、万人中小学专任教师数、人均教育经费、万人城市公共汽车数等指标排位上升和城乡居民收入结构指标排位下降的综合作用下，2014年开封市社会环境发展指数上升9位，居中原经济区第4位。

第4章
洛阳市发展指数分析

一 洛阳市发展评价分析

2013~2014年,洛阳市发展指数及其下层指标评价值和排位变化情况,如表4-1和图4-1所示。

表4-1 洛阳市2013~2014年发展评价值及排名

指标	经济发展指数	生态环境发展指数	社会环境发展指数	洛阳市发展指数
2012年	43.68	74.36	29.01	41.50
2013年	45.41	75.92	33.39	46.82
2014年	46.97	81.42	35.11	49.09
2013年排名	7	19	9	9
2014年排名	7	18	10	6
升降	0	1	-1	3
优势度	优势	中势	优势	优势
2014年全排名	9	25	15	8

图4-1 洛阳市2013~2014年发展指数及下层指标排位比较

（1）2014年洛阳市发展指数排位处于第6位，表明其在中原经济区处于优势地位，与2013年相比排位上升3位。

（2）从准则层指标的优势度看，经济发展指数、社会环境发展指数是洛阳市发展指数中的优势指标，生态环境发展指数是洛阳市发展指数中的中势指标。

（3）从雷达图图形变化看，2014年与2013年相比，面积略微增加，洛阳发展指数排位呈上升态势。

（4）从排位变化的动因看，在社会环境发展指数指标排位下降、生态环境发展指数指标排位上升和经济发展指数指标保持不变的综合作用下，2014年洛阳市发展指数排位上升3位，居中原经济区第6位。

二　洛阳市经济发展评价分析

2013~2014年，洛阳市经济发展指数及其下层指标评价值和排位变化情况，如表4-2和图4-2所示。

表4-2　洛阳市2013~2014年经济发展评价值及排名

指标	人均GDP	三次产业结构	非国有工业增加值占比	工业化指数	城镇化率	第一产业就业人数比重	人均全社会消费品零售总额	城镇化指数	劳均农作物播种面积	单产农用化肥施用量	单产农用大中型拖拉机动力	农业现代化指数	经济发展指数
2012年	60.90	79.52	36.76	59.79	34.03	46.52	50.80	39.06	13.64	17.23	6.41	12.77	43.68
2013年	60.31	78.04	45.93	60.98	36.43	47.24	52.76	41.04	15.82	11.98	8.51	14.49	45.41
2014年	60.96	81.12	51.31	63.06	39.20	45.55	55.79	42.67	12.25	14.94	11.12	12.60	46.97
2013年排名	5	6	25	8	8	11	2	7	19	9	28	19	7
2014年排名	5	5	27	9	8	11	2	8	20	11	25	22	7
升降	0	1	-2	-1	0	0	0	-1	-1	-2	3	-3	0
优势度	优势	优势	劣势	优势	优势	中势	优势	优势	中势	中势	劣势	劣势	优势
2014年全排名	6	6	36	10	8	17	3	9	29	16	34	32	9

（1）2014年洛阳市经济发展指数排位处于第7位，表明其在河南省处于优势地位，与2013年相比排位没有变化。

（2）从方案层指标的优势度看，人均GDP、三次产业结构、工业化指数、城镇化率、人均全社会消费品零售总额是洛阳市经济发展指数中的优势指标，非国有工业增加值占比、单产农用大中型拖拉机动力是洛阳市经济发展指数中的劣势指标，其余均为洛阳市经济发展指数中的中势指标。

（3）从雷达图图形变化看，2014年与2013年相比，面积基本不变，经济发展指数排位呈平稳态势。

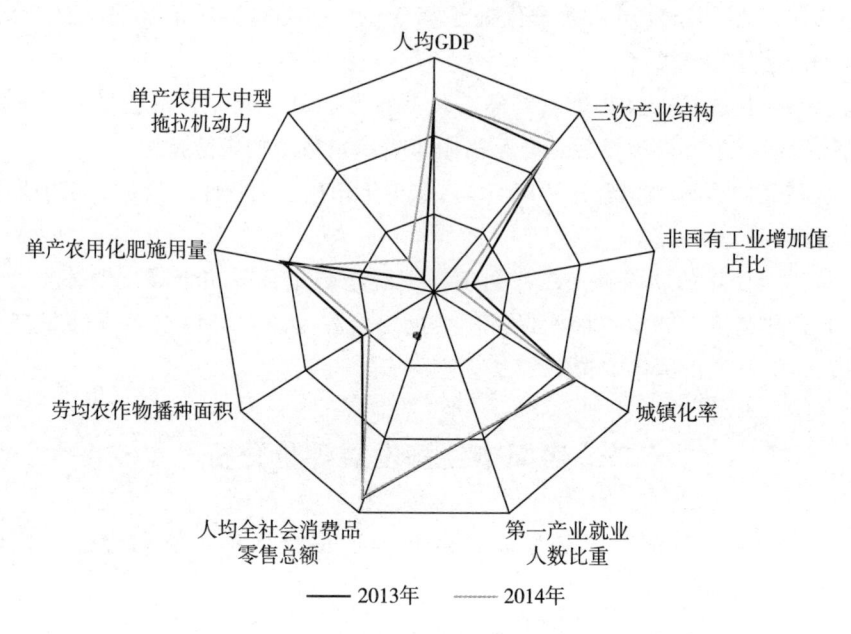

图 4-2 洛阳市 2013~2014 年经济发展指数及下层指标排位比较

（4）从排位变化的动因看，在三次产业结构、单产农用大中型拖拉机动力指标排位上升和非国有工业增加值占比、劳均农作物播种面积、单产农用化肥施用量指标排位下降的综合作用下，2014 年洛阳市经济发展指数排位保持不变，居中原经济区第 7 位。

三 洛阳市生态环境发展评价分析

2013~2014 年，洛阳市生态环境发展指数及其下层指标评价值和排位变化情况，如表 4-3 和图 4-3 所示。

表 4-3 洛阳市 2013~2014 年生态环境发展评价值及排名

指标	万元 GDP 能耗	按辖区面积平均的工业烟尘排放量	工业固体废物综合利用率	生态环境发展指数
2012 年	82.10	89.21	33.69	74.36
2013 年	83.52	87.82	38.65	75.92
2014 年	85.24	87.94	62.18	81.42
2013 年排名	12	16	28	19
2014 年排名	11	14	27	18
升降	1	2	1	1
优势度	中势	中势	劣势	中势
2014 年全排名	17	22	36	25

万元GDP能耗

工业固体废物综合利用率　　　　　按辖区面积平均的工业烟尘排放量

—— 2013年　　—— 2014年

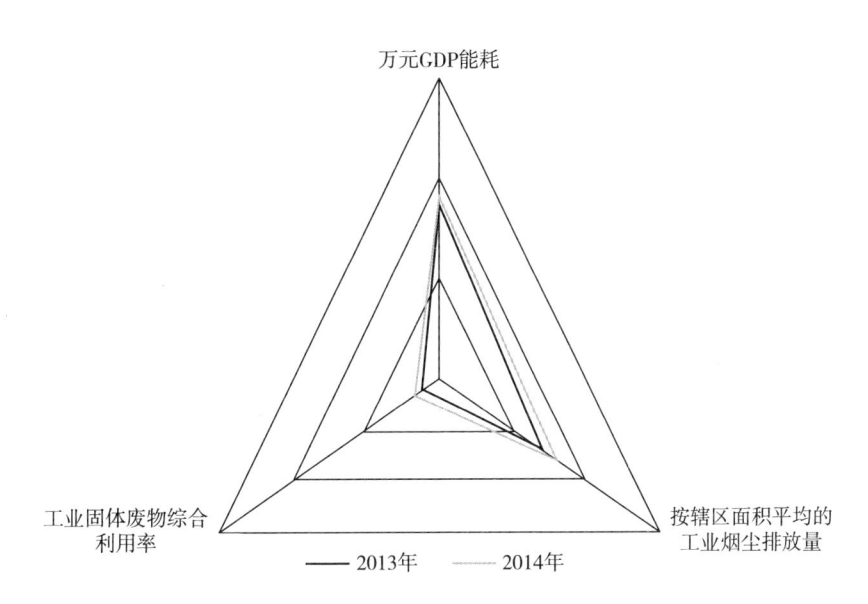

图4-3　洛阳市2013~2014年生态环境发展指数及下层指标排位比较

（1）2014年洛阳市生态环境发展指数排位处于第18位，表明其在河南省处于中势地位，与2013年相比排位上升1位。

（2）从方案层指标的优势度看，万元GDP能耗、按辖区面积平均的工业烟尘排放量是洛阳市生态环境发展指数的中势指标，工业固体废物综合利用率是洛阳市生态环境发展指数中的劣势指标。

（3）从雷达图图形变化看，2014年与2013年相比，面积略有增大，生态环境发展指数排位呈上升态势。

（4）从排位变化的动因看，在按辖区面积平均的工业烟尘排放量、工业固体废物综合利用率、万元GDP能耗指标排位都上升的综合作用下，2014年洛阳市生态环境发展指数排位上升1位，居中原经济区第18位。

四　洛阳市社会环境发展评价分析

2013~2014年，洛阳市社会环境发展指数及其下层指标评价值和排位变化情况，如表4-4和图4-4所示。

（1）2014年洛阳市社会环境发展指数排位处于第10位，表明其在中原经济区处于优势地位，与2013年相比排位下降1位。

（2）从方案层指标的优势度看，城镇居民人均可支配收入、每万人卫生技术人员数、每万人卫生机构床位数是洛阳市社会环境发展指数中的优势指标，农村居民人均纯收入、万人中小学专任教师数、人均教育经费、人均城市道路面积、万人城市公共汽车数是洛阳市社会环境发展指数中的中势指标，其余指标为洛阳市社会环境发展指数的劣势指标。

表 4-4　洛阳市 2013~2014 年社会环境发展评价值及排名

指标	城乡居民收入结构	城镇居民人均可支配收入	农村居民人均纯收入	收入指数	每万人卫生技术人员数	每万人卫生机构床位数	健康指数	万人中小学专任教师数	人均教育经费	教育指数	人均城市公园绿地面积	人均城市道路面积	万人城市公共汽车数	城市生活环境指数	社会环境发展指数
2012 年	6.29	37.82	25.40	22.60	40.77	62.46	51.61	37.80	27.69	32.74	5.17	10.09	48.84	11.43	29.01
2013 年	7.61	39.43	27.49	24.84	45.36	68.87	57.12	41.35	23.11	32.23	32.07	45.18	8.84	38.43	33.39
2014 年	8.42	43.49	30.38	27.43	49.33	68.95	59.14	42.62	27.81	35.21	26.89	42.18	26.33	31.80	35.11
2013 年排名	26	3	15	15	5	3	3	14	9	11	14	12	11	10	9
2014 年排名	30	3	17	16	3	3	3	14	12	13	23	12	11	14	10
升降	-4	0	-2	-1	2	0	0	0	-3	-2	-9	0	0	-4	-1
优势度	劣势	优势	中势	中势	优势	优势	优势	中势	中势	中势	劣势	中势	中势	中势	优势
2014 年全排名	40	3	21	20	5	4	4	20	12	19	29	19	16	20	15

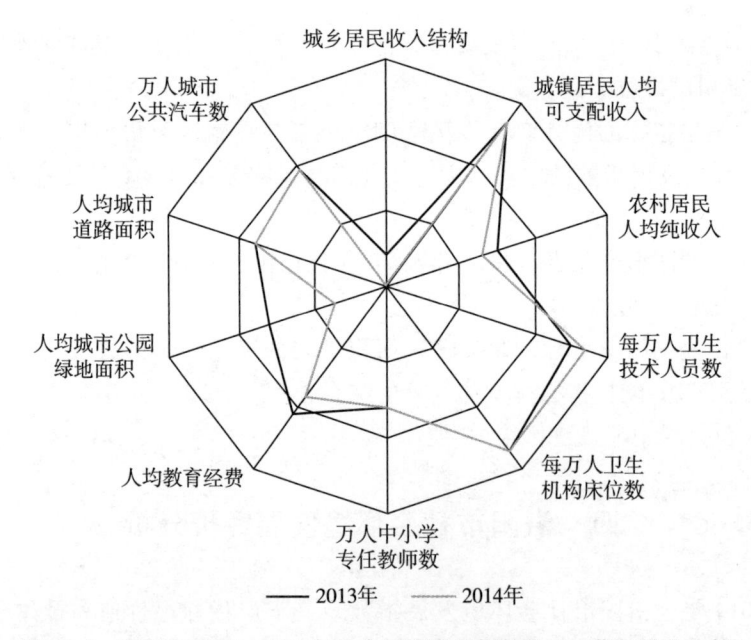

图 4-4　洛阳市 2013~2014 年社会环境发展指数及下层指标排位比较

（3）从雷达图图形变化看，2014 年与 2013 年相比，面积明显缩小，社会环境发展指数排位呈下降态势。

（4）从排位变化的动因看，在每万人卫生技术人员数指标排位上升和城乡居民收入结构、农村居民人均纯收入、人均教育经费、人均城市公园绿地面积指标排位下降的综合作用下，2014 年洛阳市社会环境发展指数下降 1 位，居中原经济区第 10 位。

第5章
平顶山市发展指数分析

一 平顶山市发展评价分析

2013~2014年,平顶山市发展指数及其下层指标评价值和排位变化情况,如表5-1和图5-1所示。

表5-1 平顶山市2013~2014年发展评价值及排名

指标	经济发展指数	生态环境发展指数	社会环境发展指数	平顶山市发展指数
2012年	33.93	73.96	24.13	34.58
2013年	35.78	74.82	30.52	40.62
2014年	37.01	74.88	33.02	42.03
2013年排名	17	20	17	16
2014年排名	18	21	19	19
升降	-1	-1	-2	-3
优势度	中势	劣势	中势	中势
2014年全排名	22	29	25	23

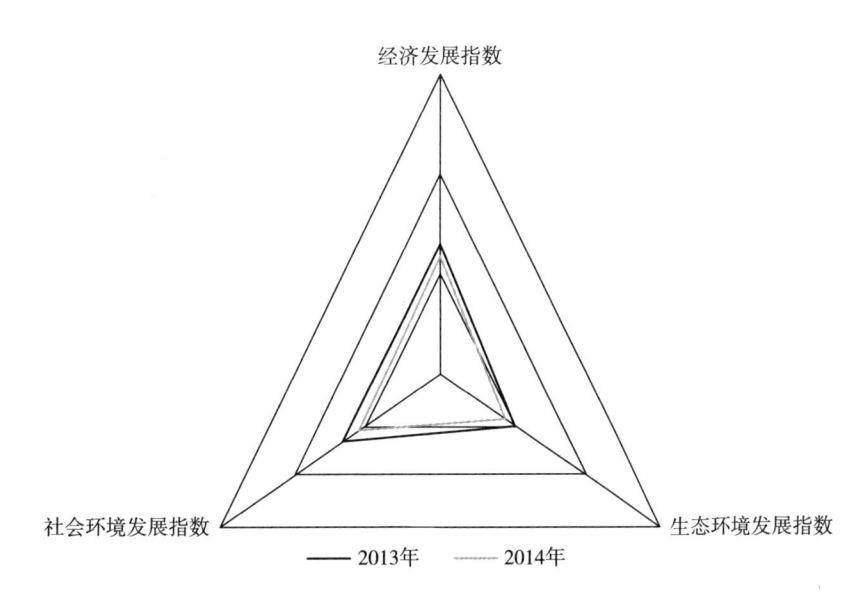

图5-1 平顶山市2013~2014年发展指数及下层指标排位比较

（1）2014年平顶山市发展指数排位处于第19位，表明其在中原经济区处于中势地位，与2013年相比排位下降3位。

（2）从准则层指标的优势度看，经济发展指数、社会环境发展指数均是平顶山市发展指数中的中势指标，生态环境发展指数为平顶山市发展指数中的劣势指标。

（3）从雷达图图形变化看，2014年与2013年相比，面积略有缩小，平顶山市发展指数排位呈现下降态势。

（4）从排位变化的动因看，在社会环境发展指数、生态环境发展指数、经济环境发展指数排位均下降的综合作用下，2014年平顶山市发展指数排位下降3位，居中原经济区第19位。

二 平顶山市经济发展评价分析

2013～2014年，平顶山市经济发展指数及其下层指标评价值和排位变化情况，如表5-2和图5-2所示。

表5-2 平顶山市2013～2014年经济发展评价值及排名

指标	人均GDP	三次产业结构	非国有工业增加值占比	工业化指数	城镇化率	第一产业就业人数比重	人均全社会消费品零售总额	城镇化指数	劳均农作物播种面积	单产农用化肥施用量	单产农用大中型拖拉机动力	农业现代化指数	经济发展指数
2012年	46.84	71.55	36.76	49.77	28.76	28.85	32.02	29.13	2.64	8.29	22.33	6.47	33.93
2013年	45.82	69.10	46.03	50.52	31.07	30.34	34.03	31.21	3.74	37.65	25.65	11.49	35.78
2014年	46.78	69.91	49.69	51.99	33.63	27.19	37.14	32.34	0.64	52.31	35.68	12.61	37.01
2013年排名	14	11	24	16	12	24	16	14	27	1	9	23	17
2014年排名	17	11	28	20	12	29	16	14	28	3	3	21	18
升降	-3	0	-4	-4	0	-5	0	0	-1	-2	6	2	-1
优势度	中势	中势	劣势	中势	中势	劣势	中势	中势	劣势	优势	优势	劣势	中势
2014年全排名	22	12	37	24	13	36	18	17	38	5	7	31	22

（1）2014年平顶山市经济发展指数排位处于第18位，表明其在中原经济区中处于中势地位，与2013年相比排位下降1位。

（2）从方案层指标的优势度看，单产农用化肥施用量、单产农用大中型拖拉机动力是平顶山市经济发展指数中的优势指标，非国有工业增加值占比、第一产业就业人数比重、劳均农作物播种面积是平顶山市经济发展指数中的劣势指标，其余均为平顶山市经济发展指数中的中势指标。

（3）从雷达图图形变化看，2014年与2013年相比，面积略有缩小，经济发展指数排位呈下降态势。

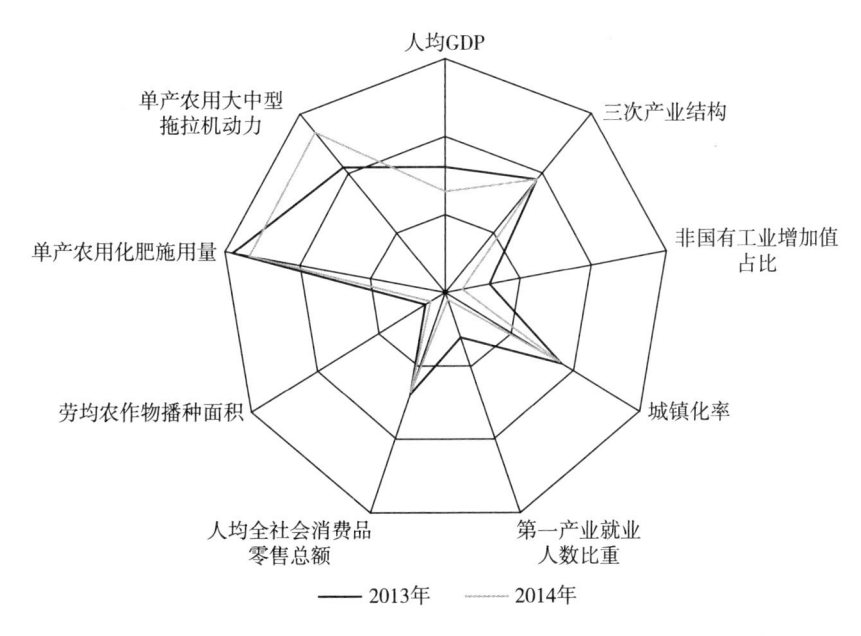

图 5-2 平顶山市 2013～2014 年经济发展指数及下层指标排位比较

（4）从排位变化的动因看，在单产农用大中型拖拉机动力指标排位上升和人均 GDP、非国有工业增加值占比、第一产业就业人数比重、劳均农作物播种面积、单产农用化肥施用量指标排位下降的综合作用下，2014 年平顶山市经济发展指数排位下降 1 位，居中原经济区第 18 位。

三 平顶山市生态环境发展评价分析

2013～2014 年，平顶山市生态环境发展指数及其下层指标评价值和排位变化情况，如表 5-3 和图 5-3 所示。

表 5-3 平顶山市 2013～2014 年生态环境发展评价值及排名

指标	万元 GDP 能耗	按辖区面积平均的工业烟尘排放量	工业固体废物综合利用率	生态环境发展指数
2012 年	72.79	64.20	87.64	73.96
2013 年	74.33	57.98	93.32	74.82
2014 年	78.97	42.99	93.15	74.88
2013 年排名	22	27	15	20
2014 年排名	17	27	18	21
升降	5	0	-3	-1
优势度	中势	劣势	中势	劣势
2014 年全排名	25	36	27	29

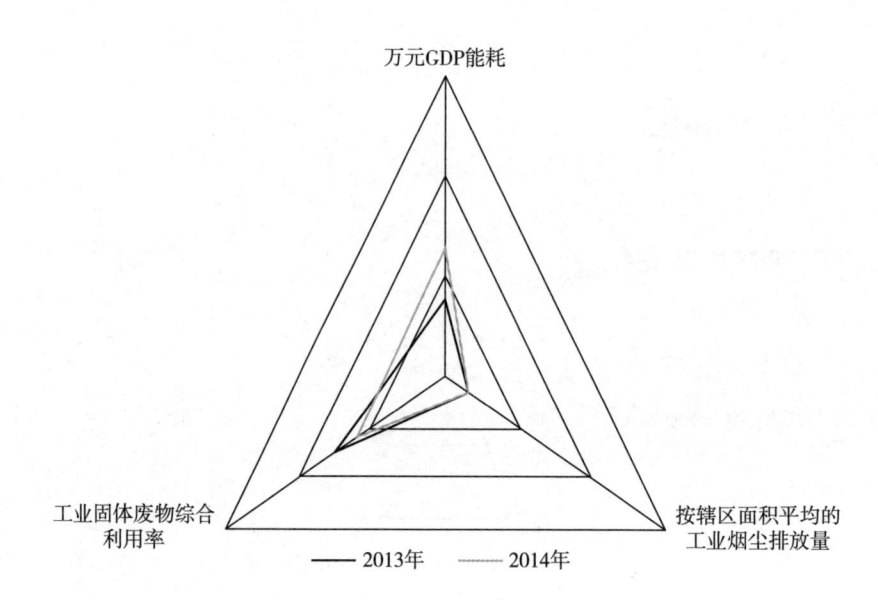

图 5-3 平顶山市 2013~2014 年生态环境发展指数及下层指标排位比较

（1）2014 年平顶山市生态环境发展指数排位处于第 21 位，表明其在中原经济区处于劣势地位，与 2013 年相比排位下降 1 位。

（2）从方案层指标的优势度看，万元 GDP 能耗、工业固体废物综合利用率是平顶山市生态环境发展指数中的中势指标，按辖区面积平均的工业烟尘排放量是平顶山市生态环境发展指数中的劣势指标。

（3）从雷达图图形变化看，2014 年与 2013 年相比，面积略有缩小，生态环境发展指数排位呈现下降态势。

（4）从排位变化的动因看，在万元 GDP 能耗指标排位上升、工业固体废物综合利用率指标排位下降和按辖区面积平均的工业烟尘排放量指标排位保持不变的综合作用下，2014 年平顶山市生态环境发展指数排位下降 1 位，居中原经济区第 21 位。

四　平顶山市社会环境发展评价分析

2013~2014 年，平顶山市社会环境发展指数及其下层指标评价值和排位变化情况，如表 5-4 和图 5-4 所示。

（1）2014 年平顶山市社会环境发展指数排位处于第 19 位，表明其在中原经济区处于中势地位，与 2013 年相比排位下降 2 位。

（2）从方案层指标的优势度看，城镇居民人均可支配收入、每万人卫生技术人员数、每万人卫生机构床位数是平顶山市社会环境发展指数中的优势指标，城乡居民收入结构是平顶山市社会环境发展指数中的劣势指标，其余均为平顶山市社会环境发展指数中的中势指标。

表 5-4 平顶山市 2013~2014 年社会环境发展评价值及排名

指标	城乡居民收入结构	城镇居民人均可支配收入	农村居民人均纯收入	收入指数	每万人卫生技术人员数	每万人卫生机构床位数	健康指数	万人中小学专任教师数	人均教育经费	教育指数	人均城市公园绿地面积	人均城市道路面积	万人城市公共汽车数	城市生活环境指数	社会环境发展指数
2012 年	9.32	31.82	24.16	21.21	40.10	57.47	48.79	12.51	21.13	16.82	14.23	30.26	48.38	18.02	24.13
2013 年	11.48	33.08	26.58	23.71	40.93	61.07	51	39.83	18.38	29.11	32.32	40.00	6.82	33.30	30.52
2014 年	12.78	37.04	29.70	26.51	43.33	68.13	55.73	39.39	26.77	33.08	34.87	28.89	15.27	26.34	33.02
2013 年排名	22	10	18	18	10	9	9	15	21	19	13	14	15	14	17
2014 年排名	22	8	18	18	9	4	5	16	14	17	19	18	16	21	19
升降	0	2	0	0	1	5	4	-1	7	2	-6	-4	-1	-7	-2
优势度	劣势	优势	中势	中势	优势	优势	优势	中势	中势	中势	中势	中势	中势	劣势	中势
2014 年全排名	32	9	22	22	11	5	7	23	15	23	24	27	23	29	25

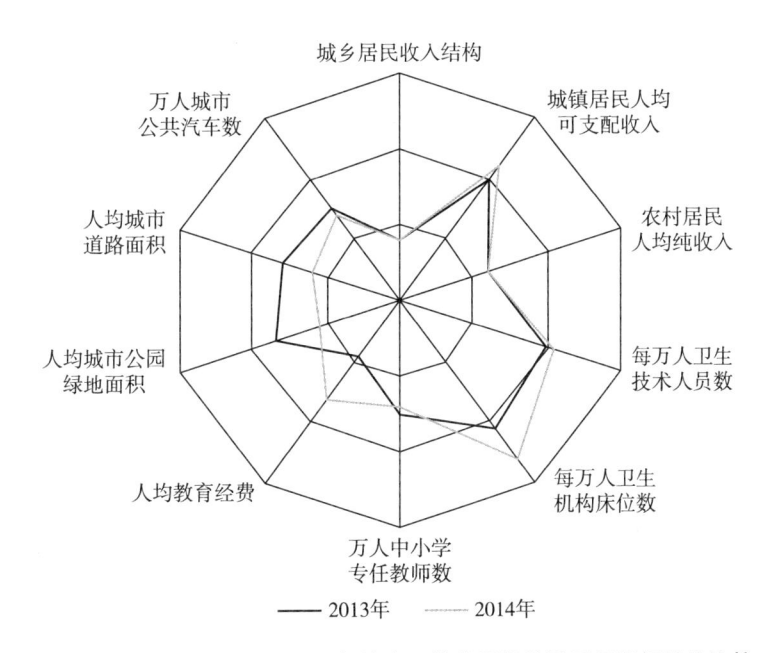

图 5-4 平顶山市 2013~2014 年社会环境发展指数及下层指标排位比较

（3）从雷达图图形变化看，2014 年与 2013 年相比，面积有所缩小，社会环境发展指数排位呈现下降态势。

（4）从排位变化的动因看，在城镇居民人均可支配收入、每万人卫生技术人员数、每万人卫生机构床位数、人均教育经费指标排位上升和万人中小学专任教师数、人均城市公园绿地面积、人均城市道路面积、万人城市公共汽车数指标排位下降的综合作用下，2014 年平顶山市社会环境发展指数排位下降了 2 位，居中原经济区第 19 位。

第6章
安阳市发展指数分析

一 安阳市发展评价分析

2013~2014年,安阳市发展指数及其下层指标评价值和排位变化情况,如表6-1和图6-1所示。

表6-1 安阳市2013~2014年发展评价值及排名

指标	经济发展指数	生态环境发展指数	社会环境发展指数	安阳市发展指数
2012年	36.01	68.73	24.63	36.24
2013年	37.46	66.41	31.29	40.37
2014年	37.69	63.14	33.21	40.52
2013年排名	14	24	15	18
2014年排名	16	27	16	22
升降	-2	-3	-1	-4
优势度	中势	劣势	中势	劣势
2014年全排名	18	37	22	29

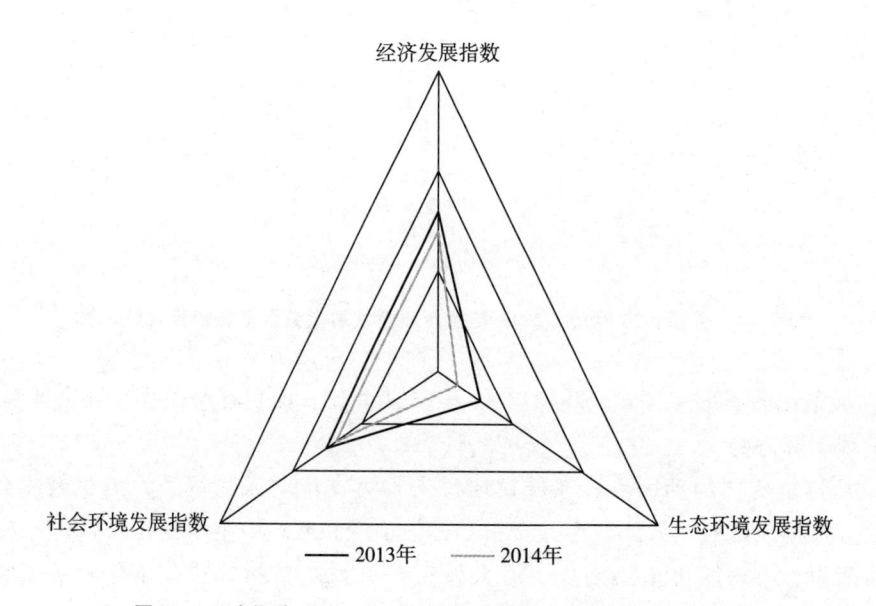

图6-1 安阳市2013~2014年发展指数及下层指标排位比较

第6章 安阳市发展指数分析

（1）2014年安阳市发展指数排位处于第22位，表明其在中原经济区处于劣势地位，与2013年相比排位下降4位。

（2）从准则层指标的优势度看，经济发展指数、社会环境发展指数是安阳市发展指数中的中势指标，生态环境发展指数是安阳市发展指数中的劣势指标。

（3）从雷达图图形变化看，2014年与2013年相比，面积略有缩小，安阳发展指数排位呈现下降态势。

（4）从排位变化的动因看，在社会环境发展指数、生态环境发展指数、社会环境发展指数指标排位均下降的综合作用下，2014年安阳市发展指数排位下降4位，居中原经济区第22位。

二 安阳市经济发展评价分析

2013~2014年，安阳市经济发展指数及其下层指标评价值和排位变化情况，如表6-2和图6-2所示。

表6-2 安阳市2013~2014年经济发展评价值及排名

指标	人均GDP	三次产业结构	非国有工业增加值占比	工业化指数	城镇化率	第一产业就业人数比重	人均全社会消费品零售总额	城镇化指数	劳均农作物播种面积	单产农用化肥施用量	单产农用大中型拖拉机动力	农业现代化指数	经济发展指数
2012年	47.12	63.69	69.12	54.83	24.24	39.53	30.28	28.86	24.57	3.17	8.58	19.87	36.01
2013年	47.56	64.16	70.30	55.43	26.43	40.02	32.58	30.64	24.69	18.23	9.22	22.14	37.46
2014年	49.04	65.50	72.00	56.93	29.06	32.68	35.64	30.73	17.36	21.34	10.04	17.34	37.69
2013年排名	12	12	13	12	17	13	20	16	15	4	26	15	14
2014年排名	14	12	16	12	17	23	19	20	15	6	28	17	16
升降	-2	0	-3	0	0	-10	1	-4	0	-2	-2	-2	-2
优势度	中势	中势	中势	中势	中势	劣势	中势	中势	中势	优势	劣势	中势	中势
2014年全排名	16	14	24	15	18	30	21	23	22	10	38	26	18

（1）2014年安阳市经济发展指数排位处于第16位，表明其在中原经济区处于中势地位，与2013年相比排位下降2位。

（2）从方案层指标的优势度看，单产农用化肥施用量是安阳市经济发展指数中的优势指标，第一产业就业人数比重、单产农用大中型拖拉机动力是安阳市经济发展指数中的劣势指标，其余均为安阳市经济发展指数中的中势指标。

（3）从雷达图图形变化看，2014年与2013年相比，面积略有缩小，经济发展指数排位呈下降态势。

（4）从排位变化的动因看，人均全社会消费品零售总额指标排位上升和人均GDP、

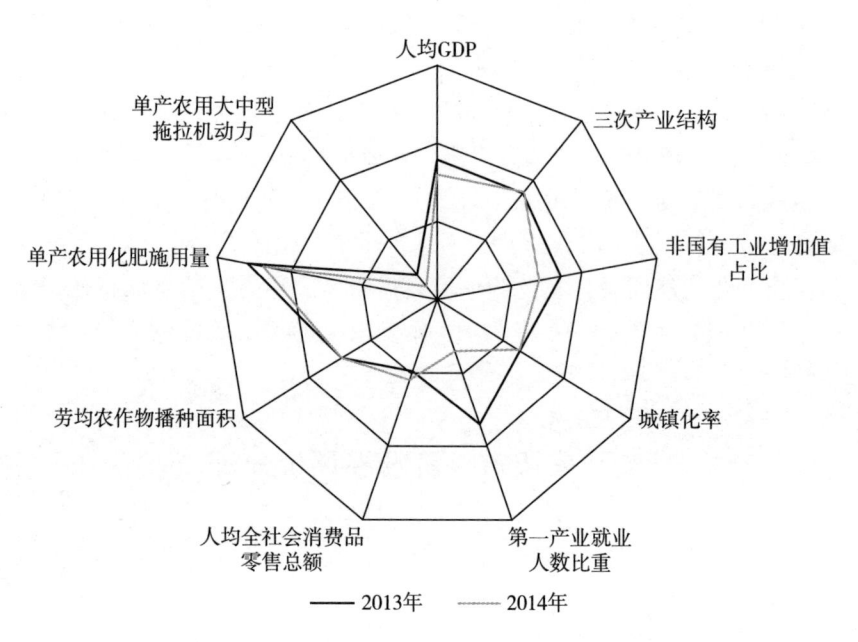

图 6-2　安阳市 2013~2014 年经济发展指数及下层指标排位比较

非国有工业增加值占比、第一产业就业人数比重、单产农用化肥施用量、单产农用大中型拖拉机动力指标排位下降的综合作用下，2014 年安阳市经济发展指数排位下降 2 位，居中原经济区第 16 位。

三　安阳市生态环境发展评价分析

2013~2014 年，安阳市生态环境发展指数及其下层指标评价值和排位变化情况，如表 6-3 和图 6-3 所示。

表 6-3　安阳市 2013~2014 年生态环境发展评价值及排名

指标	万元 GDP 能耗	按辖区面积平均的工业烟尘排放量	工业固体废物综合利用率	生态环境发展指数
2012 年	66.63	57.74	86.74	68.73
2013 年	67.43	51.31	78.13	66.41
2014 年	69.29	21.81	83.98	63.14
2013 年排名	24	28	21	24
2014 年排名	24	29	21	27
升降	0	-1	0	-3
优势度	劣势	劣势	劣势	劣势
2014 年全排名	33	38	30	37

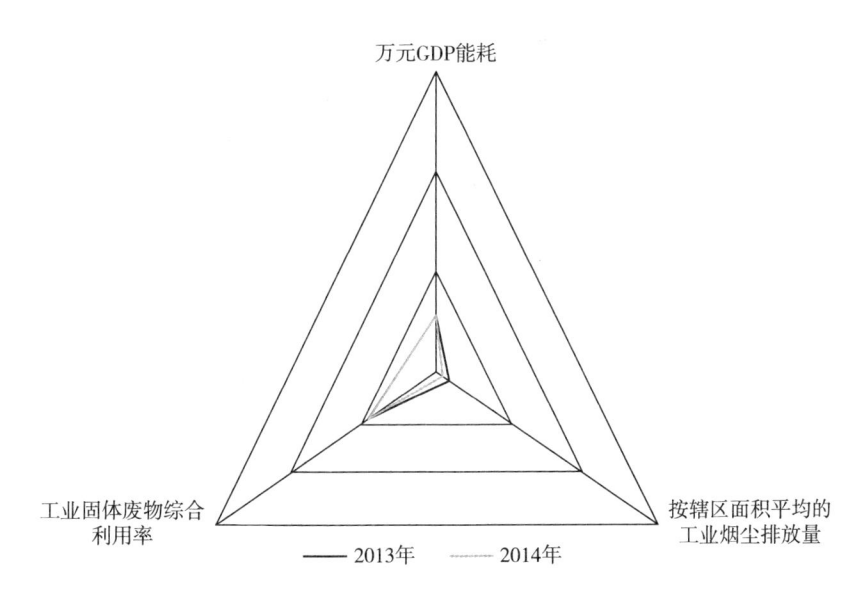

图 6-3　安阳市 2013~2014 年生态环境发展指数及下层指标排位比较

（1）2014 年安阳市生态环境发展指数排位处于第 27 位，表明其在中原经济区处于劣势地位，与 2013 年相比排位下降 3 位。

（2）从方案层指标的优势度看，万元 GDP 能耗、按辖区面积平均的工业烟尘排放量、工业固体废物综合利用率均是安阳市生态环境发展指数中的劣势指标。

（3）从雷达图图形变化看，2014 年与 2013 年相比，面积略有缩小，生态环境发展指数排位呈下降态势。

（4）从排位变化的动因看，在按辖区面积平均的工业烟尘排放量指标排位下降和其他指标排位不变的综合作用下，2014 年安阳市生态环境发展指数排位下降 3 位，居中原经济区第 27 位。

四　安阳市社会环境发展评价分析

2013~2014 年，安阳市社会环境发展指数及其下层指标评价值和排位变化情况，如表 6-4 和图 6-4 所示。

（1）2014 年安阳市社会环境发展指数排位处于第 16 位，表明其在中原经济区处于中势地位，与 2013 年相比排位下降 1 位。

（2）从方案层指标的优势度看，城镇居民人均可支配收入、农村居民人均纯收入是安阳市社会环境发展指数中的优势指标，人均城市公园绿地面积、人均城市道路面积、万人城市公共汽车数是安阳市社会环境发展指数中的劣势指标，其余均为安阳市社会环境发展指数中的中势指标。

（3）从雷达图图形变化看，2014 年与 2013 年相比，面积略有缩小，社会环境发展指数排位呈下降态势。

表6-4 安阳市2013~2014年社会环境发展评价值及排名

指标	城乡居民收入结构	城镇居民人均可支配收入	农村居民人均纯收入	收入指数	每万人卫生技术人员数	每万人卫生机构床位数	健康指数	万人中小学专任教师数	人均教育经费	教育指数	人均城市公园绿地面积	人均城市道路面积	万人城市公共汽车数	城市生活环境指数	社会环境发展指数
2012年	15.72	33.15	29.15	25.49	32.22	54.61	43.41	9.32	16.83	13.07	12.04	43.65	50.19	22.30	24.63
2013年	17.22	34.60	31.11	27.64	37.03	60.55	48.79	41.47	19.82	30.64	16.23	28.54	5.29	21.47	31.29
2014年	17.82	39.06	34.01	30.30	38.76	57.52	48.14	41.21	25.22	33.21	33.98	21.52	11.40	22.30	33.21
2013年排名	12	6	9	9	17	10	13	19	13	21	22	21	23	15	
2014年排名	13	5	9	9	19	13	15	15	20	13	21	23	21	24	16
升降	-1	1	0	0	-2	-3	-2	-2	-1	-2	0	-1	0	-1	-1
优势度	中势	优势	优势	优势	中势	中势	中势	中势	中势	中势	劣势	劣势	劣势	劣势	中势
2014年全排名	20	5	12	12	22	16	17	22	21	21	26	33	29	33	22

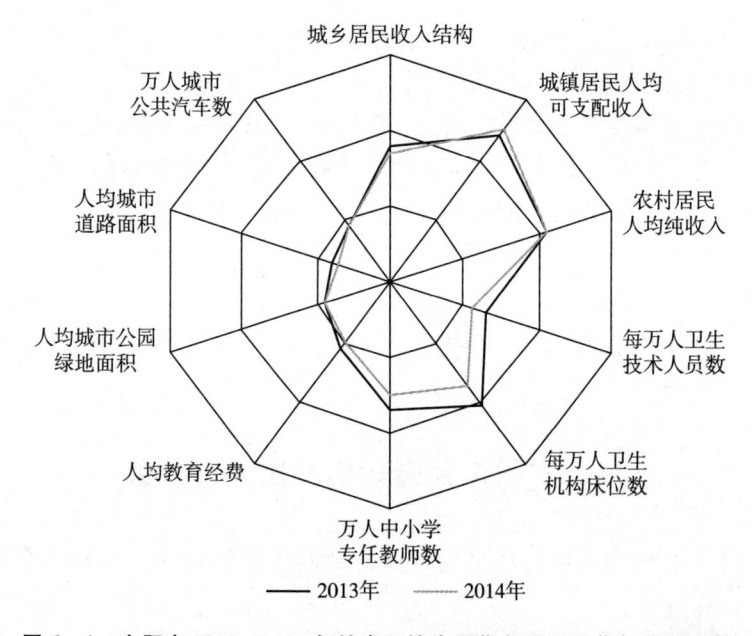

图6-4 安阳市2013~2014年社会环境发展指数及下层指标排位比较

（4）从排位变化的动因看，在城镇居民可支配收入指标排位上升和城乡居民收入结构、每万人卫生技术人员数、每万人卫生机构床位数、万人中小学专任教师数、人均教育经费、人均城市道路面积指标排位下降的综合作用下，2014年安阳市社会环境发展指数排位下降1位，居中原经济区第16位。

第7章
鹤壁市发展指数分析

一 鹤壁市发展评价分析

2013~2014年，鹤壁市发展指数及其下层指标评价值和排位变化情况，如表7-1和图7-1所示。

表7-1 鹤壁市2013~2014年发展评价值及排名

指标	经济发展指数	生态环境发展指数	社会环境发展指数	鹤壁市发展指数
2012年	45.42	74.40	33.65	45.00
2013年	49.32	74.19	33.59	48.73
2014年	51.40	75.63	37.08	51.11
2013年排名	4	21	8	3
2014年排名	4	20	7	4
升降	0	1	1	-1
优势度	优势	中势	优势	优势
2014年全排名	5	28	10	6

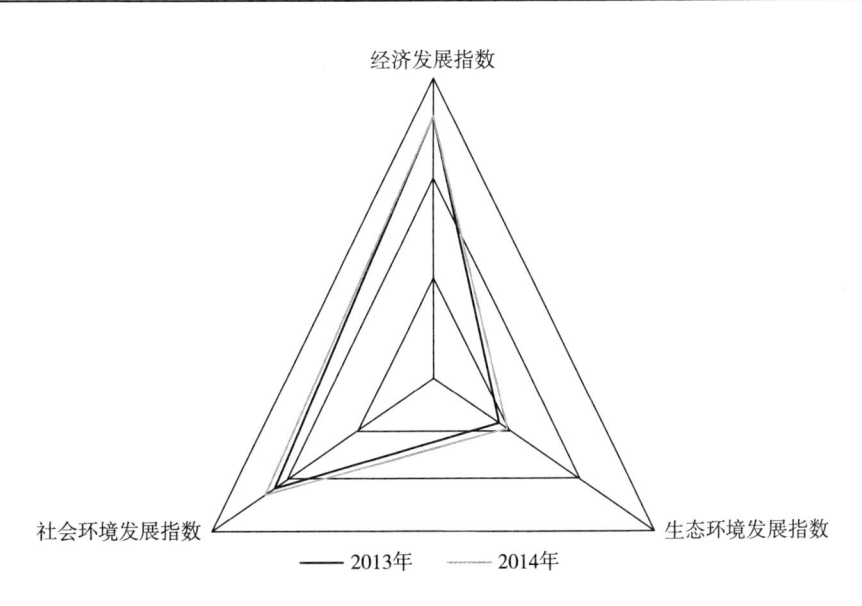

图7-1 鹤壁市2013~2014年发展指数及下层指标排位比较

（1）2014年鹤壁市发展指数排位处于第4位，表明其在中原经济区处于优势地位，与2013年相比排位下降1位。

（2）从准则层指标的优势度看，经济发展指数、社会环境发展指数是鹤壁市发展指数中的优势指标，生态环境发展指数是鹤壁市发展指数中的中势指标。

（3）从雷达图图形变化看，2014年与2013年相比，面积略有缩小，鹤壁发展指数排位呈现下降态势。

（4）从排位变化的动因看，在生态环境发展指数、社会环境发展指数指标排位上升和经济发展指数排位不变的综合作用下，2014年鹤壁市发展指数排位下降1位，居中原经济区第4位。

二 鹤壁市经济发展评价分析

2013~2014年，鹤壁市经济发展指数及其下层指标评价值和排位变化情况，如表7-2和图7-2所示。

表7-2 鹤壁市2013~2014年经济发展评价值及排名

指标	人均GDP	三次产业结构	非国有工业增加值占比	工业化指数	城镇化率	第一产业就业人数比重	人均全社会消费品零售总额	城镇化指数	劳均农作物播种面积	单产农用化肥施用量	单产农用大中型拖拉机动力	农业现代化指数	经济发展指数
2012年	51.26	68.35	60.29	56.49	40.49	50.64	25.63	41.56	39.70	2.67	15.78	32.19	45.42
2013年	53.26	71.33	80.22	62.26	42.50	56.75	27.35	44.54	48.09	-1.34	15.76	36.76	49.32
2014年	55.70	73.15	80.66	64.18	44.89	58.33	30.94	46.85	47.91	0.00	17.28	36.99	51.40
2013年排名	10	10	10	7	5	4	24	5	3	30	15	4	4
2014年排名	8	10	11	8	6	3	23	6	3	30	16	4	4
升降	2	0	-1	-1	-1	1	1	-1	0	0	-1	0	0
优势度	优势	优势	中势	优势	优势	优势	劣势	优势	优势	劣势	中势	优势	优势
2014年全排名	9	11	19	9	6	7	29	7	7	40	24	9	5

（1）2014年鹤壁市经济发展指数排位处于第4位，表明其在中原经济区处于优势地位，与2013年相比排位保持不变。

（2）从方案层指标的优势度看，非国有工业增加值占比、单产农用大中型拖拉机动力是鹤壁市经济发展指数中的中势指标，人均全社会消费品零售总额、单产农用化肥施用量是鹤壁市经济发展指数中的劣势指标，其他指标为鹤壁市经济发展指数中的优势指标。

（3）从雷达图图形变化看，2014年与2013年相比，面积基本不变，发展指数排位呈现稳定态势。

（4）从排位变化的动因看，在人均GDP、第一产业就业人数比重、人均全社会消费

第7章 鹤壁市发展指数分析

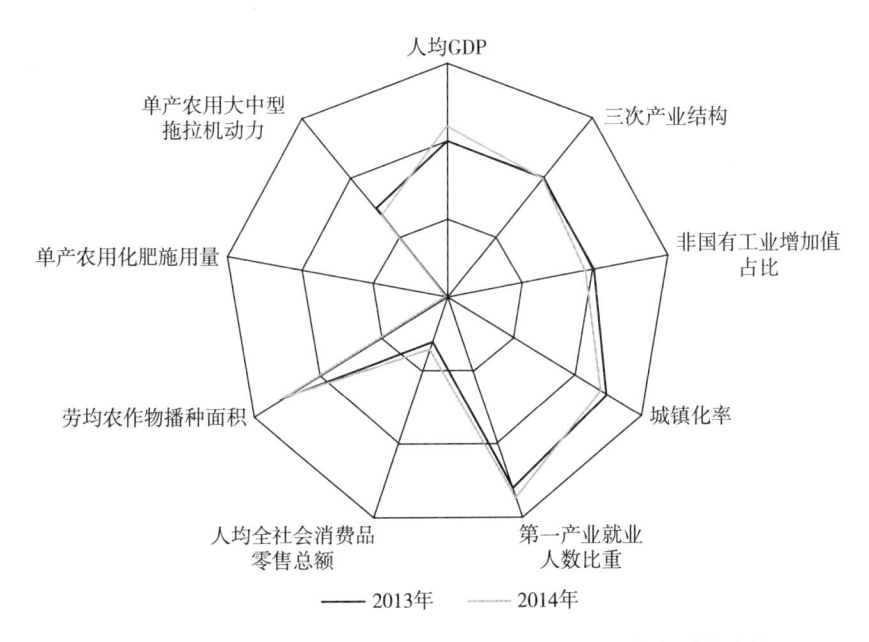

图7-2 鹤壁市2013~2014年经济发展指数及下层指标排位比较

品零售总额指标排位上升，非国有工业增加值占比、城镇化率、单产农用大中型拖拉机动力指标排位下降的综合作用下，2014年鹤壁市经济指数排位保持不变，居中原经济区第4位。

三 鹤壁市生态环境发展评价分析

2013~2014年，鹤壁市生态环境发展指数及其下层指标评价值和排位变化情况，如表7-3和图7-3所示。

表7-3 鹤壁市2013~2014年生态环境发展评价值及排名

指标	万元GDP能耗	按辖区面积平均的工业烟尘排放量	工业固体废物综合利用率	生态环境发展指数
2012年	67.14	84.27	88.76	74.40
2013年	68.20	77.06	91.27	74.19
2014年	71.37	72.57	92.90	75.63
2013年排名	23	21	19	21
2014年排名	23	21	19	20
升降	0	0	0	1
优势度	劣势	劣势	中势	中势
2014年全排名	32	30	28	28

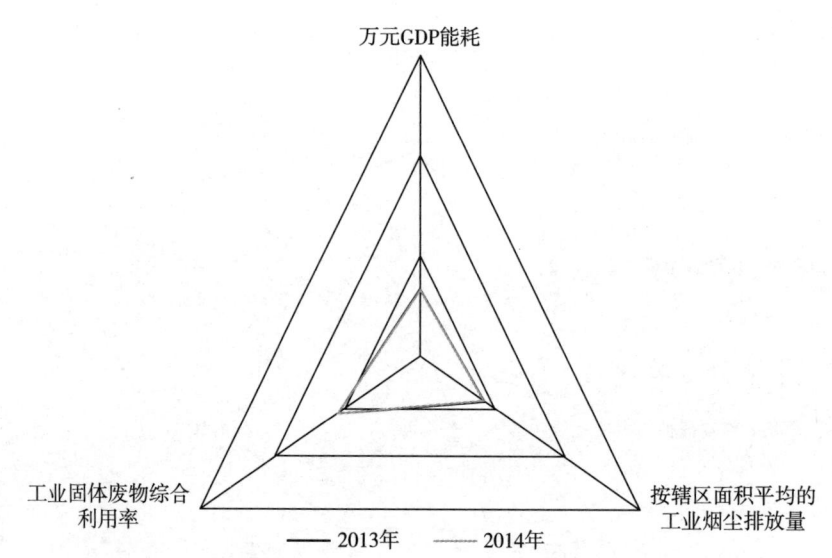

图 7-3 鹤壁市 2013~2014 年生态环境发展指数及下层指标排位比较

（1）2014年鹤壁市生态环境发展指数排位处于第20位，表明其在中原经济区处于中势地位，与2013年相比排位上升1位。

（2）从方案层指标的优势度看，工业固体废物综合利用率是鹤壁市生态环境发展指数中的中势指标，万元GDP能耗、按辖区面积平均的工业烟尘排放量是鹤壁市生态环境发展指数中的劣势指标。

（3）从雷达图图形变化看，2014年与2013年相比，面积不变，生态环境发展指数排位呈上升态势。

（4）从排位变化的动因看，在按辖区面积平均的工业烟尘排放量、工业固体废物综合利用率、万元GDP能耗指标排位均保持不变的综合作用下，2014年鹤壁市生态环境发展指数排位上升1位，居中原经济区第20位。

四 鹤壁市社会环境发展评价分析

2013~2014年，鹤壁市社会环境发展指数及其下层指标评价值和排位变化情况，如表7-4和图7-4所示。

（1）2014年鹤壁市社会环境发展指数排位处于第7位，表明其在中原经济区处于优势地位，与2013年相比排位上升1位。

（2）从方案层指标的优势度看，城乡居民收入结构、农村居民人均纯收入、收入指数、每万人卫生机构床位数、人均教育经费、人均城市公园绿地面积为鹤壁市社会环境发展指数中的优势指标，万人城市公共汽车数为鹤壁市社会环境发展指数中的劣势指标，其余指标为鹤壁市社会环境发展指数中的中势指标。

（3）从雷达图图形变化看，2014年与2013年相比，面积明显增大，社会环境发展指数排位呈现上升态势。

第7章 鹤壁市发展指数分析

表7-4 鹤壁市2013~2014年社会环境发展评价值及排名

指标	城乡居民收入结构	城镇居民人均可支配收入	农村居民人均纯收入	收入指数	每万人卫生技术人员数	每万人卫生机构床位数	健康指数	万人中小学专任教师数	人均教育经费	教育指数	人均城市公园绿地面积	人均城市道路面积	万人城市公共汽车数	城市生活环境指数	社会环境发展指数
2012年	26.75	27.57	32.28	28.42	37.21	49.68	43.45	42.95	31.90	37.43	25.67	53.04	30.05	31.66	33.65
2013年	28.58	29.40	34.49	30.83	35.09	58.22	46.66	36.49	24.91	30.70	35.45	44.17	5.45	33.36	33.59
2014年	29.57	33.59	37.37	33.51	39.16	58.04	48.60	38.57	35.03	36.80	55.25	40.90	11.40	35.85	37.08
2013年排名	5	19	5	5	19	13	16	19	5	12	11	13	20	13	8
2014年排名	5	18	5	5	17	10	14	17	2	11	4	13	21	9	7
升降	0	1	0	0	2	3	2	2	3	1	7	0	-1	4	1
优势度	优势	中势	优势	优势	中势	优势	中势	中势	优势	中势	优势	中势	劣势	优势	优势
2014年全排名	8	20	7	7	20	13	16	25	2	16	6	20	29	15	10

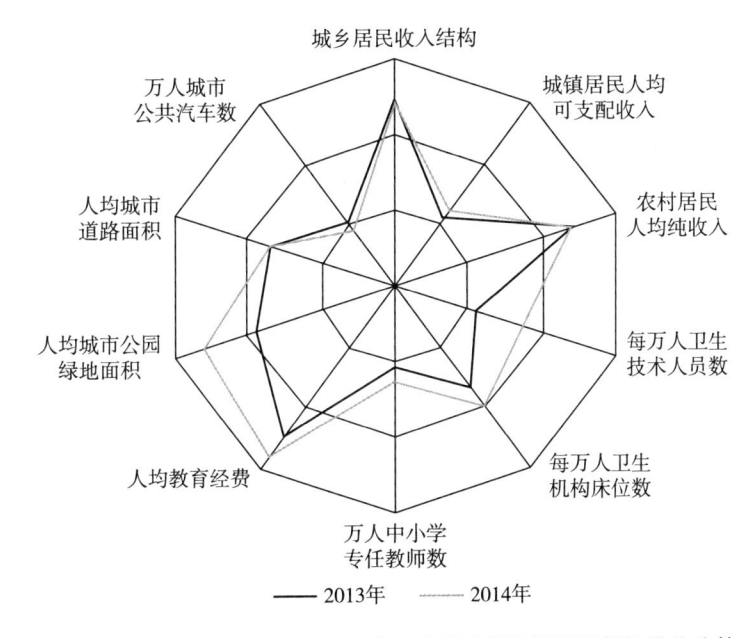

图7-4 鹤壁市2013~2014年社会环境发展指数及下层指标排位比较

（4）从排位变化的动因看，在城镇居民人均可配收入、每万人卫生技术人员数、每万人卫生机构床位数、万人中小学专任教师数、人均教育经费、人均城市公园绿地面积指标排位上升和万人城市公共汽车数指数排位下降的综合作用下，2014年鹤壁市社会环境发展指数排位上升1位，居中原经济区第7位。

第 8 章
新乡市发展指数分析

一 新乡市发展评价分析

2013~2014年，新乡市发展指数及其下层指标评价值和排位变化情况，如表8-1和图8-1所示。

表8-1 新乡市2013~2014年发展评价值及排名

指标	经济发展指数	生态环境发展指数	社会环境发展指数	新乡市发展指数
2012年	38.34	85.37	27.81	40.21
2013年	42.82	85.81	33.06	46.98
2014年	44.68	86.45	34.62	48.53
2013年排名	10	11	10	7
2014年排名	9	11	11	9
升降	1	0	-1	-2
优势度	优势	中势	中势	优势
2014年全排名	11	18	16	11

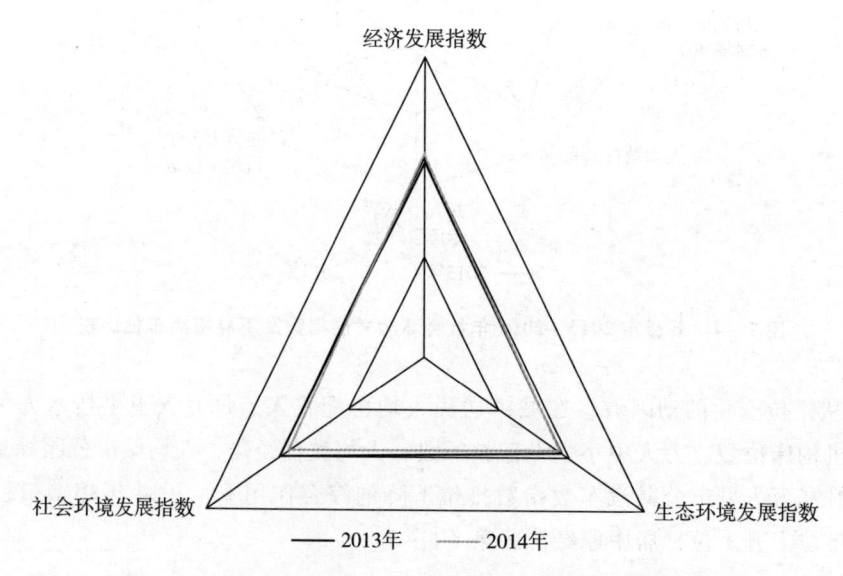

图8-1 新乡市2013~2014年发展指数及下层指标排位比较

（1）2014年新乡市发展指数排位处于第9位，表明其在中原经济区处于优势地位，与2013年相比排位下降2位。

（2）从准则层指标的优势度看，经济发展指数是新乡市发展指数中的优势指标，生态环境发展指数、社会环境发展指数是新乡市发展指数中的中势指标。

（3）从雷达图图形变化看，2014年与2013年相比，面积基本不变，新乡发展指数排位呈现下降态势。

（4）从排位变化的动因看，在经济发展指数指标排位上升、生态环境发展指数指标排位不变和社会环境发展指数指标排位下降的综合作用下，2014年新乡市发展指数排位下降2位，居中原经济区第9位。

二　新乡市经济发展评价分析

2013～2014年，新乡市经济发展指数及其下层指标评价值和排位变化情况，如表8-2和图8-2所示。

表8-2　新乡市2013～2014年经济发展评价值及排名

指标	人均GDP	三次产业结构	非国有工业增加值占比	工业化指数	城镇化率	第一产业就业人数比重	人均全社会消费品零售总额	城镇化指数	劳均农作物播种面积	单产农用化肥施用量	单产农用大中型拖拉机动力	农业现代化指数	经济发展指数
2012年	44.71	62.23	69.12	53.10	28.26	41.90	31.88	32.20	39.23	5.74	14.54	31.93	38.34
2013年	45.42	63.48	84.20	56.78	30.54	52.17	34.01	36.54	50.86	18.01	15.20	41.99	42.82
2014年	47.50	64.05	86.33	58.57	33.19	53.38	34.23	38.55	51.34	19.18	16.21	42.63	44.68
2013年排名	17	13	8	11	13	7	17	10	2	5	16	2	10
2014年排名	16	15	8	11	13	7	21	10	2	7	18	2	9
升降	1	-2	0	0	0	0	-4	0	0	-2	-2	0	1
优势度	中势	中势	优势	中势	中势	优势	劣势	中势	优势	优势	中势	优势	优势
2014年全排名	19	17	16	13	14	12	24	11	6	12	26	6	11

（1）2014年新乡市经济发展指数排位处于第9位，表明其在中原经济区处于优势地位，与2013年相比排位上升1位。其中工业化指数排位处于第11位，与2013年相比排位不变；城镇化指数排位处于第10位，与2013年相比排位不变；农业现代化指数排位处于第2位，与2013年相比排位不变。

（2）从方案层指标的优势度看，非国有工业增加值占比、第一产业就业人数比重、劳均农作物播种面积、单产农用化肥施用量是新乡市经济发展指数中的优势指标，人均全社会消费品零售总额指数是新乡市经济发展指数中的劣势指标，其余均为新乡市经济发展指数中的中势指标。

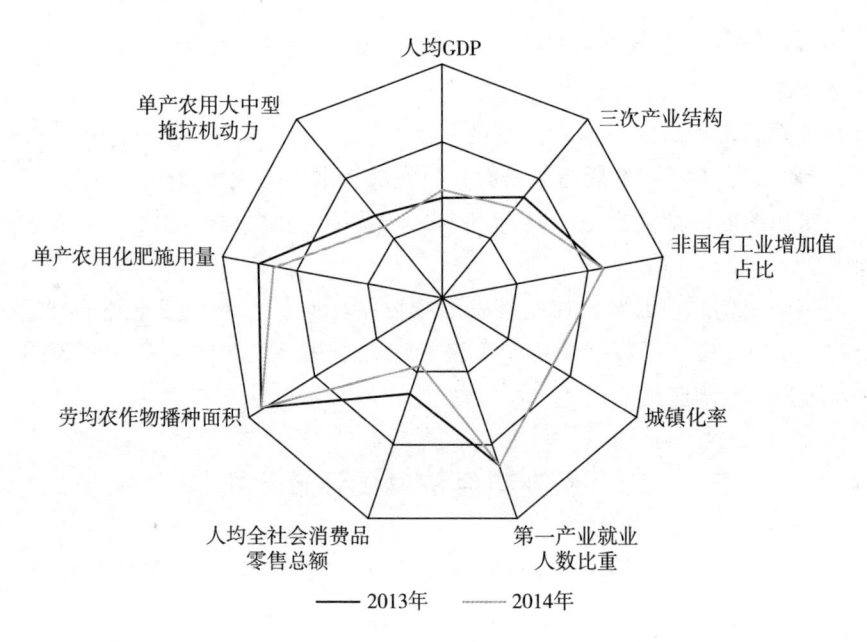

图 8-2　新乡市 2013~2014 年经济发展指数及下层指标排位比较

（3）从雷达图图形变化看，2014 年与 2013 年相比，面积基本不变，经济发展指数排位呈现上升趋势。

（4）从排位变化的动因看，在人均 GDP 指标排位上升和三次产业结构、人均全社会消费品零售总额、单产农用化肥施用量、单产农用大中型拖拉机动力指标排位下降，其他指标排位不变的综合作用下，2014 年新乡市经济发展指数排位上升 1 位，居中原经济区第 9 位。

三　新乡市生态环境发展评价分析

2013~2014 年，新乡市生态环境发展指数及其下层指标评价值和排位变化情况，如表 8-3 和图 8-3 所示。

表 8-3　新乡市 2013~2014 年生态环境发展评价值及排名

指标	万元 GDP 能耗	按辖区面积平均的工业烟尘排放量	工业固体废物综合利用率	生态环境发展指数
2012 年	79.18	94.17	97.19	85.37
2013 年	80.08	94.36	96.35	85.81
2014 年	81.28	90.19	99.93	86.45
2013 年排名	14	8	13	11
2014 年排名	14	11	4	11
升降	0	-3	9	0
优势度	中势	中势	优势	中势
2014 年全排名	22	19	11	18

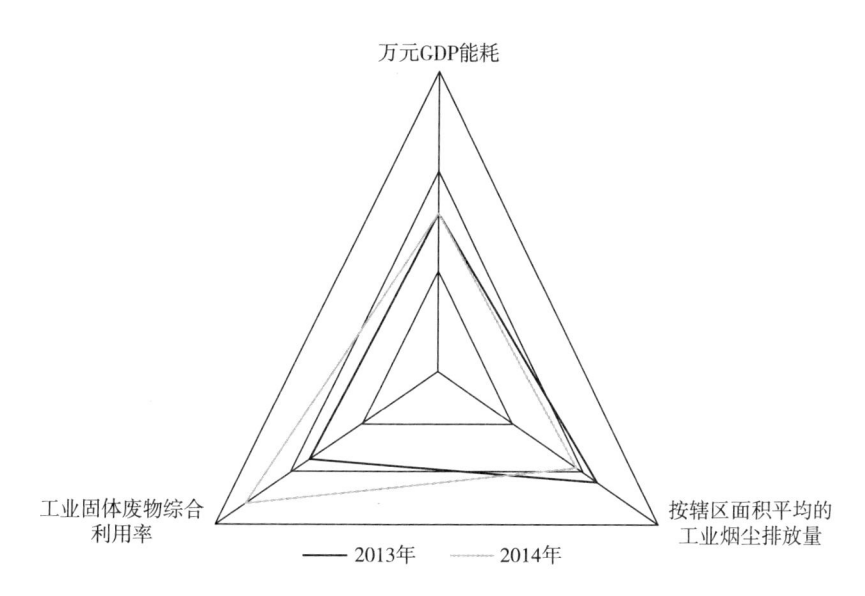

图 8-3　新乡市 2013~2014 年生态环境发展指数及下层指标排位比较

（1）2014 年新乡市生态环境发展指数排位处于第 11 位，表明其在中原经济区处于中势地位，与 2013 年相比排位保持不变。

（2）从方案层指标的优势度看，工业固体废物综合利用率指标是新乡市生态环境发展指数中的优势指标，万元 GDP 能耗、按辖区面积平均的工业烟尘排放量指标是新乡市生态环境发展指数中的中势指标。

（3）从雷达图图形变化看，2014 年与 2013 年相比，面积略有增大，生态环境发展指数排位呈上升态势。

（4）从排位变化的动因看，在工业固体废物综合利用率指标排位上升和按辖区面积平均的工业烟尘排放量指标排位下降的综合作用下，2014 年新乡市生态环境发展指数保持不变，居中原经济区第 11 位。

四　新乡市社会环境发展评价分析

2013~2014 年，新乡市社会环境发展指数及其下层指标评价值和排位变化情况，如表 8-4 和图 8-4 所示。

（1）2014 年新乡市社会环境发展指数排位处于第 11 位，表明其在中原经济区处于中势地位，与 2013 年相比排位下降 1 位。其中收入指数排位处于第 8 位，与 2013 年相比排位不变；健康指数排位处于第 4 位，与 2013 年相比排位不变；教育指数排位处于第 18 位，与 2013 年相比排位下降 2 位；城市生活环境指数排位处于第 20 位，与 2013 年相比排位下降 2 位。

（2）从方案层指标的优势度看，城乡居民收入结构、城镇居民人均可支配收入、农村居民人均纯收入、每万人卫生技术人员数、每万人卫生机构床位数是新乡市社会环境发展指数中的优势指标，其余均为新乡市社会环境发展指数中的中势指标。

表 8-4 新乡市 2013~2014 年社会环境发展评价值及排名

指标	城乡居民收入结构	城镇居民人均可支配收入	农村居民人均纯收入	收入指数	每万人卫生技术人员数	每万人卫生机构床位数	健康指数	万人中小学专任教师数	人均教育经费	教育指数	人均城市公园绿地面积	人均城市道路面积	万人城市公共汽车数	城市生活环境指数	社会环境发展指数
2012年	18.48	30.41	29.28	25.56	41.55	61.45	51.50	17.86	20.13	19.00	13.90	46.96	71.37	24.41	27.81
2013年	20.07	32.00	31.33	27.80	45.37	66.03	55.7	36.99	21.71	29.35	22.28	38.59	32.97	31.28	33.06
2014年	21.12	35.96	34.18	30.42	47.41	65.51	56.46	36.24	27.27	31.75	34.87	27.61	17.49	26.66	34.62
2013年排名	8	12	8	8	4	7	4	18	13	16	18	16	13	18	10
2014年排名	8	10	8	8	4	7	4	19	13	18	19	20	13	20	11
升降	0	2	0	0	0	0	0	-1	0	-2	-1	-4	0	-2	-1
优势度	优势	优势	优势	优势	优势	优势	优势	中势	中势	中势	中势	中势	中势	中势	中势
2014年全排名	12	11	11	11	6	9	6	27	13	24	24	30	19	27	16

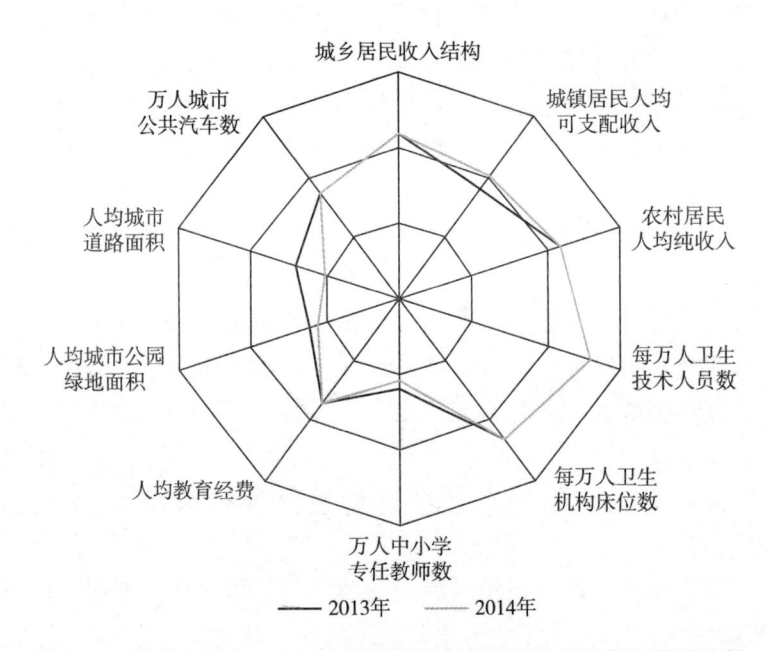

图 8-4 新乡市 2013~2014 年社会环境发展指数及下层指标排位比较

（3）从雷达图图形变化看，2014 年与 2013 年相比，面积略有缩小，社会环境发展指数排位呈现下降态势。

（4）从排位变化的动因看，在城镇居民人均可支配收入指标排位上升和万人中小学专任教师数、人均城市公园绿地面积、人均城市道路面积指标排位下降的综合作用下，2014 年新乡市社会环境发展指数排位下降 1 位，居中原经济区第 11 位。

第9章
焦作市发展指数分析

一 焦作市发展评价分析

2013~2014年,焦作市发展指数及其下层指标评价值和排位变化情况,如表9-1和图9-1所示。

表9-1 焦作市2013~2014年发展评价值及排名

指标	经济发展指数	生态环境发展指数	社会环境发展指数	焦作市发展指数
2012年	47.79	67.02	33.63	46.16
2013年	49.75	66.92	35.80	48.40
2014年	51.12	72.94	37.28	50.58
2013年排名	3	23	6	5
2014年排名	5	22	6	5
升降	-2	1	0	0
优势度	优势	劣势	优势	优势
2014年全排名	6	30	9	7

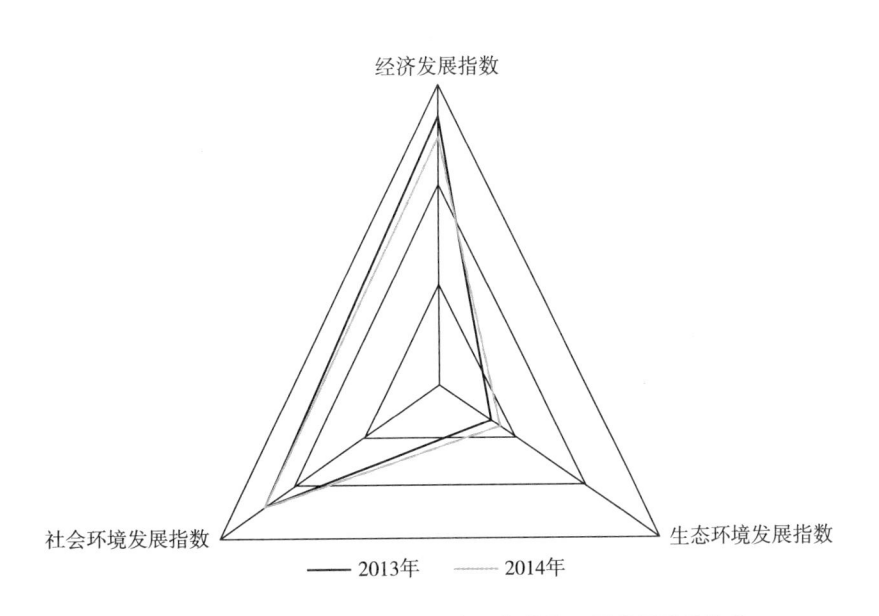

图9-1 焦作市2013~2014年发展指数及下层指标排位比较

（1）2014年焦作市发展指数排位处于第5位，表明其在中原经济区处于优势地位，与2013年相比排位不变。

（2）从准则层指标的优势度看，经济发展指数、社会环境发展指数是焦作市发展指数中的优势指标，生态环境发展指数是焦作市发展指数中的劣势指标。

（3）从雷达图图形变化看，2014年与2013年相比，面积基本不变，焦作市发展指数排位呈现稳定态势。

（4）从排位变化的动因看，在生态环境发展指数指标排位上升和经济发展指数指标排位下降的综合作用下，2014年焦作市发展指数排位保持不变，居中原经济区第5位。

二 焦作市经济发展评价分析

2013~2014年，焦作市经济发展指数及其下层指标评价值和排位变化情况，如表9-2和图9-2所示。

表9-2 焦作市2013~2014年经济发展评价值及排名

指标	人均GDP	三次产业结构	非国有工业增加值占比	工业化指数	城镇化率	第一产业就业人数比重	人均全社会消费品零售总额	城镇化指数	劳均农作物播种面积	单产农用化肥施用量	单产农用大中型拖拉机动力	农业现代化指数	经济发展指数
2012年	59.88	78.17	76.47	66.86	38.99	50.56	40.45	42.16	13.33	1.93	18.29	13.09	47.79
2013年	61.03	78.51	84.23	69.16	41.07	51.82	42.57	44.03	14.91	8.89	19.41	14.33	49.75
2014年	63.03	79.84	86.46	71.08	43.27	49.73	45.66	45.21	15.37	10.86	20.51	15.10	51.12
2013年排名	4	5	7	3	6	8	5	6	20	15	12	20	3
2014年排名	4	6	7	3	7	9	5	7	18	17	12	20	5
升降	0	-1	0	0	-1	-1	0	-1	2	-2	0	0	-2
优势度	优势	优势	优势	优势	优势	优势	优势	优势	中势	中势	中势	中势	优势
2014年全排名	5	7	15	4	7	15	6	8	25	25	19	29	6

（1）2014年焦作市经济发展指数排位处于第5位，表明其在中原经济区处于优势地位，与2013年相比排位下降2位。其中工业化指数排位处于第3位，与2013年相比排位不变；城镇化指数排位处于第7位，与2013年相比排位下降1位；农业现代化指数排位处于第20位，与2013年相比排位不变。

（2）从方案层指标的优势度看，人均GDP、三次产业结构、非国有工业增加值占比、城镇化率、第一产业就业人数比重、人均全社会消费品零售总额是焦作市经济发展指数中的优势指标，其余均是焦作市经济发展指数中的中势指标。

（3）从雷达图图形变化看，2014年与2013年相比，面积略有缩小，经济发展指数排位呈下降态势。

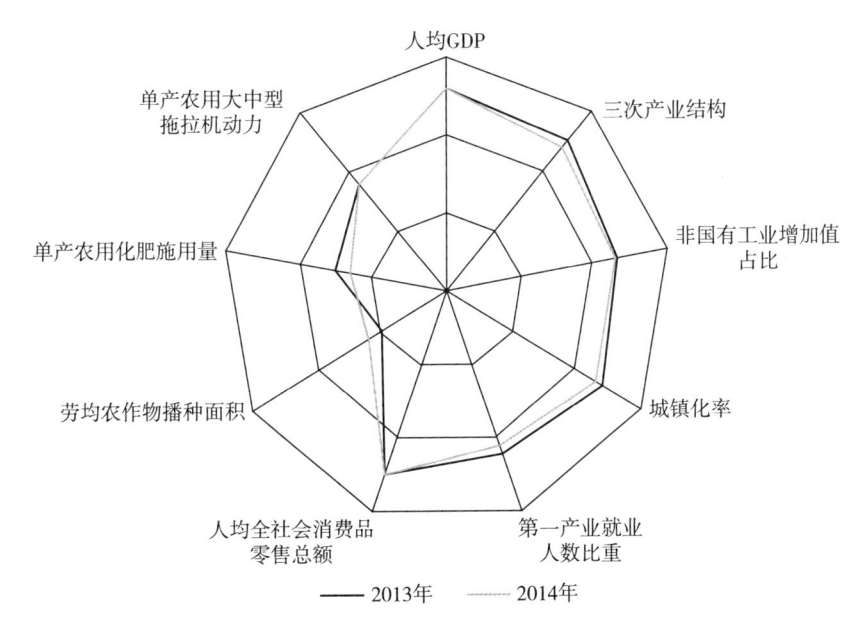

图 9-2 焦作市 2013～2014 年经济发展指数及下层指标排位比较

（4）从排位变化的动因看，在劳均农作物播种面积指标排位上升和三次产业结构、城镇化率、第一产业就业人数比重、单产农用化肥施用量指标排位下降的综合作用下，2014 年焦作市经济发展指数排位下降 2 位，居中原经济区第 5 位。

三 焦作市生态环境发展评价分析

2013～2014 年，焦作市生态环境发展指数及其下层指标评价值和排位变化情况，如表 9-3 和图 9-3 所示。

表 9-3 焦作市 2013～2014 年生态环境发展评价值及排名

指标	万元 GDP 能耗	按辖区面积平均的工业烟尘排放量	工业固体废物综合利用率	生态环境发展指数
2012 年	73.99	72.25	38.59	67.02
2013 年	75.86	69.02	34.99	66.92
2014 年	77.85	77.02	52.50	72.94
2013 年排名	20	25	29	23
2014 年排名	20	20	28	22
升降	0	5	1	1
优势度	中势	中势	劣势	劣势
2014 年全排名	28	29	37	30

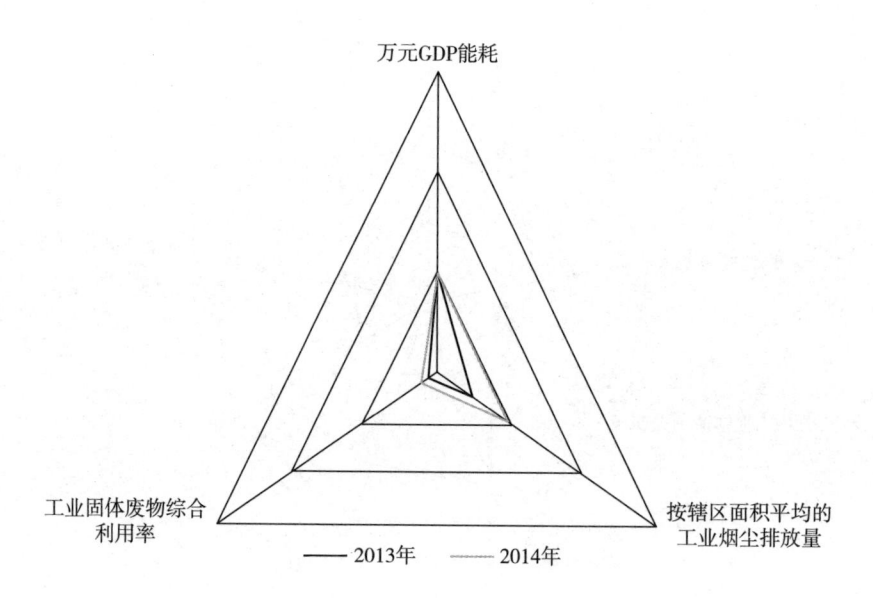

图 9-3　焦作市 2013~2014 年生态环境发展指数及下层指标排位比较

（1）2014 年焦作市生态环境发展指数排位处于第 22 位，表明其在中原经济区处于劣势地位，与 2013 年相比排位上升 1 位。

（2）从方案层指标的优势度看，万元 GDP 能耗、按辖区面积平均的工业烟尘排放量为焦作市生态环境发展指数中的中势指标，工业固体废物综合利用率指标是焦作市生态环境发展指数中的劣势指标。

（3）从雷达图图形变化看，2014 年与 2013 年相比，面积略有扩大，生态环境发展指数排位呈上升态势。

（4）从排位变化的动因看，在按辖区面积平均的工业烟尘排放量、工业固体废物综合利用率指标排位上升，其他指标排位不变的综合作用下，2014 年焦作市生态环境发展指数排位上升 1 位，居中原经济区第 22 位。

四　焦作市社会环境发展评价分析

2013~2014 年，焦作市社会环境发展指数及其下层指标评价值和排位变化情况，如表 9-4 和图 9-4 所示。

（1）2014 年焦作市社会环境发展指数排位处于第 6 位，表明其在中原经济区处于优势地位，与 2013 年相比排位不变。其中收入指数排位处于第 3 位，与 2013 年相比排位不变；健康指数排位处于第 10 位，与 2013 年相比排位下降 5 位；教育指数排位处于第 16 位，与 2013 年相比排位下降 1 位；城市生活环境指数排位处于第 13 位，与 2013 年相比排位下降 1 位。

（2）从方案层指标的优势度看，城乡居民收入结构、农村居民人均纯收入、每万人卫生技术人员数、人均教育经费是焦作市社会环境发展指数中的优势指标，其余均是焦作市社会环境发展指数中的中势指标。

第9章 焦作市发展指数分析

表9-4 焦作市2013~2014年社会环境发展评价值及排名

指标	城乡居民收入结构	城镇居民人均可支配收入	农村居民人均纯收入	收入指数	每万人卫生技术人员数	每万人卫生机构床位数	健康指数	万人中小学专任教师数	人均教育经费	教育指数	人均城市公园绿地面积	人均城市道路面积	万人城市公共汽车数	城市生活环境指数	社会环境发展指数
2012年	28.94	30.33	35.00	30.99	39.32	61.88	50.60	35.67	24.13	29.90	13.30	55.48	33.86	28.79	33.63
2013年	30.81	31.86	37.01	33.23	43.20	67.37	55.29	37.06	22.14	29.60	24.21	47.59	7.01	33.45	35.80
2014年	31.78	35.94	39.81	35.84	45.04	56.99	51.01	38.37	27.97	33.17	37.97	46.21	15.02	33.07	37.28
2013年排名	3	13	3	3	6	5	5	17	12	15	16	11	14	12	6
2014年排名	2	11	3	3	7	14	10	18	10	16	14	11	17	13	6
升降	1	2	0	0	-1	-9	-5	-1	2	-1	2	0	-3	-1	0
优势度	优势	中势	优势	优势	优势	中势	优势	中势	优势	中势	中势	中势	中势	中势	优势
2014年全排名	5	12	5	5	9	17	12	26	10	22	19	14	24	19	9

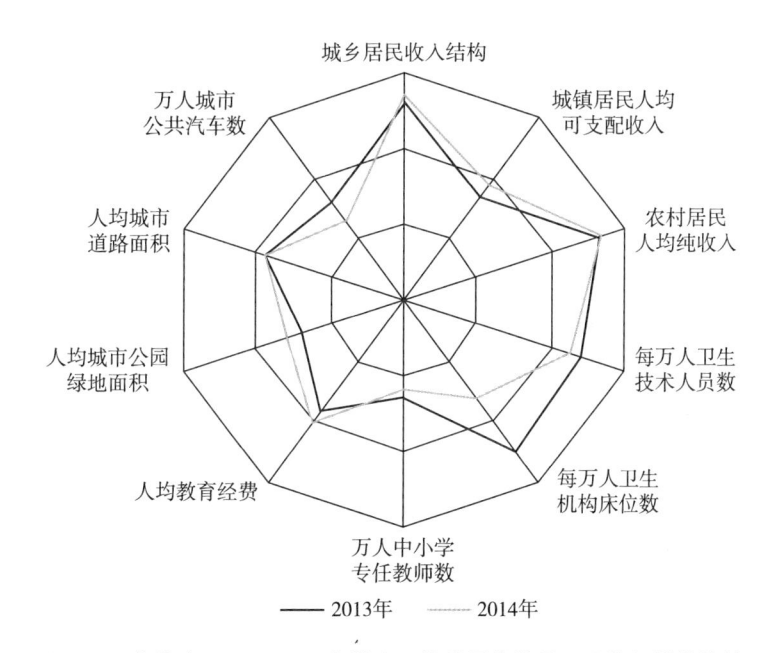

图9-4 焦作市2013~2014年社会环境发展指数及下层指标排位比较

（3）从雷达图图形变化看，2014年与2013年相比，面积基本不变，社会环境发展指数排位呈稳定态势。

（4）从排位变化的动因看，在城乡居民收入结构、城镇居民人均可支配收入、人均教育经费、人均城市公园绿地面积指标排位上升和每万人卫生技术人员数、每万人卫生机构床位数、万人中小学专任教师数、万人城市公共汽车数指标排位下降的综合作用下，2014年焦作市社会环境发展指数排位保持不变，居中原经济区第6位。

第 10 章
濮阳市发展指数分析

一 濮阳市发展评价分析

2013~2014年,濮阳市发展指数及其下层指标评价值和排位变化情况,如表10-1和图10-1所示。

表10-1 濮阳市2013~2014年发展评价值及排名

指标	经济发展指数	生态环境发展指数	社会环境发展指数	濮阳市发展指数
2012年	26.03	81.49	30.48	33.68
2013年	28.44	82.93	32.90	38.71
2014年	31.90	83.73	35.48	41.45
2013年排名	23	14	11	21
2014年排名	22	14	9	20
升降	1	0	2	1
优势度	劣势	中势	优势	中势
2014年全排名	27	21	14	25

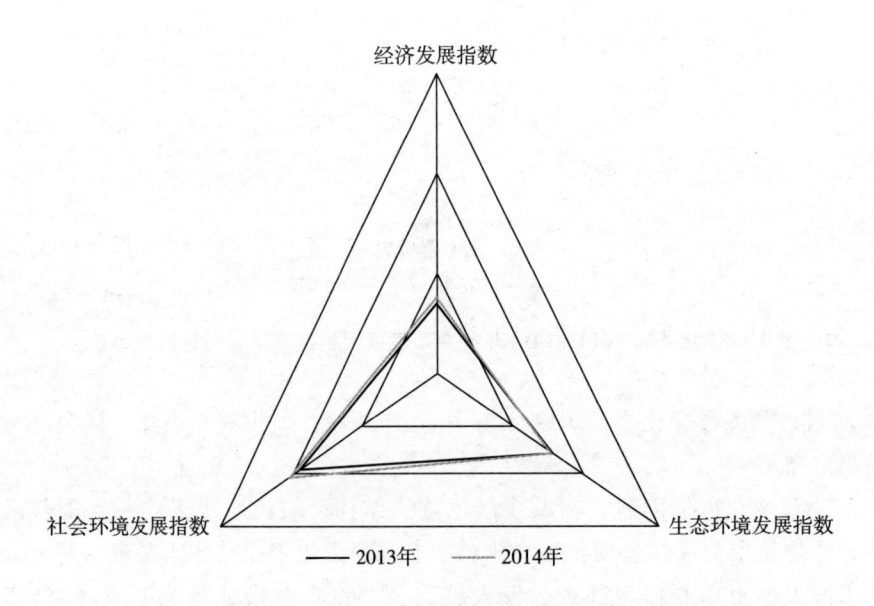

图10-1 濮阳市2013~2014年发展指数及下层指标排位比较

（1）2014年濮阳市发展指数排位处于第20位，表明其在中原经济区处于中势地位，与2013年相比排位上升1位。

（2）从准则层指标的优势度看，社会环境发展指数是濮阳市发展指数中的优势指标，生态环境发展指数是濮阳市发展指数中的中势指标，经济发展指数是濮阳市发展指数中的劣势指标。

（3）从雷达图图形变化看，2014年与2013年相比，面积有所扩大，濮阳市发展指数排位呈现上升趋势。

（4）从排位变化的动因看，在经济发展指数和社会环境发展指数排位上升、生态环境发展指数排位不变的综合作用下，2014年濮阳市发展指数排位上升1位，居中原经济区第20位。

二　濮阳市经济发展评价分析

2013~2014年，濮阳市经济发展指数及其下层指标评价值和排位变化情况，如表10-2和图10-2所示。

表10-2　濮阳市2013~2014年经济发展评价值及排名

指标	人均GDP	三次产业结构	非国有工业增加值占比	工业化指数	城镇化率	第一产业就业人数比重	人均全社会消费品零售总额	城镇化指数	劳均农作物播种面积	单产农用化肥施用量	单产农用大中型拖拉机动力	农业现代化指数	经济发展指数
2012年	43.53	56.72	47.06	46.88	11.37	28.88	29.35	17.84	13.12	3.73	8.52	11.46	26.03
2013年	45.80	59.47	62.63	51.90	13.75	27.87	31.83	19.41	9.52	10.68	9.81	9.74	28.44
2014年	48.72	62.06	67.97	55.24	16.98	32.84	34.73	23.06	11.67	12.31	11.15	11.73	31.90
2013年排名	15	17	19	15	24	28	21	24	23	12	24	25	23
2014年排名	15	17	19	15	24	22	20	25	21	13	24	24	22
升降	0	0	0	0	0	6	1	-1	2	-1	0	1	1
优势度	中势	中势	中势	中势	劣势	劣势	中势	劣势	劣势	中势	劣势	劣势	劣势
2014年全排名	17	19	27	19	28	29	23	29	30	18	33	34	27

（1）2014年濮阳市经济发展指数排位处于第22位，表明其在中原经济区处于劣势地位，与2013年相比排位上升1位。其中工业化指数排位处于第15位，与2013年相比排位不变；城镇化指数排位处于第25位，与2013年相比排位下降了1位；农业现代化指数排位处于第24位，与2013年相比排位上升了1位。

（2）从方案层指标的优势度看，城镇化率、第一产业就业人数占比、劳均农作物播种面积、单产农用大中型拖拉机动力指标是濮阳市经济发展指数中的劣势指标，其余均为濮阳市经济发展指数中的中势指标。

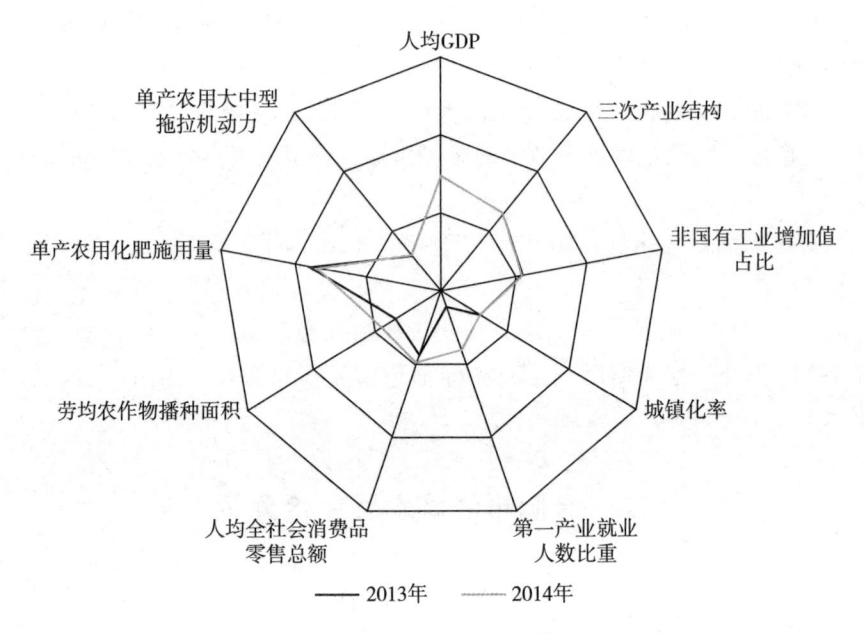

图 10-2　濮阳市 2013~2014 年经济发展指数及下层指标排位比较

（3）从雷达图图形变化看，2014 年与 2013 年相比，面积略有增大，经济发展指数排位呈现上升趋势。

（4）从排位变化的动因看，在第一产业就业人数占比、人均全社会消费品零售总额、劳均农作物播种面积指标排位上升和单产农用化肥施用量指标排位下降的综合作用下，2014 年濮阳市经济发展指数排位上升 1 位，居中原经济区第 22 位。

三　濮阳市生态环境发展评价分析

2013~2014 年，濮阳市生态环境发展指数及其下层指标评价值和排位变化情况，如表 10-3 和图 10-3 所示。

表 10-3　濮阳市 2013~2014 年生态环境发展评价值及排名

指标	万元 GDP 能耗	按辖区面积平均的工业烟尘排放量	工业固体废物综合利用率	生态环境发展指数
2012 年	76.37	87.29	92.77	81.49
2013 年	77.78	90.34	92.71	82.93
2014 年	80.69	80.79	96.81	83.73
2013 年排名	15	13	17	14
2014 年排名	15	19	13	14
升降	0	-6	4	0
优势度	中势	中势	中势	中势
2014 年全排名	23	27	21	21

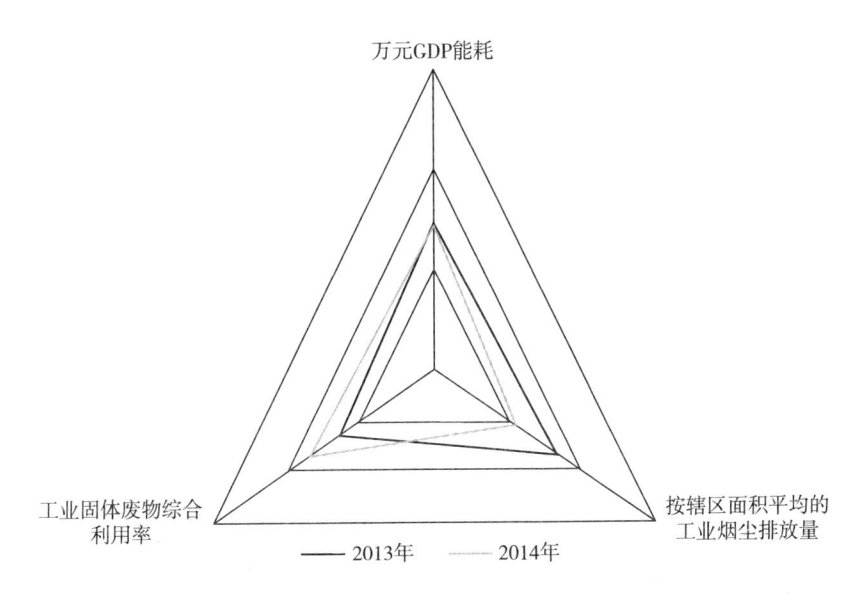

图 10-3　濮阳市 2013~2014 年生态环境发展指数及下层指标排位比较

（1）2014 年濮阳市生态环境发展指数排位处于第 14 位，表明其在中原经济区处于中势地位，与 2013 年相比排位不变。

（2）从方案层指标的优势度看，万元 GDP 能耗、按辖区面积平均的工业烟尘排放量、工业固体废物综合利用率指标均处于中势地位。

（3）从雷达图图形变化看，2014 年与 2013 年相比，面积基本不变，生态环境发展指数排位呈现稳定态势。

（4）从排位变化的动因看，在工业固体废物综合利用率指标排位上升和按辖区面积平均的工业烟尘排放量指标排位下降的综合作用下，2014 年濮阳市生态环境发展指数排位保持不变，居中原经济区第 14 位。

四　濮阳市社会环境发展评价分析

2013~2014 年，濮阳市社会环境发展指数及其下层指标评价值和排位变化情况，如表 10-4 和图 10-4 所示。

（1）2014 年濮阳市社会环境发展指数排位处于第 9 位，表明其在中原经济区处于优势地位，与 2013 年相比排位上升 2 位。其中收入指数排位处于第 22 位，与 2013 年相比排位下降 1 位；健康指数排位处于第 12 位，与 2013 年相比排位上升 3 位；教育指数排位处于第 3 位，与 2013 年相比排位不变；城市生活环境指数排位处于第 16 位，与 2013 年相比排位上升 3 位。

（2）从方案层指标的优势度看，万人中小学专任教师数、人均教育经费、人均城市公园绿地面积是濮阳市社会环境发展指数中的优势指标，城乡居民收入结构、农村居民人均纯收入、人均城市道路面积指标是濮阳市社会环境发展指数中的劣势指标，其他均为中势指标。

表 10-4 濮阳市 2013~2014 年社会环境发展评价值及排名

指标	城乡居民收入结构	城镇居民人均可支配收入	农村居民人均纯收入	收入指数	每万人卫生技术人员数	每万人卫生机构床位数	健康指数	万人中小学专任教师数	人均教育经费	教育指数	人均城市公园绿地面积	人均城市道路面积	万人城市公共汽车数	城市生活环境指数	社会环境发展指数
2012年	8.06	28.31	21.27	18.65	34.73	48.54	41.63	66.30	25.73	46.01	20.06	41.28	33.31	24.34	30.48
2013年	9.56	30.43	23.75	21.25	38.90	56.12	47.51	66.49	23.16	44.83	38.33	33.82	5.26	30.55	32.90
2014年	10.27	35.38	27.06	24.24	40.74	57.77	49.25	65.95	30.59	48.27	49.49	27.31	13.07	29.96	35.48
2013年排名	24	17	22	21	12	15	15	4	8	3	9	19	22	19	11
2014年排名	27	13	23	22	13	11	12	4	3	3	8	21	20	16	9
升降	-3	4	-1	-1	-1	4	3	0	3	0	1	-2	2	3	2
优势度	劣势	中势	劣势	劣势	中势	中势	中势	优势	优势	优势	优势	劣势	中势	中势	优势
2014年全排名	37	14	29	28	16	14	14	9	5	6	11	31	27	22	14

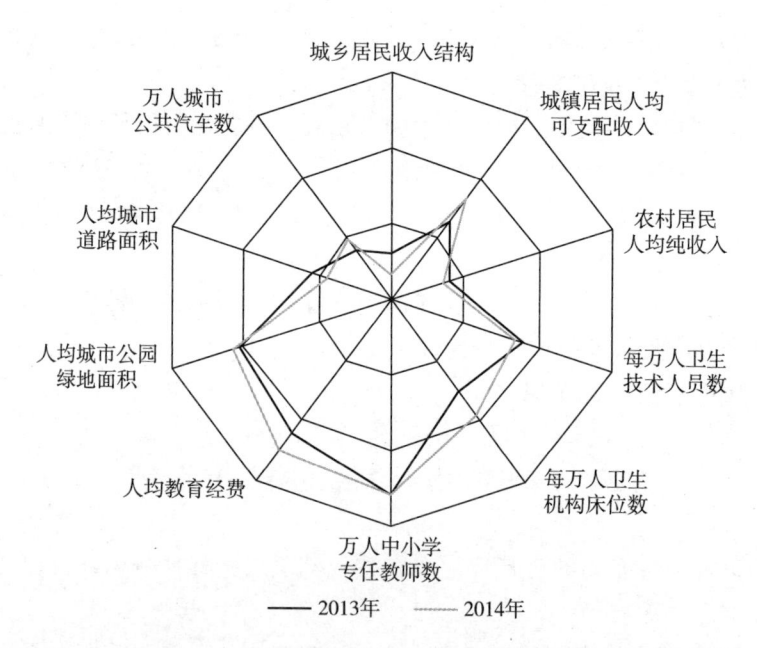

图 10-4 濮阳市 2013~2014 年社会环境发展指数及下层指标排位比较

（3）从雷达图图形变化看，2014 年与 2013 年相比，面积略有扩大，社会环境发展指数排位呈现上升趋势。

（4）从排位变化的动因看，在城镇居民人均可支配收入、每万人卫生机构床位数、人均教育经费、人均城市公园绿地面积、万人城市公共汽车数指标排位上升和城乡居民收入结构、农村居民人均纯收入、每万人卫生技术人员数、人均城市道路面积指标排位下降的综合作用下，2014 年濮阳市社会环境发展指数排位上升 2 位，居中原经济区第 9 位。

第11章
许昌市发展指数分析

一 许昌市发展评价分析

2013~2014年,许昌市发展指数及其下层指标评价值和排位变化情况,如表11-1和图11-1所示。

表11-1 许昌市2013~2014年发展评价值及排名

指标	经济发展指数	生态环境发展指数	社会环境发展指数	许昌市发展指数
2012年	40.78	88.87	33.50	42.50
2013年	42.58	89.39	37.09	48.63
2014年	42.11	89.85	38.84	48.96
2013年排名	11	7	2	4
2014年排名	12	8	3	7
升降	-1	-1	-1	-3
优势度	中势	优势	优势	优势
2014年全排名	14	13	5	9

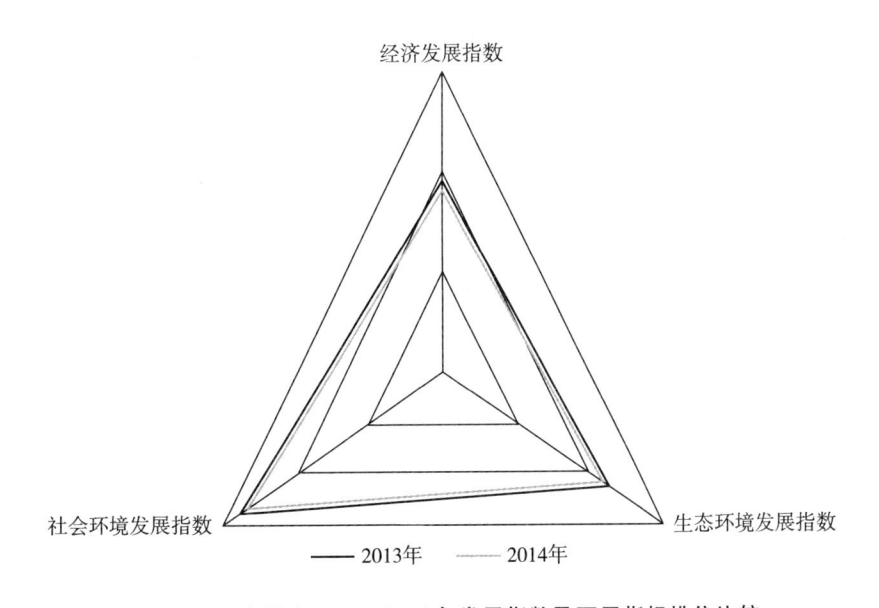

图11-1 许昌市2013~2014年发展指数及下层指标排位比较

（1）2014年许昌市发展指数排位处于第7位，表明其在中原经济区处于优势地位，与2013年相比排位下降3位。

（2）从准则层指标的优势度看，生态环境发展指数、社会环境发展指数是许昌市发展指数中的优势指标，经济发展指数是许昌市发展指数中的中势指标。

（3）从雷达图图形变化看，2014年与2013年相比，面积有所缩小，许昌市发展指数排位呈现下降态势。

（4）从排位变化的动因看，在经济发展指数、生态环境发展指数、社会环境发展指数指标排位下降的综合作用下，2014年许昌市发展指数排位下降3位，居中原经济区第7位。

二　许昌市经济发展评价分析

2013~2014年，许昌市经济发展指数及其下层指标评价值和排位变化情况，如表11-2和图11-2所示。

表11-2　许昌市2013~2014年经济发展评价值及排名

指标	人均GDP	三次产业结构	非国有工业增加值占比	工业化指数	城镇化率	第一产业就业人数比重	人均全社会消费品零售总额	城镇化指数	劳均农作物播种面积	单产农用化肥施用量	单产农用大中型拖拉机动力	农业现代化指数	经济发展指数
2012年	56.46	69.38	64.71	60.70	24.95	51.15	37.35	33.09	31.83	6.42	6.87	25.25	40.78
2013年	57.81	71.66	67.83	62.58	27.14	50.41	39.53	34.56	37.53	11.62	7.73	30.37	42.58
2014年	60.28	74.75	70.99	65.31	29.82	39.00	42.32	33.58	21.61	13.57	9.08	19.08	42.11
2013年排名	7	9	15	6	14	9	9	11	7	10	29	8	11
2014年排名	6	8	17	6	14	13	11	13	14	12	29	14	12
升降	1	1	-2	0	0	-4	-2	-2	-7	-2	0	-6	-1
优势度	优势	优势	中势	优势	中势	中势	中势	中势	中势	中势	劣势	中势	中势
2014年全排名	7	9	25	7	15	20	12	15	21	17	39	23	14

（1）2014年许昌市经济发展指数排位处于第12位，表明其在中原经济区处于中势地位，与2013年相比排位下降了1位。其中工业化指数排位处于第6位，与2013年相比排位不变；城镇化指数排位处于第13位，与2013年相比排位下降2位；农业现代化指数排位处于第14位，与2013年相比排位下降6位。

（2）从方案层指标的优势度看，人均GDP、三次产业结构指数是许昌市经济发展指数中的优势指标，单产农用大中型拖拉机动力是许昌市经济发展指数中的劣势指标，其他指数均是许昌市经济发展指数中的中势指标。

（3）从雷达图图形变化看，2014年与2013年相比，面积略有缩小，经济发展指数排

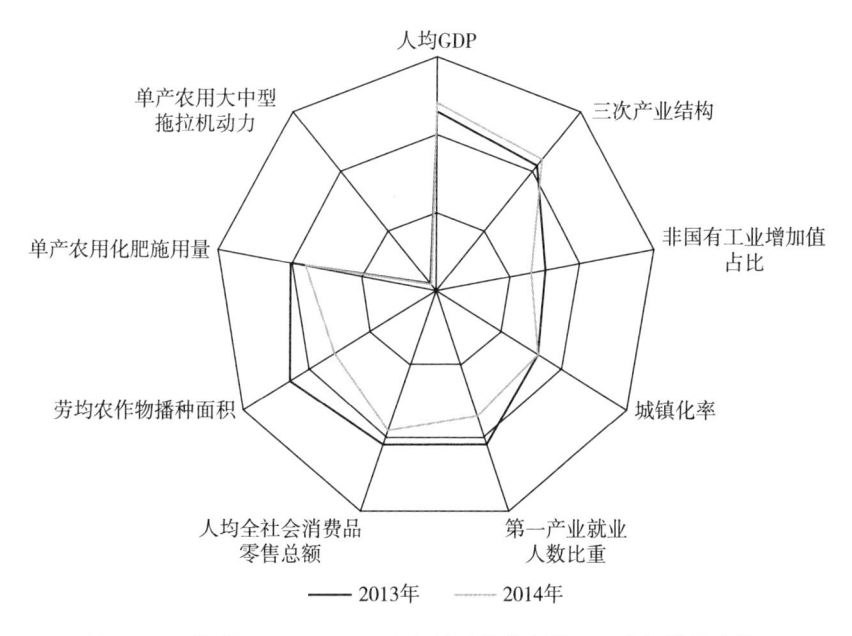

图 11-2 许昌市 2013~2014 年经济发展指数及下层指标排位比较

位呈现下降趋势。

（4）从排位变化的动因看，在人均 GDP、三次产业结构指标排位上升和非国有工业增加值占比、第一产业就业人数比重、人均全社会消费品零售总额、劳均农作物播种面积、单产农用化肥施用量指标排位下降的综合作用下，2014 年许昌市经济发展指数排位下降 1 位，居中原经济区第 12 位。

三 许昌市生态环境发展评价分析

2013~2014 年，许昌市生态环境发展指数及其下层指标评价值和排位变化情况，如表 11-3 和图 11-3 所示。

表 11-3 许昌市 2013~2014 年生态环境发展评价值及排名

指标	万元 GDP 能耗	按辖区面积平均的工业烟尘排放量	工业固体废物综合利用率	生态环境发展指数
2012 年	86.36	89.31	96.83	88.87
2013 年	87.51	86.85	98.18	89.39
2014 年	89.12	83.52	98.58	89.85
2013 年排名	7	18	8	7
2014 年排名	7	16	11	8
升降	0	2	-3	-1
优势度	优势	中势	中势	优势
2014 年全排名	12	24	18	13

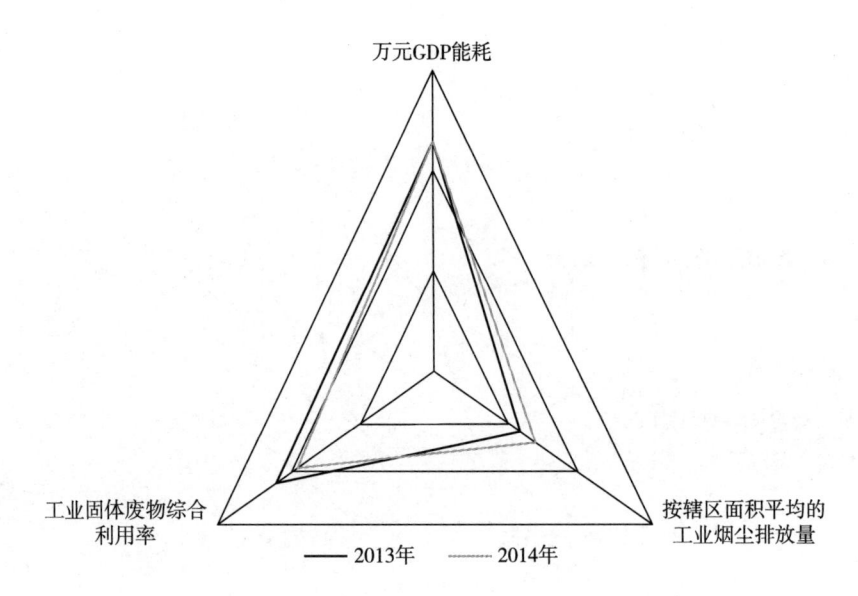

图 11-3 许昌市 2013~2014 年生态环境发展指数及下层指标排位比较

（1）2014 年许昌市生态环境发展指数排位处于第 8 位，表明其在中原经济区处于优势地位，与 2013 年相比排位下降 1 位。

（2）从方案层指标的优势度看，万元 GDP 能耗是许昌市生态环境发展指数中的优势指标，按辖区面积平均的工业烟尘排放量、工业固体废物综合利用率是许昌市生态环境发展指数中的中势指标。

（3）从雷达图图形变化看，2014 年与 2013 年相比，面积略有缩小，生态环境发展指数排位呈现下降趋势。

（4）从排位变化的动因看，在按辖区面积平均的工业烟尘排放量指标排位上升，工业固体废物综合利用率指标排位下降，万元 GDP 能耗指标排位不变的综合作用下，2014 年许昌市生态环境发展指数排位下降 1 位，居中原经济区第 8 位。

四 许昌市社会环境发展评价分析

2013~2014 年，许昌市社会环境发展指数及其下层指标评价值和排位变化情况，如表 11-4 和图 11-4 所示。

（1）2014 年许昌市社会环境发展指数排位处于第 3 位，表明其在中原经济区处于优势地位，与 2013 年相比排位下降 1 位。其中收入指数排位处于第 4 位，与 2013 年相比排位不变；健康指数排位处于第 20 位，与 2013 年相比排位下降 2 位；教育指数排位处于第 8 位，与 2013 年相比排位上升 1 位；城市生活环境指数排位处于第 7 位，与 2013 年相比排位下降 1 位。

（2）从方案层指标的优势度看，城乡居民收入结构、农村居民人均纯收入、万人中小学专任教师数、人均教育经费、人均城市道路面积、万人城市公共汽车数是许昌市社会

表 11-4 许昌市 2013~2014 年社会环境发展评价值及排名

指标	城乡居民收入结构	城镇居民人均可支配收入	农村居民人均纯收入	收入指数	每万人卫生技术人员数	每万人卫生机构床位数	健康指数	万人中小学专任教师数	人均教育经费	教育指数	人均城市公园绿地面积	人均城市道路面积	万人城市公共汽车数	城市生活环境指数	社会环境发展指数
2012年	28.45	28.88	33.92	29.98	36.28	46.61	41.44	54.29	23.59	38.94	14.65	36.29	134.30	21.56	33.50
2013年	29.60	30.86	35.84	32.10	38.63	47.43	43.03	49.64	22.65	36.14	42.95	58.94	13.13	54.05	37.09
2014年	30.21	35.34	38.69	34.75	40.27	46.68	43.48	50.47	29.73	40.10	35.76	60.47	45.76	47.33	38.84
2013年排名	4	14	4	4	13	21	18	8	10	9	7	8	6	6	2
2014年排名	4	14	4	4	14	22	20	8	6	8	15	8	3	7	3
升降	0	0	0	0	-1	-1	-2	0	4	1	-8	0	3	-1	-1
优势度	优势	中势	优势	优势	中势	劣势	中势	优势	优势	优势	中势	优势	优势	优势	优势
2014年全排名	7	15	6	6	17	28	24	14	6	13	20	10	4	9	5

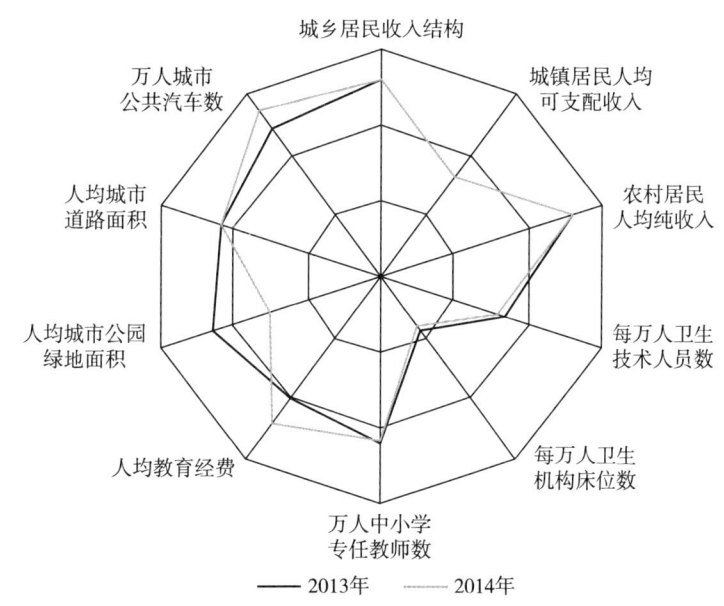

图 11-4 许昌市 2013~2014 年社会环境发展指数及下层指标排位比较

环境发展指数中的优势指标，每万人卫生机构床位数是许昌市社会环境发展指数中的劣势指标，其余均为许昌市社会环境发展指数中的中势指标。

（3）从雷达图图形变化看，2014 年与 2013 年相比，面积有所缩小，社会环境发展指数排位呈现下降趋势。

（4）从排位变化的动因看，在人均教育经费、万人城市公共汽车数指标排位上升和每万人卫生技术人员数、每万人卫生机构床位数、人均城市公园绿地面积指标排位下降的综合作用下，2014 年许昌市社会环境发展指数排位下降 1 位，居中原经济区第 3 位。

第12章
漯河市发展指数分析

一 漯河市发展评价分析

2013~2014年,漯河市发展指数及其下层指标评价值和排位变化情况,如表12-1和图12-1所示。

表12-1 漯河市2013~2014年发展评价值及排名

指标	经济发展指数	生态环境发展指数	社会环境发展指数	漯河市发展指数
2012年	35.88	87.84	29.78	39.76
2013年	38.23	88.75	29.83	44.03
2014年	39.11	89.30	31.98	45.21
2013年排名	13	8	20	12
2014年排名	15	9	23	13
升降	-2	-1	-3	-1
优势度	中势	优势	劣势	中势
2014年全排名	17	15	30	17

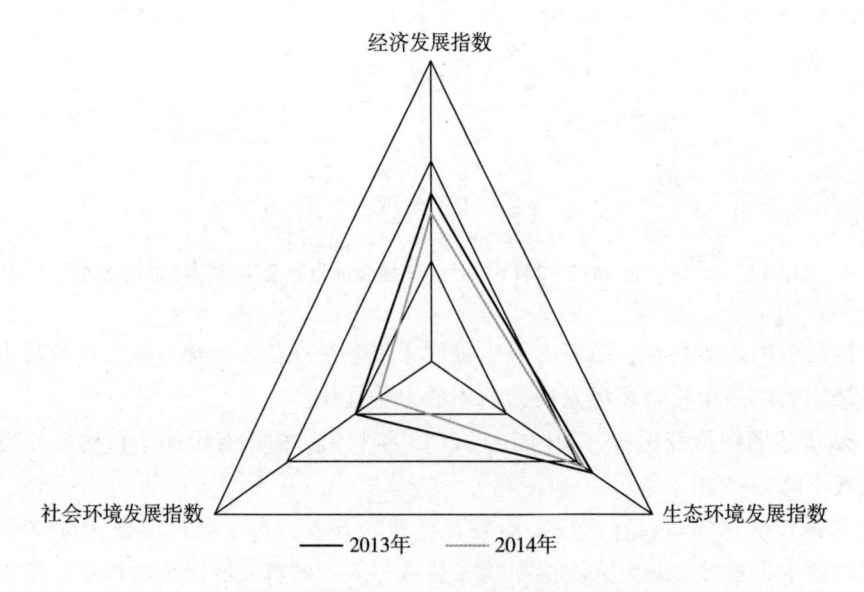

图12-1 漯河市2013~2014年发展指数及下层指标排位比较

（1）2014年漯河市发展指数排位处于第13位，表明其在中原经济区处于中势地位，与2013年相比排位下降1位。

（2）从准则层指标的优势度看，生态环境发展指数是漯河市发展指数中的优势指标，经济发展指数是漯河市发展指数中的中势指标，社会环境发展指数是漯河市发展指数中的劣势指标。

（3）从雷达图图形变化看，2014年与2013年相比，面积略有缩小，漯河市发展指数排位呈现下降趋势。

（4）从排位变化的动因看，在经济发展指数、生态环境发展指数、社会环境发展指数排位下降的综合作用下，2014年漯河市发展指数排位下降1位，居中原经济区第13位。

二 漯河市经济发展评价分析

2013~2014年，漯河市经济发展指数及其下层指标评价值和排位变化情况，如表12-2和图12-2所示。

表12-2 漯河市2013~2014年经济发展评价值及排名

指标	人均GDP	三次产业结构	非国有工业增加值占比	工业化指数	城镇化率	第一产业就业人数比重	人均全社会消费品零售总额	城镇化指数	劳均农作物播种面积	单产农用化肥施用量	单产农用大中型拖拉机动力	农业现代化指数	经济发展指数
2012年	47.79	62.48	67.65	54.70	24.97	34.19	38.34	28.79	23.15	2.40	11.00	19.15	35.88
2013年	48.06	61.84	84.42	58.09	27.14	35.62	40.29	30.79	23.36	10.11	12.47	20.11	38.23
2014年	50.47	65.01	86.03	60.49	29.82	30.29	43.50	31.45	16.71	12.06	14.52	15.73	39.11
2013年排名	11	15	6	9	14	16	7	15	17	13	20	17	13
2014年排名	11	13	9	10	14	27	8	15	16	14	20	19	15
升降	0	2	-3	-1	0	-11	-1	0	1	-1	0	-2	-2
优势度	中势	中势	优势	优势	中势	劣势	优势	中势	中势	中势	中势	中势	中势
2014年全排名	13	15	17	11	15	34	9	18	23	20	28	28	17

（1）2014年漯河市经济发展指数排位处于第15位，表明其在中原经济区处于中势地位，与2013年相比排位下降2位。其中工业化指数排位处于第10位，与2013年相比排位下降1位；城镇化指数排位处于第15位，与2013年相比排位不变；农业现代化指数排位处于第19位，与2013年相比排位下降2位。

（2）从方案层指标的优势度看，非国有工业增加值占比、人均全社会消费品零售总额是漯河市经济发展指数中的优势指标，第一产业就业人数比重是漯河市经济发展指数中的劣势指标，其余均是漯河市经济发展指数中的中势指标。

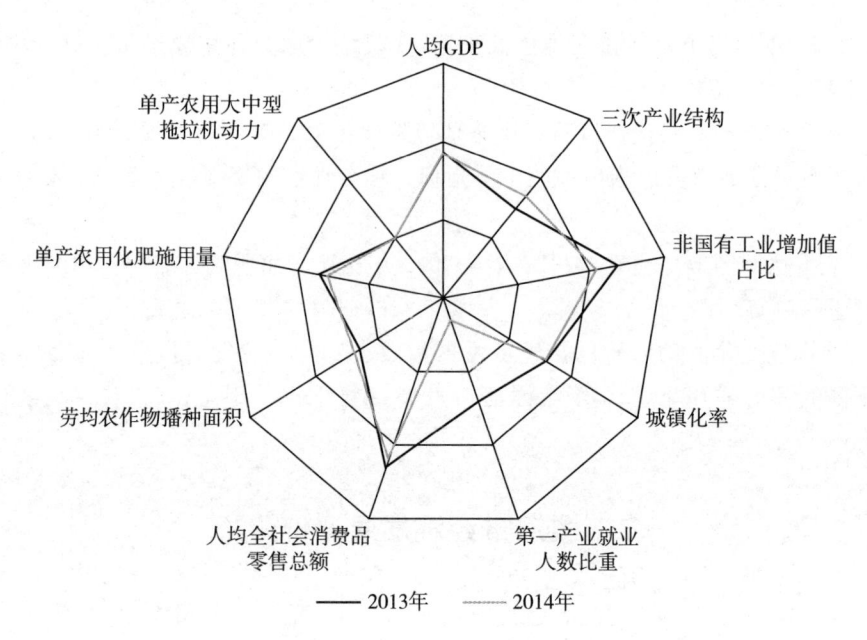

图 12-2　漯河市 2013~2014 年经济发展指数及下层指标排位比较

(3) 从雷达图图形变化看，2014 年与 2013 年相比，面积有所缩小，经济发展指数排位呈现下降趋势。

(4) 从排位变化的动因看，在三次产业结构、劳均农作物播种面积指标排位上升和非国有工业增加值占比、第一产业就业人数比重、人均全社会消费品零售总额、单产农用化肥施用量指标排位下降的综合作用下，2014 年漯河市经济发展指数排位下降 2 位，居中原经济区第 15 位。

三　漯河市生态环境发展评价分析

2013~2014 年，漯河市生态环境发展指数及其下层指标评价值和排位变化情况，如表 12-3 和图 12-3 所示。

表 12-3　漯河市 2013~2014 年生态环境发展评价值及排名

指标	万元 GDP 能耗	按辖区面积平均的工业烟尘排放量	工业固体废物综合利用率	生态环境发展指数
2012 年	83.25	92.00	99.00	87.84
2013 年	83.91	93.68	99.97	88.75
2014 年	84.75	93.77	99.98	89.30
2013 年排名	11	9	3	8
2014 年排名	13	7	3	9
升降	-2	2	0	-1
优势度	中势	优势	优势	优势
2014 年全排名	19	12	10	15

万元GDP能耗

工业固体废物综合
利用率

—— 2013年 —— 2014年

按辖区面积平均的
工业烟尘排放量

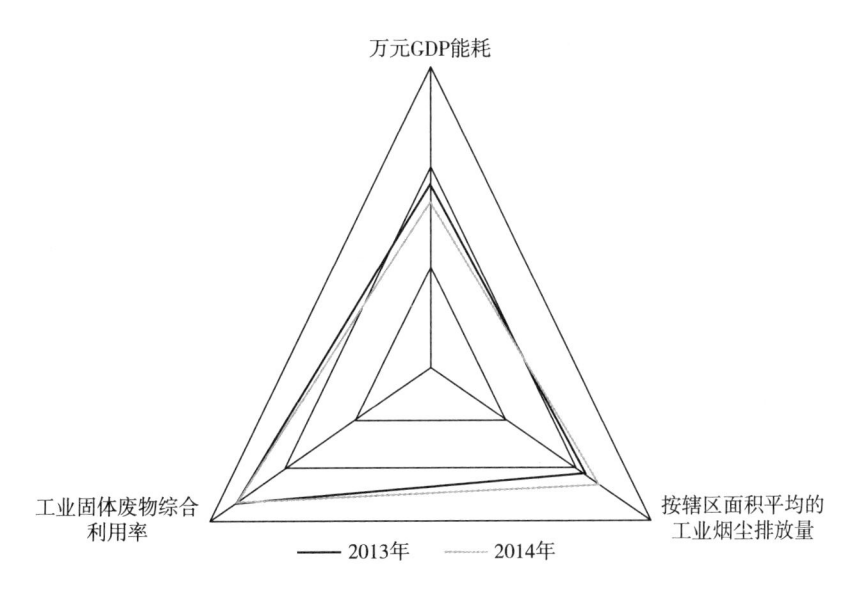

图 12-3 漯河市 2013~2014 年生态环境发展指数及下层指标排位比较

（1）2014 年漯河市生态环境发展指数排位处于第 9 位，表明其在中原经济区处于优势地位，与 2013 年相比排位下降 1 位。

（2）从方案层指标的优势度看，按辖区面积平均的工业烟尘排放量、工业固体废物综合利用率是漯河市生态环境发展指数中的优势指标，万元 GDP 能耗是漯河市生态环境发展指数中的中势指标。

（3）从雷达图图形变化看，2014 年与 2013 年相比，面积基本不变，生态环境发展指数排位呈现下降趋势。

（4）从排位变化的动因看，在按辖区面积平均的工业烟尘排放量指标排位上升和万元 GDP 能耗指标排位下降的综合作用下，2014 年漯河市生态环境发展指数排位下降 1 位，居中原经济区第 9 位。

四 漯河市社会环境发展评价分析

2013~2014 年，漯河市社会环境发展指数及其下层指标评价值和排位变化情况，如表 12-4 和图 12-4 所示。

（1）2014 年漯河市社会环境发展指数排位处于第 23 位，表明其在中原经济区处于劣势地位，与 2013 年相比排位下降了 3 位。其中收入指数排位处于第 7 位，与 2013 年相比排位不变；健康指数排位处于第 13 位，与 2013 年相比排位下降 2 位；教育指数排位处于第 23 位，与 2013 年相比排位下降 2 位；城市生活环境指数排位处于第 22 位，与 2013 年相比排位上升 2 位。

（2）从方案层指标的优势度看，城乡居民收入结构、农村居民人均纯收入、每万人卫生技术人员数、人均城市公园绿地面积是漯河市社会环境发展指数中的优势指标，万人

表 12-4　漯河市 2013~2014 年社会环境发展评价值及排名

指标	城乡居民收入结构	城镇居民人均可支配收入	农村居民人均纯收入	收入指数	每万人卫生技术人员数	每万人卫生机构床位数	健康指数	万人中小学专任教师数	人均教育经费	教育指数	人均城市公园绿地面积	人均城市道路面积	万人城市公共汽车数	城市生活环境指数	社会环境发展指数
2012 年	22.56	27.07	29.73	25.98	36.55	54.97	45.76	31.05	22.55	26.80	27.12	47.71	29.82	29.99	29.78
2013 年	23.83	29.24	31.88	28.32	40.09	60.15	50.12	28.51	20.14	24.32	14.37	15.18	6.79	18.98	29.83
2014 年	24.04	34.05	34.73	30.94	42.04	55.43	48.74	26.13	26.21	26.17	54.81	5.79	16.27	25.62	31.98
2013 年排名	6	20	7	7	11	11	11	23	18	21	24	27	16	24	20
2014 年排名	6	17	7	7	10	16	13	24	15	23	5	28	14	22	23
升降	0	3	0	0	1	-5	-2	-1	3	-2	19	-1	2	2	-3
优势度	优势	中势	优势	优势	优势	中势	中势	劣势	中势	劣势	优势	劣势	中势	劣势	劣势
2014 年全排名	9	19	10	10	13	20	15	34	16	31	7	38	21	30	30

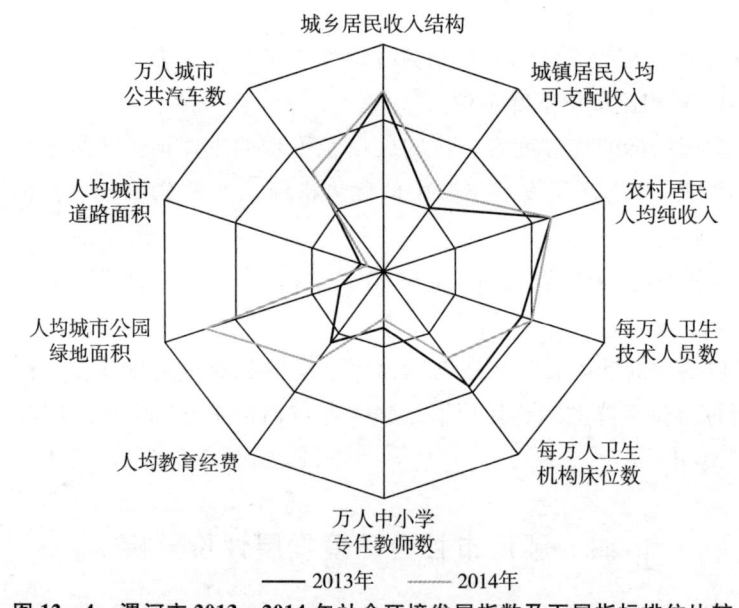

图 12-4　漯河市 2013~2014 年社会环境发展指数及下层指标排位比较

中小学专任教师数、人均城市道路面积是漯河市社会环境发展指数中的劣势指标，其余指标为漯河市社会环境发展指数中的中势指标。

（3）从雷达图图形变化看，2014 年与 2013 年相比，面积略有缩小，社会环境发展指数排位呈现下降趋势。

（4）从排位变化的动因看，在城镇居民人均可支配收入、每万人卫生技术人员数、人均教育经费、人均城市公园绿地面积、万人城市公共汽车数指标排位上升和每万人卫生机构床位数、万人中小学专任教师数、人均城市道路面积指标排位下降的综合作用下，2014 年漯河市社会环境发展指数排位下降了 3 位，居中原经济区第 23 位。

第13章
三门峡市发展指数分析

一 三门峡市发展评价分析

2013～2014年,三门峡市发展指数及其下层指标评价值和排位变化情况,如表13-1和图13-1所示。

表13-1 三门峡市2013～2014年发展评价值及排名

指标	经济发展指数	生态环境发展指数	社会环境发展指数	三门峡市发展指数
2012年	39.22	64.29	32.65	41.47
2013年	42.96	65.13	36.05	44.51
2014年	44.50	69.85	37.52	46.58
2013年排名	8	25	5	11
2014年排名	10	23	5	11
升降	-2	2	0	0
优势度	优势	劣势	优势	中势
2014年全排名	12	31	8	13

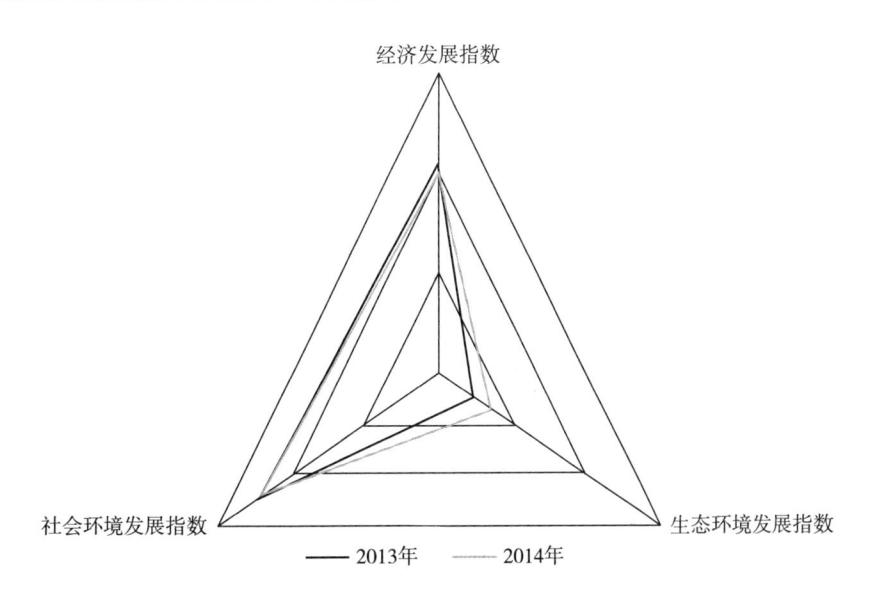

图13-1 三门峡市2013～2014年发展指数及下层指标排位比较

（1）2014年三门峡市发展指数排位处于第11位，表明其在中原经济区处于中势地位，与2013年相比排位不变。

（2）从准则层指标的优势度看，经济发展指数、社会环境发展指数是三门峡市发展指数中的优势指标，生态环境发展指数是三门峡市发展指数中的劣势指标。

（3）从雷达图图形变化看，2014年与2013年相比，面积基本不变，三门峡市发展指数排位呈现稳定态势。

（4）从排位变化的动因看，在生态环境发展指数排位上升和经济发展指数指标排位下降的综合作用下，2014年三门峡市发展指数排位不变，居中原经济区第11位。

二 三门峡市经济发展评价分析

2013~2014年，三门峡市经济发展指数及其下层指标评价值和排位变化情况，如表13-2和图13-2所示。

表13-2 三门峡市2013~2014年经济发展评价值及排名

指标	人均GDP	三次产业结构	非国有工业增加值占比	工业化指数	城镇化率	第一产业就业人数比重	人均全社会消费品零售总额	城镇化指数	劳均农作物播种面积	单产农用化肥施用量	单产农用大中型拖拉机动力	农业现代化指数	经济发展指数
2012年	64.64	77.67	23.53	59.02	33.44	28.88	40.22	32.97	6.12	15.83	11.03	7.86	39.22
2013年	64.68	76.80	68.53	67.87	35.54	28.58	42.40	34.48	5.58	30.39	12.90	10.43	42.96
2014年	64.88	74.29	69.54	67.70	38.14	30.99	45.17	37.06	2.75	33.94	14.96	9.13	44.50
2013年排名	3	8	14	4	9	27	6	12	25	2	19	24	8
2014年排名	3	9	18	5	10	26	6	12	26	4	19	28	10
升降	0	-1	-4	-1	-1	1	0	0	-1	-2	0	-4	-2
优势度	优势	优势	中势	优势	优势	劣势	优势	中势	劣势	优势	中势	劣势	优势
2014年全排名	4	10	26	6	11	33	7	13	36	6	27	38	12

（1）2014年三门峡市经济发展指数排位处于第10位，表明其在中原经济区处于优势地位，与2013年相比排位下降2位。其中工业化指数排位处于第5位，与2013年相比排位下降1位；城镇化指数排位处于第12位，与2013年相比排位保持不变；农业现代化指数排位处于第28位，与2013年相比排位下降4位。

（2）从方案层指标的优势度看，人均GDP、三次产业结构、城镇化率、人均全社会消费品零售总额、单产农用化肥施用量是三门峡市经济发展指数中的优势指标，第一产业就业人数比重、劳均农作物播种面积是三门峡市经济发展指数中的劣势指标。

（3）从雷达图图形变化看，2014年与2013年相比，面积有所缩小，经济发展指数排位呈现下降态势。

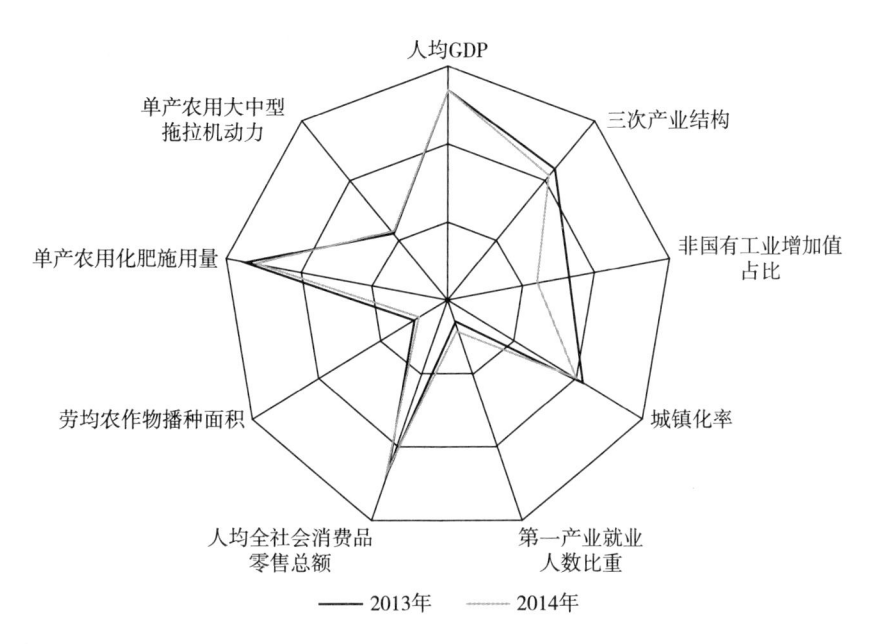

图 13-2 三门峡市 2013~2014 年经济发展指数及下层指标排位比较

（4）从排位变化的动因看，在第一产业就业人数比重指标排位上升和三次产业结构、非国有工业增加值占比、城镇化率、劳均农作物播种面积、单产农用化肥施用量指标排位下降的综合作用下，2014 年三门峡市经济发展指数排位下降 2 位，居中原经济区第 10 位。

三　三门峡市生态环境发展评价分析

2013~2014 年，三门峡市生态环境发展指数及其下层指标评价值和排位变化情况，如表 13-3 和图 13-3 所示。

表 13-3　三门峡市 2013~2014 年生态环境发展评价值及排名

指标	万元 GDP 能耗	按辖区面积平均的工业烟尘排放量	工业固体废物综合利用率	生态环境发展指数
2012 年	75.30	91.91	0.00	64.29
2013 年	76.63	91.91	0.00	65.13
2014 年	77.10	88.15	27.38	69.85
2013 年排名	17	12	30	25
2014 年排名	22	13	30	23
升降	-5	-1	0	2
优势度	劣势	中势	劣势	劣势
2014 年全排名	30	21	39	31

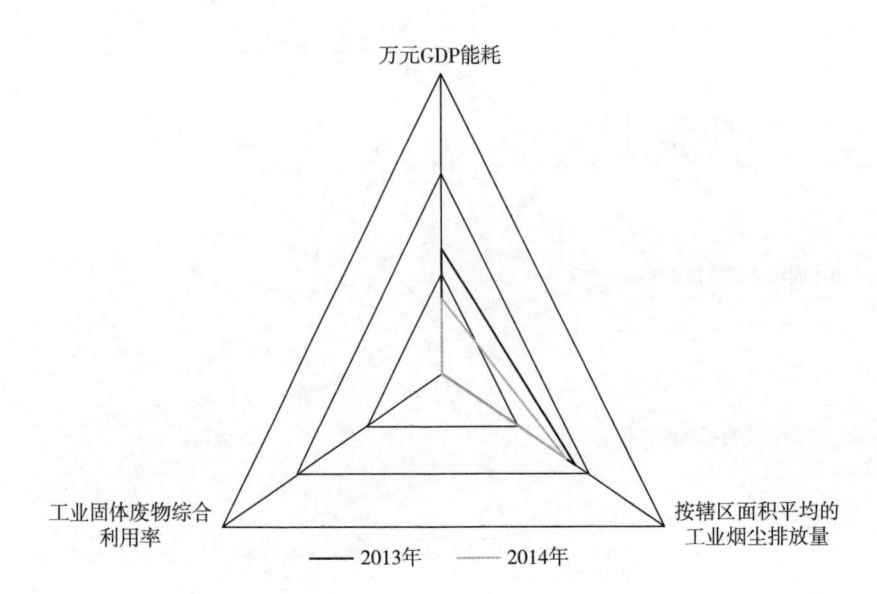

图 13-3 三门峡市 2013~2014 年生态环境发展指数及下层指标排位比较

(1) 2014 年三门峡市生态环境发展指数排位处于第 23 位，表明其在中原经济区处于劣势地位，与 2013 年相比排位上升 2 位。

(2) 从方案层指标的优势度看，按辖区面积平均的工业烟尘排放量是三门峡市生态环境发展指数中的中势指标，万元 GDP 能耗、工业固体废物综合利用率是三门峡市生态环境发展指数中的劣势指标。

(3) 从雷达图图形变化看，2014 年与 2013 年相比，面积略有缩小，生态环境发展指数排位呈现下降态势。

(4) 从排位变化的动因看，在万元 GDP 能耗、按辖区面积平均的工业烟尘排放量指标排位下降和工业固体废物综合利用率指标排位不变的综合作用下，2014 年三门峡市生态环境发展指数排位上升 2 位，居中原经济区第 23 位。

四　三门峡市社会环境发展评价分析

2013~2014 年，三门峡市社会环境发展指数及其下层指标评价值和排位变化情况，如表 13-4 和图 13-4 所示。

(1) 2014 年三门峡市社会环境发展指数排位处于第 5 位，表明其在中原经济区处于优势地位，与 2013 年相比排位不变。其中收入指数排位处于第 15 位，与 2013 年相比排位下降 1 位；健康指数排位处于第 2 位，与 2013 年相比排位不变；教育指数排位处于第 9 位，与 2013 年相比排位下降 1 位；城市生活环境指数排位处于第 10 位，与 2013 年相比排位下降 2 位。

(2) 从方案层指标的优势度看，城乡居民收入结构、每万人卫生技术人员数、每万人卫生机构床位数、人均教育经费、人均城市公园绿地面积是三门峡市社会环境发展中的优势指标，其余指标均是三门峡市社会环境发展指数中的中势指标。

表 13-4 三门峡市 2013~2014 年社会环境发展评价值及排名

指标	城乡居民收入结构	城镇居民人均可支配收入	农村居民人均纯收入	收入指数	每万人卫生技术人员数	每万人卫生机构床位数	健康指数	万人中小学专任教师数	人均教育经费	教育指数	人均城市公园绿地面积	人均城市道路面积	万人城市公共汽车数	城市生活环境指数	社会环境发展指数
2012年	16.08	27.23	26.00	22.59	44.38	67.64	56.01	50.85	29.92	40.38	28.69	18.96	111.04	19.97	32.65
2013年	18.11	28.52	28.19	24.94	47.63	69.30	58.46	48.55	29.03	38.79	60.66	39.20	7.96	44.44	36.05
2014年	19.90	32.54	31.54	27.99	52.29	73.25	62.77	45.88	33.61	39.75	51.71	32.98	20.20	34.96	37.52
2013年排名	11	21	14	14	2	2	2	9	2	8	2	15	12	8	5
2014年排名	10	19	15	15	2	2	2	12	3	9	6	15	12	10	5
升降	1	2	-1	-1	0	0	0	-3	-1	-1	-4	0	0	-2	0
优势度	优势	中势	中势	中势	优势	优势	优势	中势	优势	优势	中势	中势	中势	优势	优势
2014年全排名	15	21	19	19	4	3	3	18	3	14	8	24	17	16	8

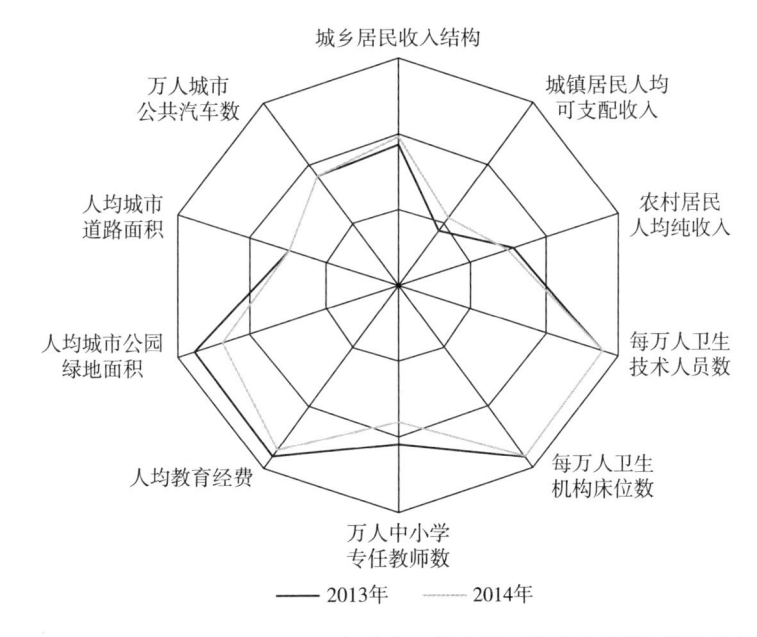

图 13-4 三门峡市 2013~2014 年社会环境发展指数及下层指标排位比较

(3) 从雷达图图形变化看,2014 年与 2013 年相比,面积基本不变,社会环境发展指数排位呈现平稳态势。

(4) 从排位变化的动因看,在城乡居民收入结构、城镇居民人均可支配收入指标排位上升和农村居民人均纯收入、万人中小学专任教师数、人均教育经费、人均城市公园绿地面积指标排位下降的综合作用下,2014 年三门峡市社会环境发展指数排位不变,居中原经济区第 5 位。

第14章
南阳市发展指数分析

一 南阳市发展评价分析

2013~2014年,南阳市发展指数及其下层指标评价值和排位变化情况,如表14-1和图14-1所示。

表14-1 南阳市2013~2014年发展评价值及排名

指标	经济发展指数	生态环境发展指数	社会环境发展指数	南阳市发展指数
2012年	25.96	86.81	22.90	33.58
2013年	27.97	87.28	28.45	37.83
2014年	30.12	91.19	32.00	40.68
2013年排名	24	9	24	22
2014年排名	24	5	22	21
升降	0	4	2	1
优势度	劣势	优势	劣势	劣势
2014年全排名	30	10	29	28

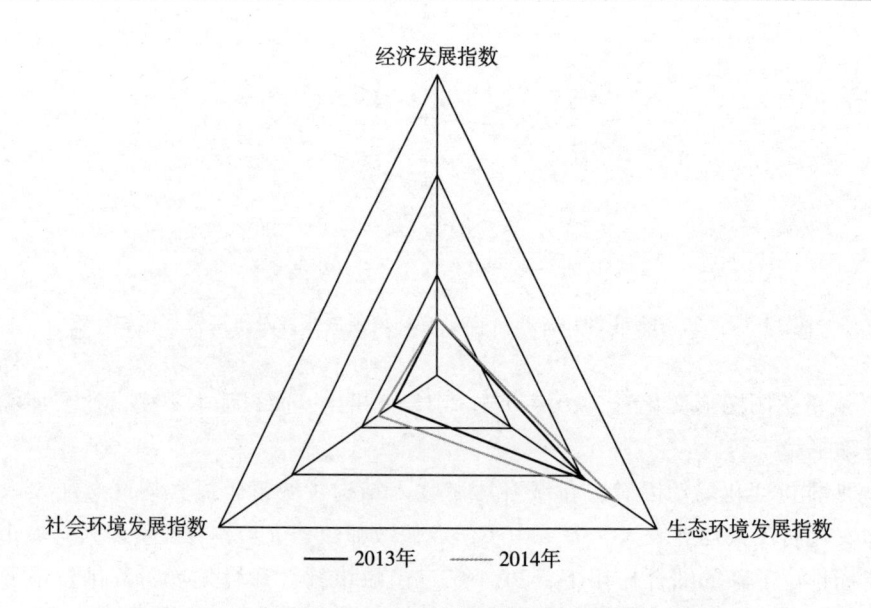

图14-1 南阳市2013~2014年发展指数及下层指标排位比较

（1）2014年南阳市发展指数排位处于第21位，表明其在中原经济区处于劣势地位，与2013年相比排位上升1位。

（2）从准则层指标的优势度看，生态环境发展指数是南阳市发展指数中的优势指标，经济发展指数、社会环境发展指数是南阳市发展指数中的劣势指标。

（3）从雷达图图形变化看，2014年与2013年相比，面积略有增大，南阳市发展指数排位呈上升发展趋势。

（4）从排位变化的动因看，在生态环境发展指数、社会环境发展指数指标排位上升和经济发展指数指标排位不变的综合作用下，2014年南阳市发展指数排位上升1位，居中原经济区第21位。

二 南阳市经济发展评价分析

2013~2014年，南阳市经济发展指数及其下层指标评价值和排位变化情况，如表14-2和图14-2所示。

表14-2 南阳市2013~2014年经济发展评价值及排名

指标	人均GDP	三次产业结构	非国有工业增加值占比	工业化指数	城镇化率	第一产业就业人数比重	人均全社会消费品零售总额	城镇化指数	劳均农作物播种面积	单产农用化肥施用量	单产农用大中型拖拉机动力	农业现代化指数	经济发展指数
2012年	37.19	41.86	54.41	41.57	14.24	24.39	35.50	19.14	27.52	5.17	12.65	22.92	25.96
2013年	37.26	42.21	61.28	43.05	16.61	25.41	37.64	21.21	30.73	17.23	14.86	26.97	27.97
2014年	39.25	43.92	64.98	45.33	18.85	27.18	41.30	23.49	30.17	18.49	17.33	27.00	30.12
2013年排名	21	22	20	20	23	29	14	23	13	6	18	10	24
2014年排名	21	22	22	22	23	30	13	24	10	9	15	10	24
升降	0	0	-2	-2	0	-1	1	-1	3	-3	3	0	0
优势度	劣势	劣势	劣势	劣势	劣势	劣势	中势	劣势	优势	优势	中势	优势	劣势
2014年全排名	27	27	31	27	26	37	14	28	17	14	23	18	30

（1）2014年南阳市经济发展指数排位处于第24位，表明其在中原经济区处于劣势地位，与2013年相比排位保持不变。其中工业化指数排位处于第22位，与2013年相比排位下降2位；城镇化指数排位处于第24位，与2013年相比排位下降1位；农业现代化指数排位处于第10位，与2013年相比排位保持不变。

（2）从方案层指标的优势度看，劳均农作物播种面积、单产农用化肥施用量是南阳市经济发展指数中的优势指标，人均GDP、三次产业结构、非国有工业增加值占比、城镇化率、第一产业就业人数占比指数均为南阳市经济发展指数中的劣势指标。

（3）从雷达图图形变化看，2014年与2013年相比，面积基本保持不变，南阳市经济

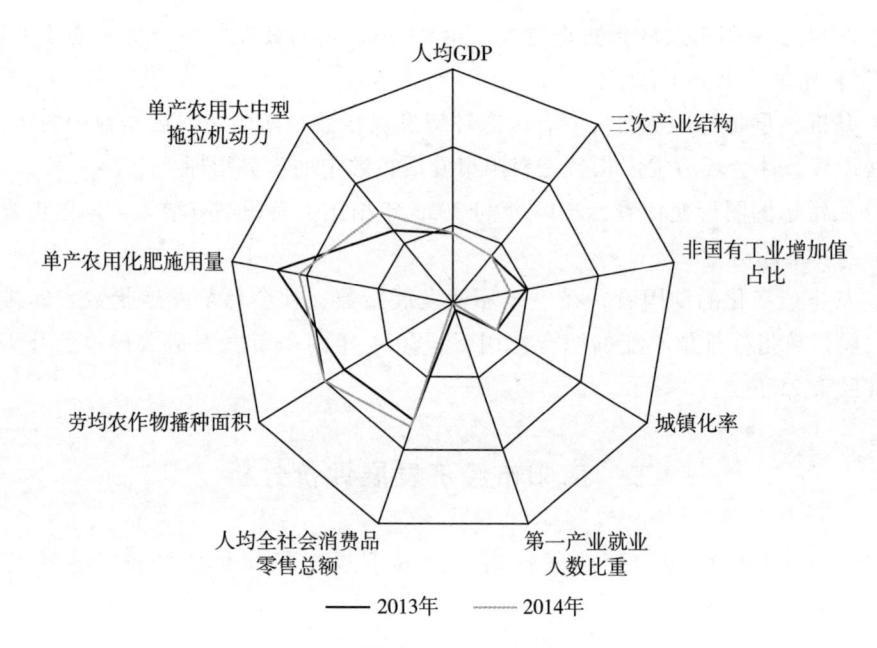

图 14-2 南阳市 2013~2014 年经济发展指数及下层指标排位比较

发展指数排位呈平稳态势。

（4）从排位变化的动因看，在单产农用化肥施用量、第一产业就业人数比重、非国有工业增加值占比指标排位下降和人均全社会消费品零售总额、劳均农作物播种面积、单产农用大中型拖拉机动力指标排位上升的综合作用下，2014 年南阳市经济发展指数排位保持不变，居中原经济区第 24 位。

三 南阳市生态环境发展评价分析

2013~2014 年，南阳市生态环境发展指数及其下层指标评价值和排位变化情况，如表 14-3 和图 14-3 所示。

表 14-3 南阳市 2013~2014 年生态环境发展评价值及排名

指标	万元 GDP 能耗	按辖区面积平均的工业烟尘排放量	工业固体废物综合利用率	生态环境发展指数
2012 年	93.18	98.10	54.28	86.81
2013 年	93.87	98.30	54.31	87.28
2014 年	94.83	96.90	73.34	91.19
2013 年排名	2	2	24	9
2014 年排名	2	2	24	5
升降	0	0	0	4
优势度	优势	优势	劣势	优势
2014 年全排名	7	4	33	10

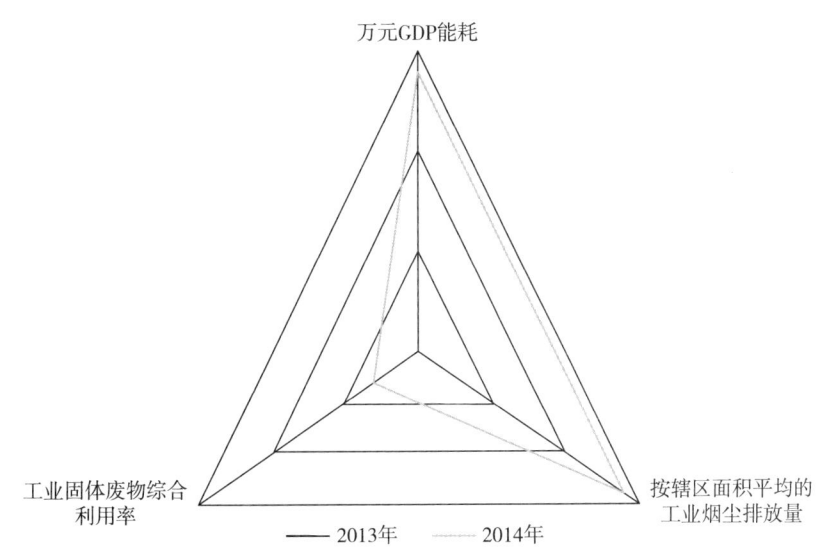

图 14-3　南阳市 2013~2014 年生态环境发展指数及下层指标排位比较

（1）2014 年南阳市生态环境发展指数排位处于第 5 位，表明其在中原经济区处于优势地位，与 2013 年相比排位上升 4 位。

（2）从方案层指标的优势度看，万元 GDP 能耗、按辖区面积平均的工业烟尘排放量是南阳市生态环境发展指数中的优势指标，工业固体废物综合利用率是南阳市生态环境发展指数中的劣势指标。

（3）从雷达图图形变化看，2014 年与 2013 年相比，面积保持不变，南阳市生态环境发展指数排位呈平稳发展态势。

（4）从排位变化的动因看，在按辖区面积平均的工业烟尘排放量、工业固体废物综合利用率及万元 GDP 能耗指标排位不变的综合作用下，2014 年南阳市生态环境发展指数排位上升 4 位，居中原经济区第 5 位。

四　南阳市社会环境发展评价分析

2013~2014 年，南阳市社会环境发展指数及其下层指标评价值和排位变化情况，如表 14-4 和图 14-4 所示。

（1）2014 年南阳市社会环境发展指数排位处于第 22 位，表明其在中原经济区处于劣势地位，与 2013 年相比排位上升 2 位。其中教育指数排位处于第 14 位，与 2013 年相比排位上升 4 位；城市生活环境指数排位处于第 11 位，与 2013 年相比排位上升了 5 位；健康指数排位处于第 25 位，与 2013 年相比排位下降 1 位；收入指数排位处于第 17 位，与 2013 年相比排位保持不变。

（2）从方案层指标的优势度看，人均城市公园绿地面积是南阳市社会环境发展指数中的优势指标，每万人卫生技术人员数、每万人卫生机构床位数、万人城市公共汽车数是南阳市社会环境发展指数中的劣势指标。

表 14-4　南阳市 2013~2014 年社会环境发展评价值及排名

指标	城乡居民收入结构	城镇居民人均可支配收入	农村居民人均纯收入	收入指数	每万人卫生技术人员数	每万人卫生机构床位数	健康指数	万人中小学专任教师数	人均教育经费	教育指数	人均城市公园绿地面积	人均城市道路面积	万人城市公共汽车数	城市生活环境指数	社会环境发展指数
2012 年	13.87	28.42	25.28	22.00	24.41	38.28	31.34	18.59	18.08	18.34	34.90	37.28	17.40	26.32	22.90
2013 年	14.80	30.68	27.37	24.28	29.30	44.92	37.11	39.77	18.86	29.32	52.60	37.74	2.41	31.69	28.45
2014 年	15.89	35.23	30.65	27.26	32.89	45.12	39.00	44.14	25.90	35.02	65.44	34.81	3.35	34.53	32.00
2013 年排名	15	16	17	17	23	25	24	16	20	18	4	17	27	16	24
2014 年排名	18	15	16	17	22	25	25	13	17	14	2	14	27	11	22
升降	-3	1	1	0	1	0	-1	3	3	4	2	3	0	5	2
优势度	中势	中势	中势	中势	劣势	劣势	劣势	中势	中势	中势	优势	中势	劣势	中势	劣势
2014 年全排名	26	16	20	21	27	32	32	19	18	20	2	21	36	17	29

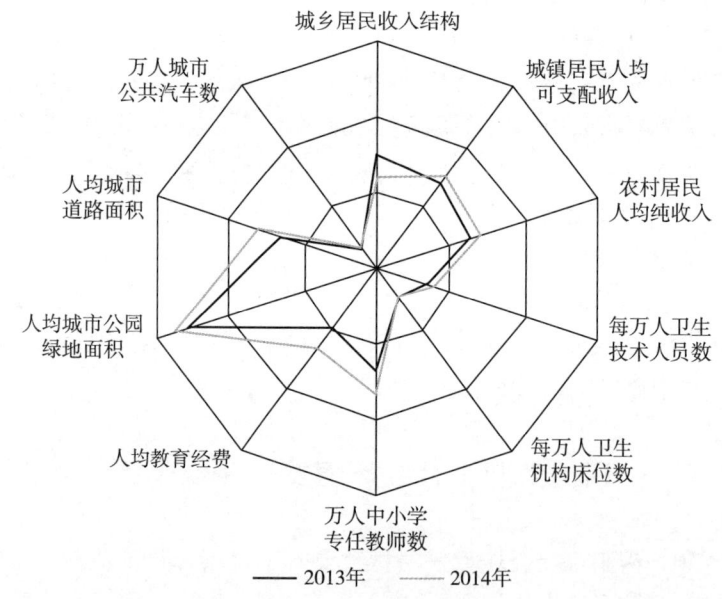

图 14-4　南阳市 2013~2014 年社会环境发展指数及下层指标排位比较

（3）从雷达图图形变化看，2014 年与 2013 年相比，面积有所增大，南阳市社会环境发展指数排位呈上升趋势。

（4）从排位变化的动因看，在城镇居民人均可支配收入、农村居民人均纯收入、每万人卫生技术人员数、万人中小学专任教师数、人均教育经费、人均城市道路面积、人均城市公园绿地面积指标排位上升和城乡居民收入结构指标排位下降的综合作用下，2014年南阳市社会环境发展指数排位上升 2 位，居中原经济区第 22 位。

第15章
商丘市发展指数分析

一 商丘市发展评价分析

2013~2014年,商丘市发展指数及其下层指标评价值和排位变化情况,如表15-1和图15-1所示。

表15-1 商丘市2013~2014年发展评价值及排名

指标	经济发展指数	生态环境发展指数	社会环境发展指数	商丘市发展指数
2012年	21.15	85.53	24.36	29.81
2013年	24.11	86.19	31.12	36.38
2014年	25.91	88.15	32.82	38.16
2013年排名	27	10	16	25
2014年排名	28	10	21	25
升降	-1	0	-5	0
优势度	劣势	优势	劣势	劣势
2014年全排名	35	17	27	32

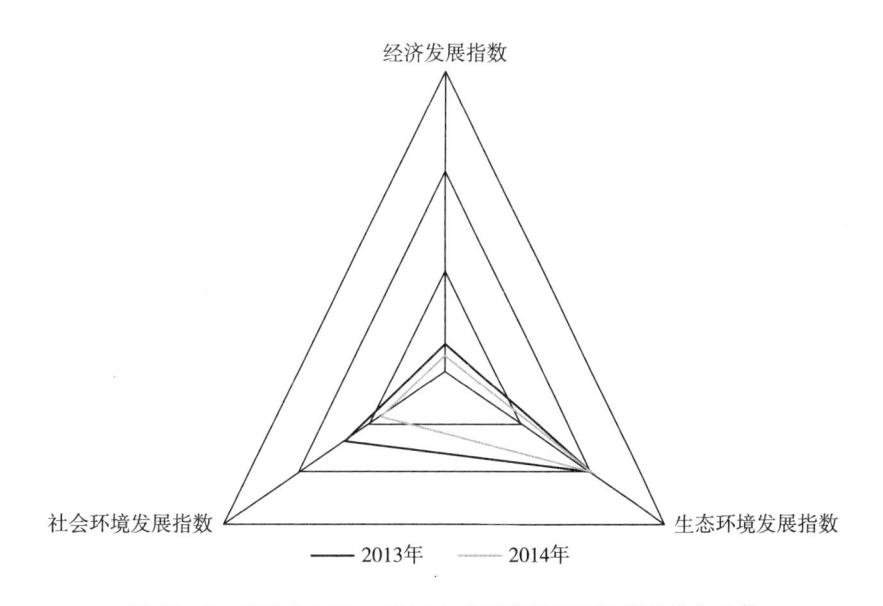

图15-1 商丘市2013~2014年发展指数及下层指标排位比较

（1）2014年商丘市发展指数排位处于第25位，表明其在中原经济区处于劣势地位，与2013年相比排位保持不变。

（2）从准则层指标的优势度看，生态环境发展指数是商丘市发展指数中的优势指标，经济发展指数和社会环境发展指数是商丘市发展指数中的劣势指标。

（3）从雷达图图形变化看，2014年与2013年相比，面积有所缩小，商丘发展指数排位呈现下降趋势。

（4）从排位变化的动因看，在经济发展指数、社会环境发展指数指标排位下降和生态环境发展指数排位保持不变的综合作用下，2014年商丘市发展指数排位保持不变，居中原经济区第25位。

二 商丘市经济发展评价分析

2013~2014年，商丘市经济发展指数及其下层指标评价值和排位变化情况，如表15-2和图15-2所示。

表15-2 商丘市2013~2014年经济发展评价值及排名

指标	人均GDP	三次产业结构	非国有工业增加值占比	工业化指数	城镇化率	第一产业就业人数比重	人均全社会消费品零售总额	城镇化指数	劳均农作物播种面积	单产农用化肥施用量	单产农用大中型拖拉机动力	农业现代化指数	经济发展指数
2012年	30.39	23.97	38.24	30.68	8.33	32.17	23.52	16.15	35.60	7.37	10.96	28.81	21.15
2013年	31.69	26.89	53.94	35.18	10.71	34.04	26.14	18.48	36.70	16.76	11.66	30.99	24.11
2014年	34.61	27.70	58.18	37.94	13.38	34.32	29.34	20.58	27.07	18.65	12.63	24.30	25.91
2013年排名	26	24	23	27	27	20	26	26	8	7	22	7	27
2014年排名	24	25	25	28	27	19	25	26	13	8	22	11	28
升降	2	-1	-2	-1	0	1	1	0	-5	-1	0	-4	-1
优势度	劣势	劣势	劣势	劣势	劣势	中势	劣势	劣势	中势	优势	劣势	中势	劣势
2014年全排名	31	31	34	36	31	26	31	33	20	13	30	19	35

（1）2014年商丘市经济发展指数排位处于第28位，表明其在中原经济区处于劣势地位，与2013年相比排位下降1位。其中工业化指数排位处于第28位，与2013年相比排位下降1位；城镇化指数排位处于第26位，与2013年相比排位保持不变；农业现代化指数排位处于第11位，与2013年相比排位下降4位。

（2）从方案层指标的优势度看，单产农用化肥施用量是商丘市经济发展指数中的优势指标，第一产业就业人数比重、劳均农作物播种面积是商丘市经济发展指数中的中势指标，其余均为劣势指标。

（3）从雷达图图形变化看，2014年与2013年相比，面积基本保持不变，商丘市经济

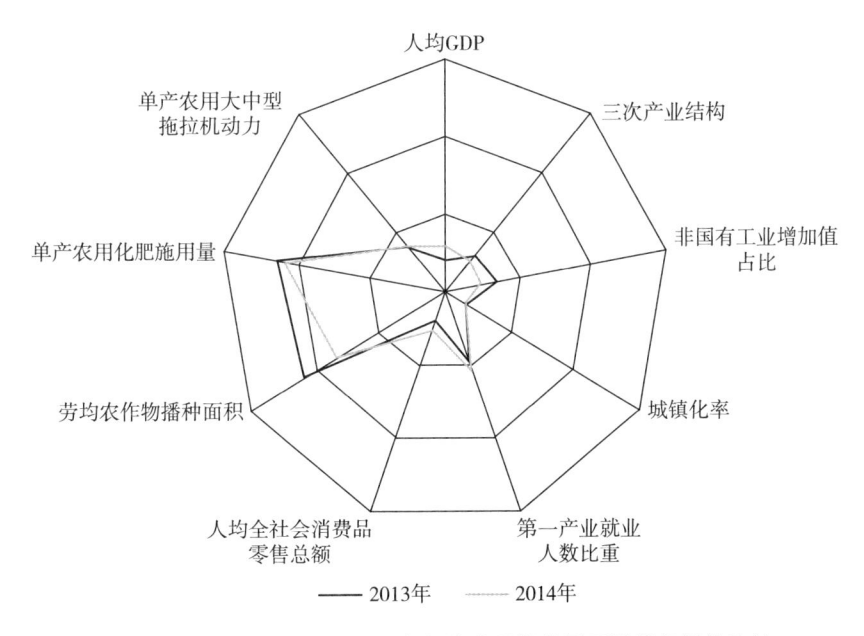

图 15-2　商丘市 2013~2014 年经济发展指数及下层指标排位比较

发展指数排位呈现平稳态势。

（4）从排位变化的动因看，在三次产业结构、非国有工业增加值占比、劳均农作物播种面积、单产农用化肥施用量指标排位下降和人均 GDP、第一产业就业人数比重、人均全社会消费品零售总额指标排位上升的综合作用下，2014 年商丘市经济发展指数排位下降 1 位，居中原经济区第 28 位。

三　商丘市生态环境发展评价分析

2013~2014 年，商丘市生态环境发展指数及其下层指标评价值和排位变化情况，如表 15-3 和图 15-3 所示。

表 15-3　商丘市 2013~2014 年生态环境发展评价值及排名

指标	万元 GDP 能耗	按辖区面积平均的工业烟尘排放量	工业固体废物综合利用率	生态环境发展指数
2012 年	80.79	87.32	99.56	85.53
2013 年	81.99	87.88	98.47	86.19
2014 年	84.84	87.74	99.61	88.15
2013 年排名	13	15	7	10
2014 年排名	12	15	7	10
升降	1	0	0	0
优势度	中势	中势	优势	优势
2014 年全排名	18	23	14	17

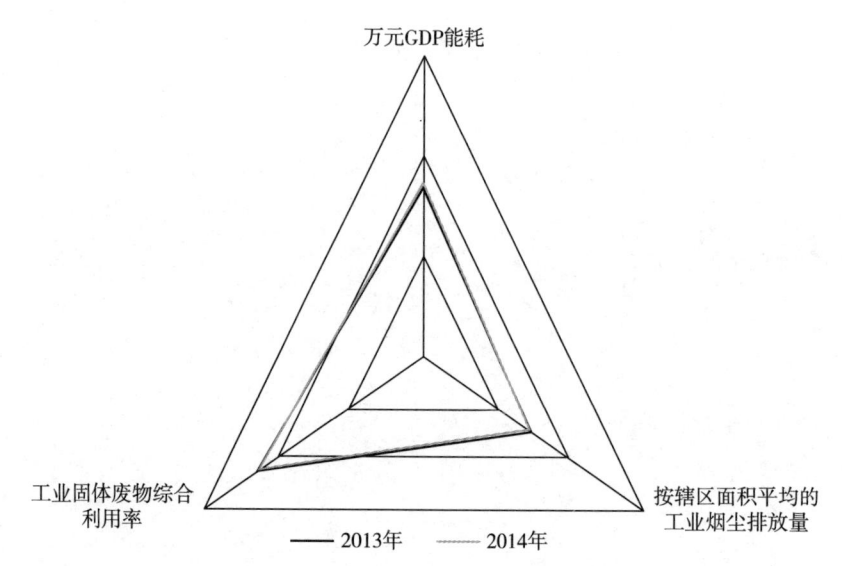

图 15-3　商丘市 2013~2014 年生态环境发展指数及下层指标排位比较

（1）2014 年商丘市生态环境发展指数排位处于第 10 位，表明其在中原经济区处于优势地位，与 2013 年相比排位保持不变。

（2）从方案层指标的优势度看，万元 GDP 能耗、按辖区面积平均的工业烟尘排放量是商丘市生态环境发展指数中的中势指标，工业固体废物综合利用率是商丘市生态环境发展指数中的优势指标。

（3）从雷达图图形变化看，2014 年与 2013 年相比，面积基本不变，商丘市生态环境发展指数排位呈平稳态势。

（4）从排位变化的动因看，在工业固体废物综合利用率、按辖区面积平均的工业烟尘排放量指标排位不变和万元 GDP 能耗指标排位上升的综合作用下，2014 年商丘市生态环境发展指数排位保持不变，居中原经济区第 10 位。

四　商丘市社会环境发展评价分析

2013~2014 年，商丘市社会环境发展指数及其下层指标评价值和排位变化情况，如表 15-4 和图 15-4 所示。

（1）2014 年商丘市社会环境发展指数排位处于第 21 位，表明其在中原经济区处于劣势地位，与 2013 年相比排位下降 5 位。其中教育指数排位处于第 2 位，与 2013 年相比排位保持不变；城市生活环境指数排位处于第 28 位，与 2013 年相比排位下降 2 位；健康指数排位处于第 22 位，与 2013 年相比排位下降 1 位；收入指数排位处于第 29 位，与 2013 年相比排位下降 1 位。

（2）从方案层指标的优势度看，万人中小学专任教师数、人均教育经费是商丘市社会环境发展指数中的优势指标，每万人卫生技术人员数、万人城市公共汽车数是商丘市社会环境发展指数中的中势指标，其余均为商丘市社会环境发展指数中的劣势指标。

表 15-4 商丘市 2013~2014 年社会环境发展评价值及排名

指标	城乡居民收入结构	城镇居民人均可支配收入	农村居民人均纯收入	收入指数	每万人卫生技术人员数	每万人卫生机构床位数	健康指数	万人中小学专任教师数	人均教育经费	教育指数	人均城市公园绿地面积	人均城市道路面积	万人城市公共汽车数	城市生活环境指数	社会环境发展指数
2012 年	7.35	24.26	18.43	16.11	28.48	36.39	32.44	56.01	22.25	39.13	2.06	18.03	44.10	8.15	24.36
2013 年	8.22	26.27	20.43	18.31	34.92	47.89	41.41	83.49	22.28	52.89	3.35	10.50	6.48	13.22	31.12
2014 年	8.68	31.22	23.58	21.16	37.85	45.58	41.71	81.19	28.98	55.08	17.15	0.00	13.59	10.25	32.82
2013 年排名	25	25	27	28	20	20	21	2	11	2	29	29	17	26	16
2014 年排名	29	21	29	29	20	24	22	2	7	2	26	30	19	28	21
升降	-4	4	-2	-1	0	-4	-1	0	4	0	3	-1	-2	-2	-5
优势度	劣势	劣势	劣势	劣势	中势	劣势	劣势	优势	优势	优势	劣势	劣势	中势	劣势	劣势
2014 年全排名	39	23	36	36	23	31	28	3	7	3	36	40	26	38	27

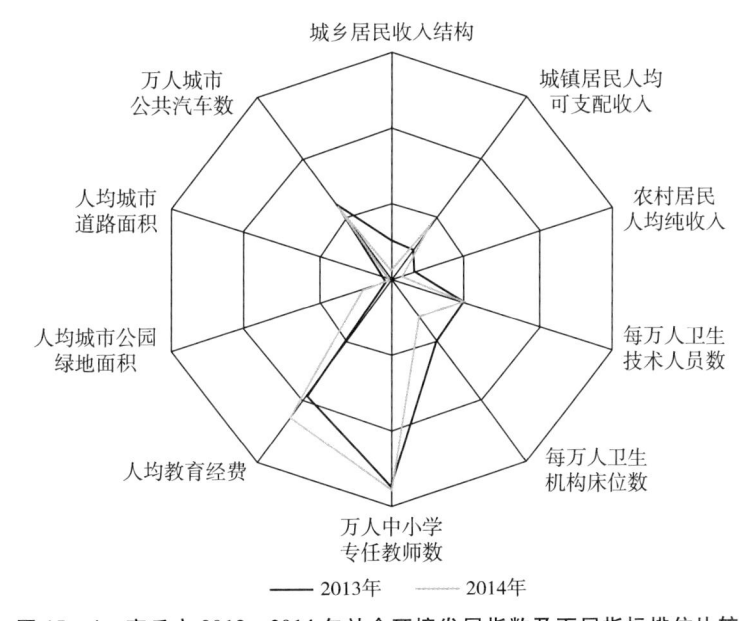

图 15-4 商丘市 2013~2014 年社会环境发展指数及下层指标排位比较

（3）从雷达图图形变化看，2014 年与 2013 年相比，面积略微缩小，商丘市社会环境发展指数排位呈现下降态势。

（4）从排位变化的动因看，在城镇居民人均可支配收入、人均教育经费和人均城市公园绿地面积指标排位上升和城乡居民收入结构、农村居民人均纯收入、每万人卫生机构床位数和人均城市道路面积、万人城市公共汽车数指标排位下降的综合作用下，2014 年商丘市生态环境发展指数排位下降 5 位，居中原经济区第 21 位。

第 16 章
信阳市发展指数分析

一 信阳市发展评价分析

2013~2014 年,信阳市发展指数及其下层指标评价值和排位变化情况,如表 16-1 和图 16-1 所示。

表 16-1 信阳市 2013~2014 年发展评价值及排名

指标	经济发展指数	生态环境发展指数	社会环境发展指数	信阳市发展指数
2012 年	27.51	91.01	27.55	34.89
2013 年	30.18	91.55	30.20	40.26
2014 年	31.83	91.80	33.55	42.16
2013 年排名	22	3	18	19
2014 年排名	23	3	13	18
升降	-1	0	5	1
优势度	劣势	优势	中势	中势
2014 年全排名	28	8	19	22

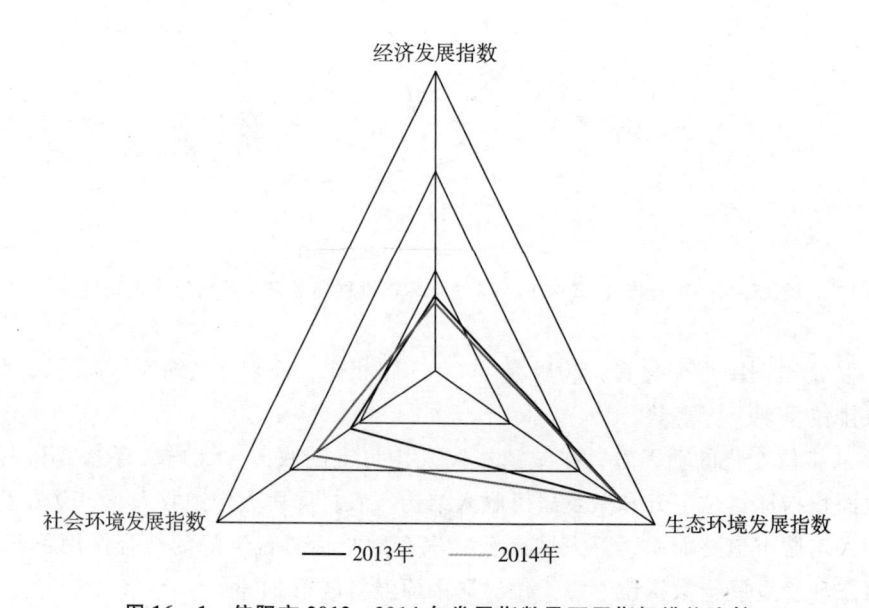

图 16-1 信阳市 2013~2014 年发展指数及下层指标排位比较

（1）2014年信阳市发展指数排位处于第18位，表明其在中原经济区处于中势地位，与2013年相比排位上升1位。

（2）从准则层指标的优势度看，生态环境发展指数是信阳市发展指数中的优势指标，社会环境发展指数是信阳市发展指数中的中势指标，经济发展指数是信阳市发展指数中的劣势指标。

（3）从雷达图图形变化看，2014年与2013年相比，面积略微增大，信阳发展指数排位呈上升趋势。

（4）从排位变化的动因看，在经济发展指数指标排位下降和社会环境发展指数指标排位上升的综合作用下，2014年信阳市发展指数排位上升1位，居中原经济区第18位。

二 信阳市经济发展评价分析

2013~2014年，信阳市经济发展指数及其下层指标评价值和排位变化情况，如表16-2和图16-2所示。

表16-2 信阳市2013~2014年经济发展评价值及排名

指标	人均GDP	三次产业结构	非国有工业增加值占比	工业化指数	城镇化率	第一产业就业人数比重	人均全社会消费品零售总额	城镇化指数	劳均农作物播种面积	单产农用化肥施用量	单产农用大中型拖拉机动力	农业现代化指数	经济发展指数
2012年	36.04	10.10	79.41	39.53	16.69	32.64	31.92	22.46	29.51	4.02	3.56	22.75	27.51
2013年	37.35	11.87	86.99	42.18	19.11	36.50	33.47	25.21	31.51	4.96	5.57	24.61	30.18
2014年	40.34	17.21	88.77	45.40	21.56	33.76	36.72	26.40	29.46	5.47	7.71	23.39	31.83
2013年排名	20	30	5	22	22	14	18	22	11	21	30	13	22
2014年排名	20	30	6	21	22	20	17	22	11	25	30	13	23
升降	0	0	-1	1	0	-6	1	0	0	-4	0	0	-1
优势度	中势	劣势	优势	劣势	劣势	中势	中势	劣势	中势	劣势	劣势	中势	劣势
2014年全排名	26	36	14	26	23	27	19	26	18	33	40	21	28

（1）2014年信阳市经济发展指数排位处于第23位，表明其在中原经济区处于劣势地位，与2013年相比排位下降1位。其中工业化指数排位处于第21位，与2013年相比排位上升1位；城镇化指数排位处于第22位，与2013年相比排位保持不变；农业现代化指数排位处于第13位，与2013年相比排位保持不变。

（2）从方案层指标的优势度看，非国有工业增加值占比是信阳市经济发展指数中的优势指标，三次产业结构、城镇化率、单产农用化肥施用量、单产农用大中型拖拉机动力是信阳市经济发展指数中的劣势指标，其余指标是信阳市经济发展指数中的中势指标。

（3）从雷达图图形变化看，2014年与2013年相比，面积明显缩小，信阳市经济发展

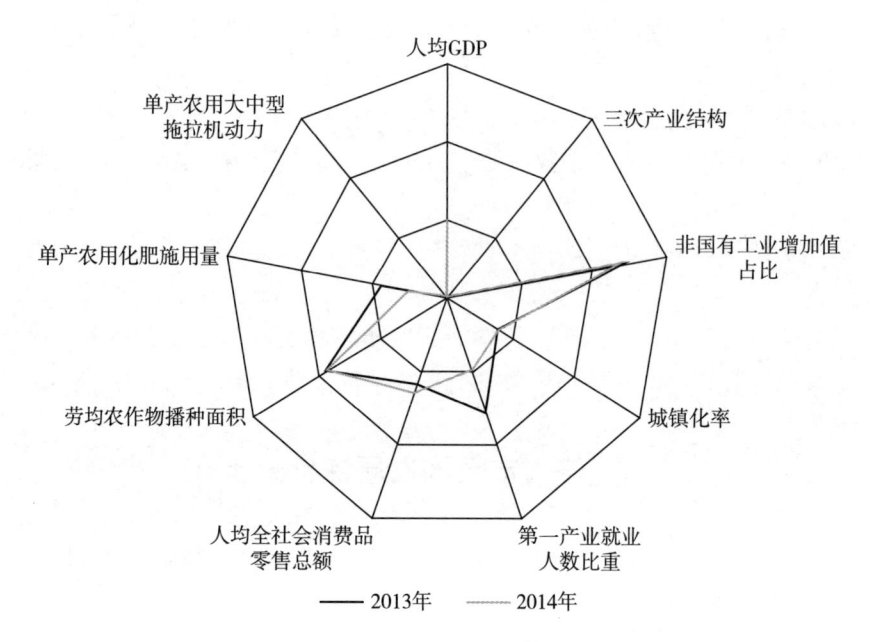

图 16-2 信阳市 2013~2014 年经济发展指数及下层指标排位比较

指数排位呈下降趋势。

（4）从排位变化的动因看，在人均全社会消费品零售总额指标排位上升和第一产业就业人数比重、非国有工业增加值占比、单产农用化肥施用量指标排位下降的综合作用下，2014 年信阳市经济发展指数排位下降 1 位，居中原经济区第 23 位。

三 信阳市生态环境发展评价分析

2013~2014 年，信阳市生态环境发展指数及其下层指标评价值和排位变化情况，如表 16-3 和图 16-3 所示。

表 16-3 信阳市 2013~2014 年生态环境发展评价值及排名

指标	万元 GDP 能耗	按辖区面积平均的工业烟尘排放量	工业固体废物综合利用率	生态环境发展指数
2012 年	86.37	99.46	98.04	91.01
2013 年	87.36	98.89	98.18	91.55
2014 年	88.14	96.76	99.06	91.80
2013 年排名	8	1	8	3
2014 年排名	9	3	9	3
升降	-1	-2	-1	0
优势度	优势	优势	优势	优势
2014 年全排名	15	6	16	8

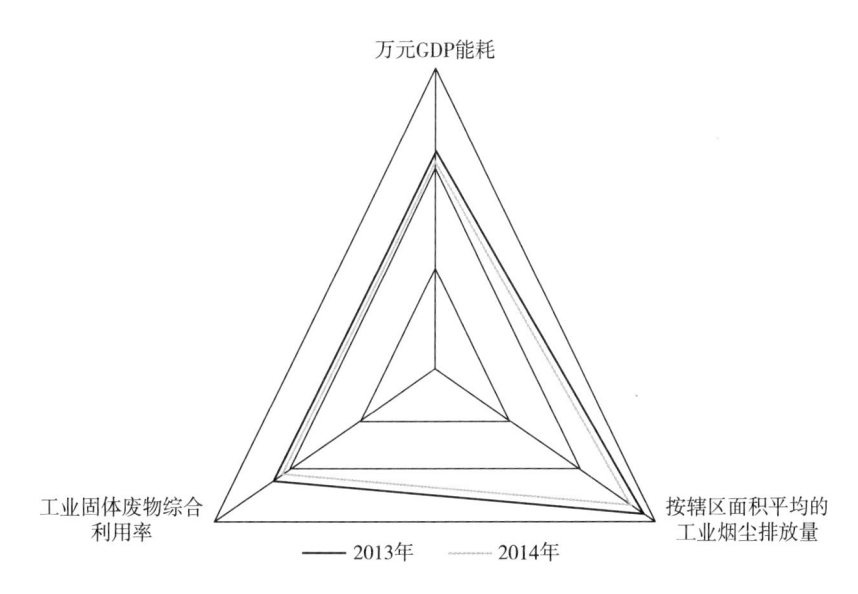

图 16-3　信阳市 2013~2014 年生态环境发展指数及下层指标排位比较

（1）2014 年信阳市生态环境发展指数排位处于第 3 位，表明其在中原经济区处于优势地位，与 2013 年相比排位保持不变。

（2）从方案层指标的优势度看，万元 GDP 能耗、按辖区面积平均的工业烟尘排放量、工业固体废物综合利用率指标均是信阳市生态环境发展指数中的优势指标。

（3）从雷达图图形变化看，2014 年与 2013 年相比，面积略微缩小，信阳市生态环境发展指数排位呈现下降态势。

（4）从排位变化的动因看，在万元 GDP 能耗、工业固体废物综合利用率、按辖区面积平均的工业烟尘排放量指标排位下降的综合作用下，2014 年信阳市生态环境发展指数排位保持不变，居中原经济区第 3 位。

四　信阳市社会环境发展评价分析

2013~2014 年，信阳市社会环境发展指数及其下层指标评价值和排位变化情况，如表 16-4 和图 16-4 所示。

（1）2014 年信阳市社会环境发展指数排位处于第 13 位，表明其在中原经济区处于中势地位，与 2013 年相比排位上升 5 位。其中教育指数排位处于第 1 位，与 2013 年相比排位保持不变；城市生活环境指数排位处于第 25 位，与 2013 年相比排位上升 5 位；健康指数排位处于第 29 位，与 2013 年相比排位保持不变；收入指数排位处于第 23 位，与 2013 年相比排位下降 1 位。

（2）从方案层指标的优势度看，万人中小学专任教师数、人均教育经费、人均城市公园绿地面积是信阳市社会环境发展指数中的优势指标，城乡居民收入结构是信阳市社会环境发展指数中的中势指标，其余均为信阳市社会环境发展指数中的劣势指标。

表 16-4　信阳市 2013~2014 年社会环境发展评价值及排名

指标	城乡居民收入结构	城镇居民人均可支配收入	农村居民人均纯收入	收入指数	每万人卫生技术人员数	每万人卫生机构床位数	健康指数	万人中小学专任教师数	人均教育经费	教育指数	人均城市公园绿地面积	人均城市道路面积	万人城市公共汽车数	城市生活环境指数	社会环境发展指数
2012 年	15.22	20.46	21.59	18.57	17.11	25.29	21.20	65.18	23.27	44.23	24.95	65.51	20.45	33.63	27.55
2013 年	16.75	22.80	24.11	21.22	20.77	31.18	25.98	89.92	23.78	56.85	9.89	0.00	1.83	3.86	30.20
2014 年	17.53	27.44	27.23	24.07	23.81	30.93	27.37	87.34	28.97	58.15	51.71	4.27	0.85	18.94	33.55
2013 年排名	13	28	21	22	29	28	29	1	7	1	26	30	28	30	18
2014 年排名	15	28	22	23	29	29	29	1	8	1	6	29	28	25	13
升降	-2	0	-1	-1	0	-1	0	0	-1	0	20	1	0	5	5
优势度	中势	劣势	劣势	劣势	劣势	劣势	劣势	优势	优势	优势	优势	劣势	劣势	劣势	中势
2014 年全排名	22	31	28	29	38	38	38	2	8	1	8	39	38	34	19

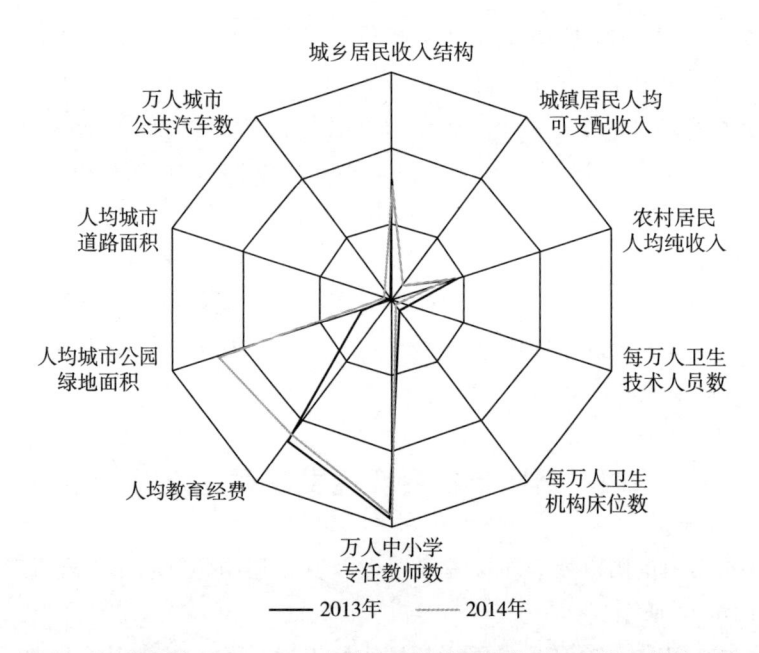

图 16-4　信阳市 2013~2014 年社会环境发展指数及下层指标排位比较

（3）从雷达图图形变化看，2014 年与 2013 年相比，面积明显增大，信阳市社会环境发展指数排位呈上升趋势。

（4）从排位变化的动因看，在城乡居民收入结构、农村居民人均纯收入、每万人卫生机构床位数、人均教育经费指标排位下降和人均城市公园绿地面积、人均城市道路面积指标排位上升的综合作用下，2014 年信阳市社会环境发展指数排位上升 5 位，居中原经济区第 13 位。

第17章
周口市发展指数分析

一 周口市发展评价分析

2013~2014年,周口市发展指数及其下层指标评价值和排位变化情况,如表17-1和图17-1所示。

表17-1 周口市2013~2014年发展评价值及排名

指标	经济发展指数	生态环境发展指数	社会环境发展指数	周口市发展指数
2012年	21.90	95.31	24.99	32.05
2013年	24.52	95.53	27.21	36.97
2014年	27.06	96.59	29.90	39.29
2013年排名	26	1	26	24
2014年排名	26	1	25	24
升降	0	0	1	0
优势度	劣势	优势	劣势	劣势
2014年全排名	33	4	32	31

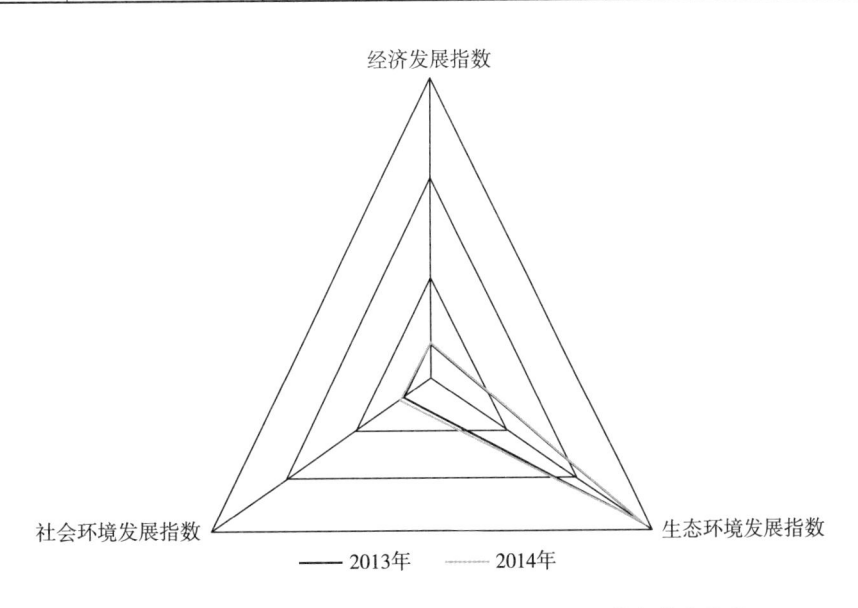

图17-1 周口市2013~2014年发展指数及下层指标排位比较

（1）2014年周口市发展指数排位处于第24位，表明其在中原经济区处于劣势地位，与2013年相比排位没有发生变化。

（2）从准则层指标的优势度看，生态环境发展指数是周口市发展指数中的优势指标，经济发展指数和社会环境发展指数是周口市发展指数中的劣势指标。

（3）从雷达图图形变化看，2014年与2013年相比，面积基本不变，周口市发展指数排位呈现稳定态势。

（4）从排位变化的动因看，在生态环境发展指数、经济发展指数排位保持不变和社会环境发展指数排位上升的综合作用下，2014年周口市发展指数排位保持不变，居中原经济区第24位。

二　周口市经济发展评价分析

2013~2014年，周口市经济发展指数及其下层指标评价值和排位变化情况，如表17-2和图17-2所示。

表17-2　周口市2013~2014年经济发展评价值及排名

指标	人均GDP	三次产业结构	非国有工业增加值占比	工业化指数	城镇化率	第一产业就业人数比重	人均全社会消费品零售总额	城镇化指数	劳均农作物播种面积	单产农用化肥施用量	单产农用大中型拖拉机动力	农业现代化指数	经济发展指数
2012年	27.91	11.91	94.12	37.96	8.24	27.24	23.65	14.83	24.09	2.49	8.50	19.44	21.90
2013年	30.48	17.66	97.08	41.23	10.36	29.81	26.29	17.17	26.69	7.30	9.08	21.78	24.52
2014年	33.53	24.25	97.31	44.43	12.84	31.29	29.10	19.43	28.97	10.93	10.31	24.19	27.06
2013年排名	27	27	1	24	29	25	25	28	14	17	27	16	26
2014年排名	27	27	1	24	29	25	26	29	12	16	26	12	26
升降	0	0	0	0	0	0	-1	-1	2	1	1	4	0
优势度	劣势	劣势	优势	劣势	劣势	劣势	劣势	劣势	中势	中势	劣势	中势	劣势
2014年全排名	35	33	4	29	33	32	32	36	19	24	36	20	33

（1）2014年周口市经济发展指数排位处于第26位，表明其在河南省处于劣势地位，与2013年相比排位保持不变。其中工业化指数排位处于第24位，与2013年相比排位保持不变；城镇化指数排位处于第29位，与2013年相比排位下降1位；农业现代化指数排位处于第12位，与2013年相比排位上升4位。

（2）从方案层指标的优势度看，非国有工业增加值占比是周口市经济发展指数中的优势指标，劳均农作物播种面积、单产农用化肥施用量是周口市经济发展指数中的中势指标，其余均为劣势指标。

（3）从雷达图图形变化看，2014年与2013年相比，面积略微增大，周口市经济发

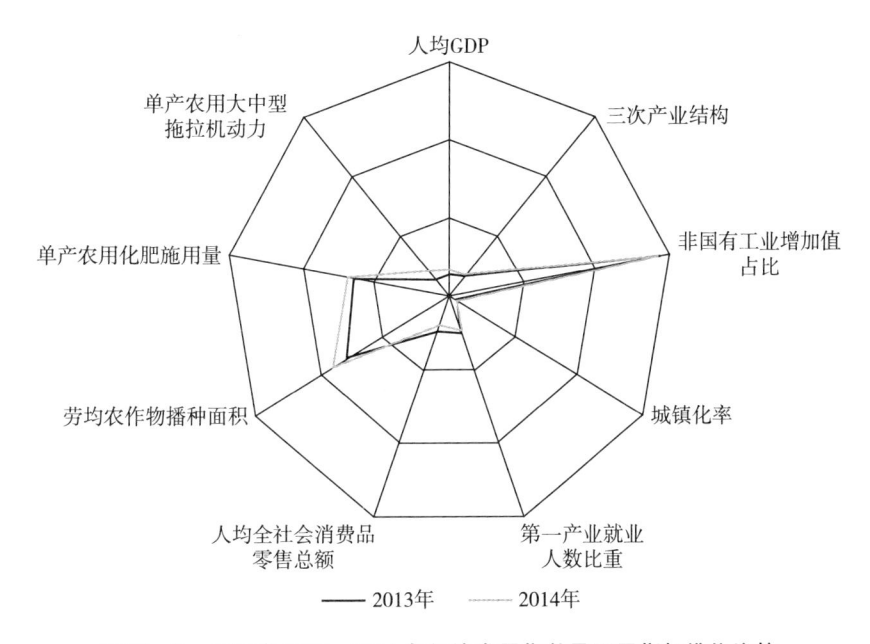

图 17-2 周口市 2013~2014 年经济发展指数及下层指标排位比较

指数呈上升态势。

（4）从排位变化的动因看，在劳均农作物播种面积、单产农用化肥施用量、单产农用大中型拖拉机动力指标排位上升和人均全社会消费品零售总额指标排位下降的综合作用下，2014年周口市经济发展指数排位没有发生变化，居中原经济区第26位。

三 周口市生态环境发展评价分析

2013~2014年，周口市生态环境发展指数及其下层指标评价值和排位变化情况，如表17-3和图17-3所示。

表 17-3 周口市 2013~2014 年生态环境发展评价值及排名

指标	万元 GDP 能耗	按辖区面积平均的工业烟尘排放量	工业固体废物综合利用率	生态环境发展指数
2012 年	94.67	97.63	95.12	95.31
2013 年	95.40	97.75	93.76	95.53
2014 年	96.66	98.06	94.89	96.59
2013 年排名	1	4	14	1
2014 年排名	1	1	14	1
升降	0	3	0	0
优势度	优势	优势	中势	优势
2014 年全排名	5	3	22	4

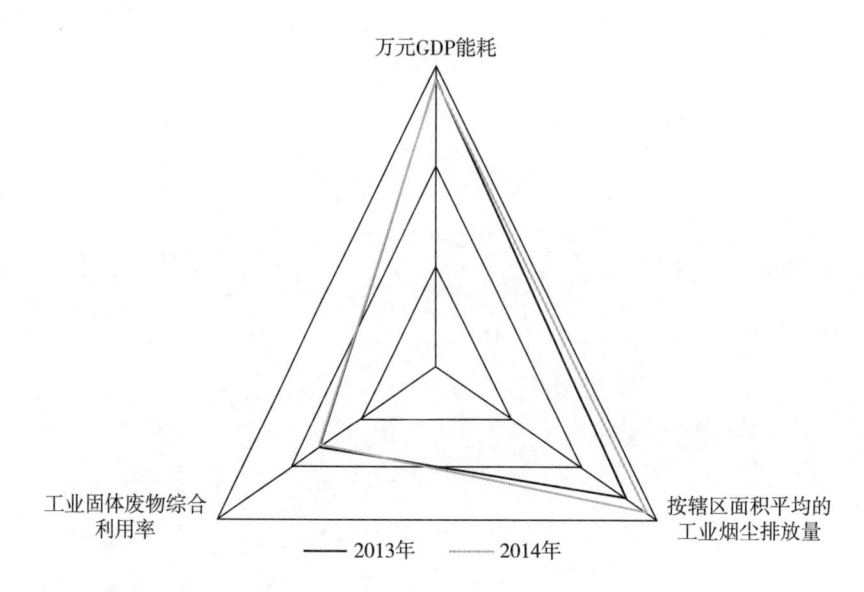

图 17-3　周口市 2013~2014 年生态环境发展指数及下层指标排位比较

（1）2014 年周口市生态环境发展指数排位处于第 1 位，表明其在河南省处于优势地位，与 2013 年相比排位不变。

（2）从方案层指标的优势度看，万元 GDP 能耗、按辖区面积平均的工业烟尘排放量是周口市生态环境发展指数中的优势指标，工业固体废物综合利用率是周口市生态环境发展指数中的中势指标。

（3）从雷达图图形变化看，2014 年与 2013 年相比，面积略微增大，周口市生态环境发展指数排位呈上升态势。

（4）从排位变化的动因看，在按辖区面积平均的工业烟尘排放量指标排位上升和其余指标排位不变的综合作用下，2014 年周口市生态环境发展指数排位不变，仍居中原经济区第 1 位。

四　周口市社会环境发展评价分析

2013~2014 年，周口市社会环境发展指数及其下层指标评价值和排位变化情况，如表 17-4 和图 17-4 所示。

（1）2014 年周口市社会环境发展指数排位处于第 25 位，表明其在河南省处于劣势地位，与 2013 年相比排位上升 1 位。其中城市生活环境指数排位处于第 15 位，与 2013 年相比排位上升 7 位；健康指数排位处于第 26 位，与 2013 年相比排位没有变化；收入指数排位处于第 30 位，与 2013 年相比排位不变。

（2）从方案层指标的优势度看，人均城市道路面积、万人中小学专任教师数是周口市社会环境发展指数中的优势指标，人均教育经费、人均城市公园绿地面积是周口市社会环境发展指数中的中势指标，其余均为劣势指标。

表 17-4 周口市 2013~2014 年社会环境发展评价值及排名

指标	城乡居民收入结构	城镇居民人均可支配收入	农村居民人均纯收入	收入指数	每万人卫生技术人员数	每万人卫生机构床位数	健康指数	万人中小学专任教师数	人均教育经费	教育指数	人均城市公园绿地面积	人均城市道路面积	万人城市公共汽车数	城市生活环境指数	社会环境发展指数
2012 年	10.87	17.61	17.11	14.65	24.20	32.66	28.43	48.50	22.46	35.48	14.21	89.68	100.00	39.07	24.99
2013 年	12.23	18.99	19.06	16.76	25.80	37.21	31.51	62.43	21.56	42.00	15.92	53.32	4.33	27.97	27.21
2014 年	13.23	23.48	22.27	19.66	28.17	40.88	34.52	62.47	26.07	44.27	35.31	47.91	7.89	30.37	29.90
2013 年排名	19	30	30	30	26	27	26	6	14	6	22	9	24	22	26
2014 年排名	21	30	30	30	26	26	26	6	16	5	18	10	24	15	25
升降	-2	0	0	0	0	1	0	0	-2	1	4	-1	0	7	1
优势度	劣势	劣势	劣势	劣势	劣势	劣势	劣势	优势	中势	优势	中势	优势	劣势	中势	劣势
2014 年全排名	30	37	38	38	33	34	34	11	17	10	23	13	32	21	32

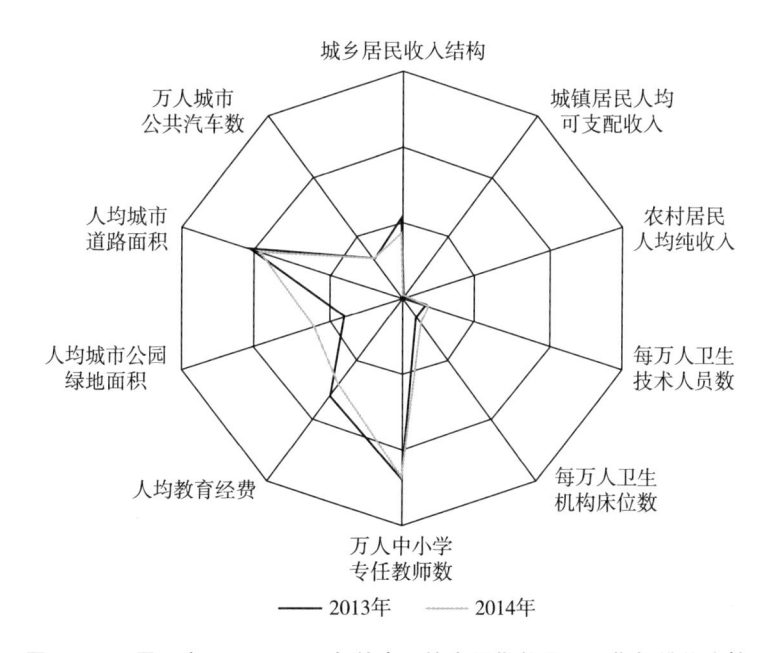

图 17-4 周口市 2013~2014 年社会环境发展指数及下层指标排位比较

（3）从雷达图图形变化看，2014 年与 2013 年相比，面积明显增大，社会环境发展指数排位呈上升趋势。

（4）从排位变化的动因看，在每万人卫生机构床位数、人均城市公园绿地面积指标排位上升和城乡居民收入结构、人均教育经费、人均城市道路面积指标排位下降的综合作用下，2014 年周口市社会环境发展指数上升 1 位，居中原经济区第 25 位。

第18章
驻马店市发展指数分析

一 驻马店市发展评价分析

2013~2014年,驻马店市发展指数及其下层指标评价值和排位变化情况,如表18-1和图18-1所示。

表18-1 驻马店市2013~2014年发展评价值及排名

指标	经济发展指数	生态环境发展指数	社会环境发展指数	驻马店市发展指数
2012年	21.69	89.69	25.89	30.99
2013年	24.63	90.55	29.82	36.99
2014年	28.13	91.11	33.55	40.06
2013年排名	25	6	21	23
2014年排名	25	6	14	23
升降	0	0	7	0
优势度	劣势	优势	中势	劣势
2014年全排名	32	11	12	30

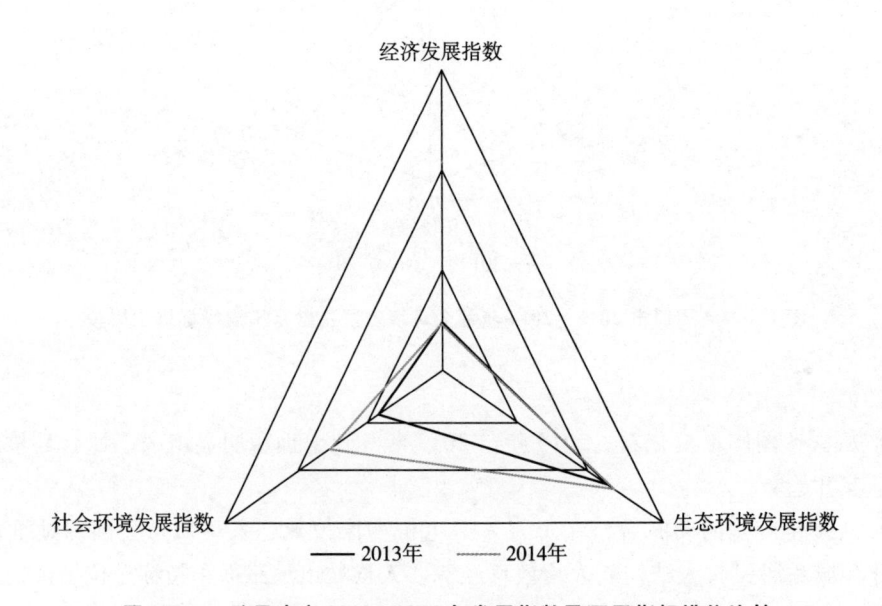

图18-1 驻马店市2013~2014年发展指数及下层指标排位比较

（1）2014年驻马店市发展指数排位处于第23位，表明其在中原经济区处于劣势地位，与2013年相比排位保持不变。

（2）从准则层指标的优势度看，生态环境发展指数是驻马店市发展指数中的优势指标，社会环境发展指数是驻马店市发展指数中的中势指标，经济发展指数是驻马店市发展指数中的劣势指标。

（3）从雷达图图形变化看，2014年与2013年相比，面积有所增加，驻马店发展指数呈现上升趋势。

（4）从排位变化的动因看，在经济发展指数、生态环境发展指数排位不变和社会环境发展指数排位上升的综合作用下，2014年驻马店市发展指数排位保持不变，居中原经济区第23位。

二 驻马店市经济发展评价分析

2013~2014年，驻马店市经济发展指数及其下层指标评价值和排位变化情况，如表18-2和图18-2所示。

表18-2 驻马店市2013~2014年经济发展评价值及排名

指标	人均GDP	三次产业结构	非国有工业增加值占比	工业化指数	城镇化率	第一产业就业人数比重	人均全社会消费品零售总额	城镇化指数	劳均农作物播种面积	单产农用化肥施用量	单产农用大中型拖拉机动力	农业现代化指数	经济发展指数
2012年	31.42	11.49	76.47	36.44	8.24	25.71	22.79	14.34	33.66	3.09	23.56	29.08	21.69
2013年	33.67	15.40	83.25	39.93	10.54	29.28	25.56	17.06	38.20	6.61	24.34	31.59	24.63
2014年	36.23	22.69	84.49	43.18	13.15	34.84	28.85	20.52	44.85	8.76	25.61	36.98	28.13
2013年排名	23	28	9	26	28	26	27	29	6	18	10	6	25
2014年排名	23	29	10	25	28	17	27	27	5	21	10	5	25
升降	0	-1	-1	1	0	9	0	2	1	-3	0	1	0
优势度	劣势	劣势	优势	劣势	劣势	中势	劣势	劣势	优势	劣势	优势	优势	劣势
2014年全排名	29	35	18	30	32	24	33	34	9	29	15	10	32

（1）2014年驻马店市经济发展指数排位处于第25位，表明其在河南省处于劣势地位，与2013年相比排位保持不变。其中工业化指数排位处于第25位，与2013年相比排位上升1位；城镇化指数排位处于第27位，与2013年相比排位上升2位；农业现代化指数排位处于第5位，与2013年相比排位上升1位。

（2）从方案层指标的优势度看，非国有工业增加值占比、劳均农作物播种面积和单产农用大中型拖拉机动力是驻马店市经济发展指数中的优势指标，第一产业就业人数比重是驻马店市经济发展指数中的中势指标，其余的均为劣势指标。

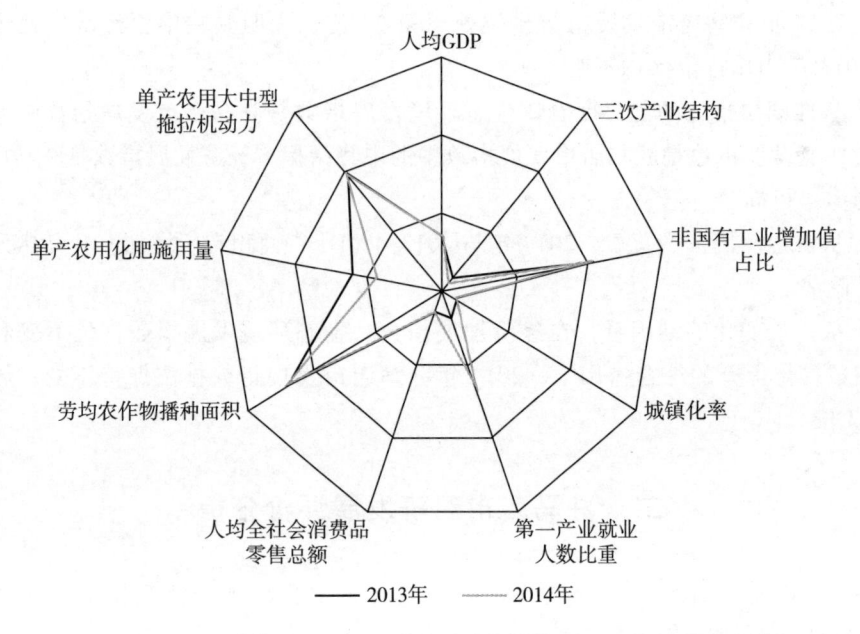

图 18-2　商丘市 2013~2014 年经济发展指数及下层指标排位比较

（3）从雷达图图形变化看，2014 年与 2013 年相比，面积基本不变，驻马店市经济发展指数排位呈稳定态势。

（4）从排位变化的动因看，在第一产业就业人数比重、劳均农作物播种面积指标排位上升和三次产业结构、非国有工业增加值占比、单产农用化肥施用量指标排位下降的综合作用下，2014 年驻马店市经济发展指数排位保持不变，居中原经济区第 25 位。

三　驻马店市生态环境发展评价分析

2013~2014 年，驻马店市生态环境发展指数及其下层指标评价值和排位变化情况，如表 18-3 和图 18-3 所示。

表 18-3　驻马店市 2013~2014 年生态环境发展评价值及排名

指标	万元 GDP 能耗	按辖区面积平均的工业烟尘排放量	工业固体废物综合利用率	生态环境发展指数
2012 年	85.76	95.81	96.69	89.69
2013 年	86.97	95.13	97.87	90.55
2014 年	88.22	93.23	98.61	91.11
2013 年排名	9	6	10	6
2014 年排名	8	8	10	6
升降	1	-2	0	0
优势度	优势	优势	优势	优势
2014 年全排名	14	15	17	11

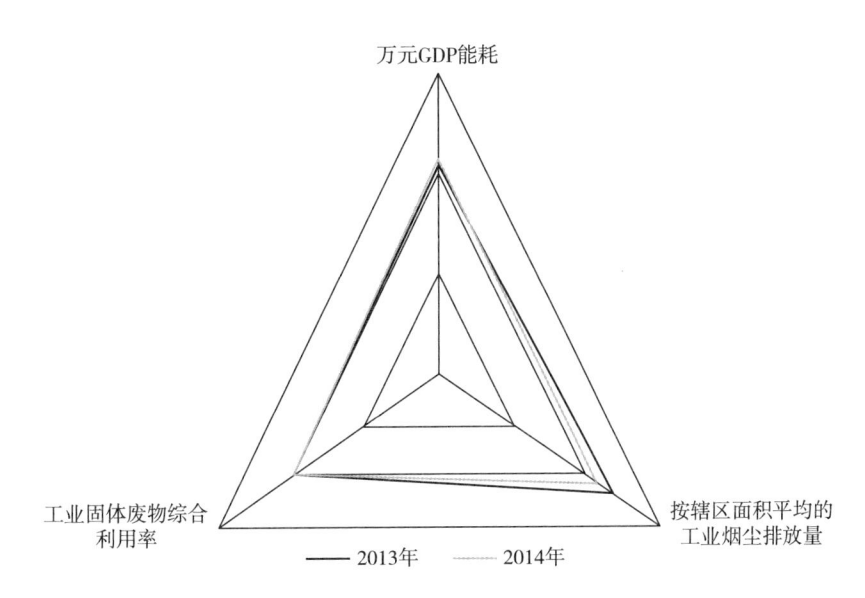

图 18-3 驻马店市 2013~2014 年生态环境发展指数及下层指标排位比较

(1) 2014 年驻马店市生态环境发展指数排位处于第 6 位,表明其在河南省处于优势地位,与 2013 年相比排位没有发生变化。

(2) 从方案层指标的优势度看,万元 GDP 能耗、按辖区面积平均的工业烟尘排放量、工业固体废物综合利用率均是驻马店市生态环境发展指数中的优势指标。

(3) 从雷达图图形变化看,2014 年与 2013 年相比,面积基本不变,驻马店市生态环境发展指数排位呈稳定态势。

(4) 从排位变化的动因看,在万元 GDP 能耗指标排位上升和按辖区面积平均的工业烟尘排放量指标排位下降的综合作用下,2014 年驻马店市生态环境发展指数排位不变,居中原经济区第 6 位。

四 驻马店市社会环境发展评价分析

2013~2014 年,驻马店市社会环境发展指数及其下层指标评价值和排位变化情况,如表 18-4 和图 18-4 所示。

(1) 2014 年驻马店市社会环境发展指数排位处于第 14 位,表明其在河南省处于中势地位,与 2013 年相比排位上升 7 位。其中教育指数排位处于第 4 位,与 2013 年相比排位上升 1 位;收入指数处于第 26 位,与 2013 年相比排位下降 1 位;城市生活环境指数处于第 12 位,与 2013 年相比排位上升 9 位;健康指数处于第 21 位,与 2013 年相比排位上升 1 位。

(2) 从方案层指标的优势度看,万人中小学专任教师数、人均教育经费、人均城市道路面积是驻马店市社会环境发展指数中的优势指标,每万人卫生机构床位数、人均城市公园绿地面积、万人城市公共汽车数是驻马店市社会环境发展指数中的中势指标,其余均是驻马店市社会环境发展指数中的劣势指标。

表 18-4 驻马店市 2013~2014 年社会环境发展评价值及排名

指标	城乡居民收入结构	城镇居民人均可支配收入	农村居民人均纯收入	收入指数	每万人卫生技术人员数	每万人卫生机构床位数	健康指数	万人中小学专任教师数	人均教育经费	教育指数	人均城市公园绿地面积	人均城市道路面积	万人城市公共汽车数	城市生活环境指数	社会环境发展指数
2012年	10.56	21.98	19.40	16.76	25.74	39.91	32.82	44.15	20.50	32.33	13.05	93.57	33.69	39.97	25.89
2013年	11.89	23.73	21.53	19.05	31.45	45.58	38.51	65.15	20.76	42.96	14.85	51.36	5.83	29.55	29.82
2014年	12.62	28.41	24.68	21.91	32.55	53.86	43.21	67.07	28.10	47.59	35.76	48.28	16.03	33.35	33.55
2013年排名	21	27	26	25	22	23	22	5	16	5	23	10	18	21	21
2014年排名	23	26	26	26	23	17	21	3	9	4	15	9	15	12	14
升降	-2	1	0	-1	-1	6	1	2	7	1	8	1	3	9	7
优势度	劣势	劣势	劣势	劣势	劣势	中势	劣势	优势	优势	优势	中势	优势	中势	中势	中势
2014年全排名	33	29	33	33	28	22	25	8	9	7	20	12	22	18	20

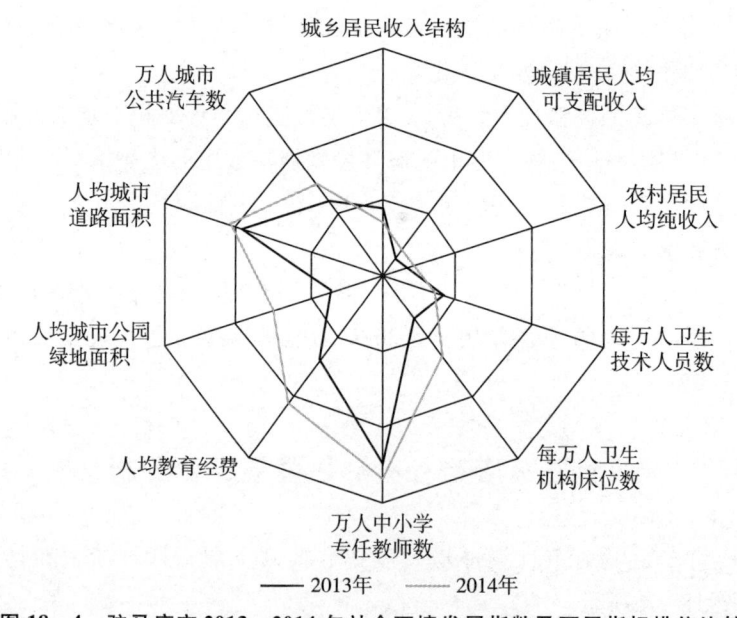

图 18-4 驻马店市 2013~2014 年社会环境发展指数及下层指标排位比较

（3）从雷达图图形变化看，2014 年与 2013 年相比，面积明显增大，驻马店市社会环境发展指数排位呈上升趋势。

（4）从排位变化的动因看，在城镇居民人均可支配收入、每万人卫生机构床位数、人均教育经费、万人中小学专任教师数、万人城市公共汽车数等指标排位上升和城乡居民收入结构、每万人卫生技术人员数指标排位下降的综合作用下，2014 年驻马店市社会环境发展指数上升 7 位，居中原经济区第 14 位。

第 19 章
济源市发展指数分析

一 济源市发展评价分析

2013~2014 年,济源市发展指数及其下层指标评价值和排位变化情况,如表 19-1 和图 19-1 所示。

表 19-1 济源市 2013~2014 年发展评价值及排名

指标	经济发展指数	生态环境发展指数	社会环境发展指数	济源市发展指数
2012 年	53.02	60.56	34.27	47.99
2013 年	54.69	61.47	36.89	50.52
2014 年	56.06	68.66	39.47	53.19
2013 年排名	2	27	3	2
2014 年排名	2	24	2	2
升降	0	3	1	0
优势度	优势	劣势	优势	优势
2014 年全排名	3	33	4	4

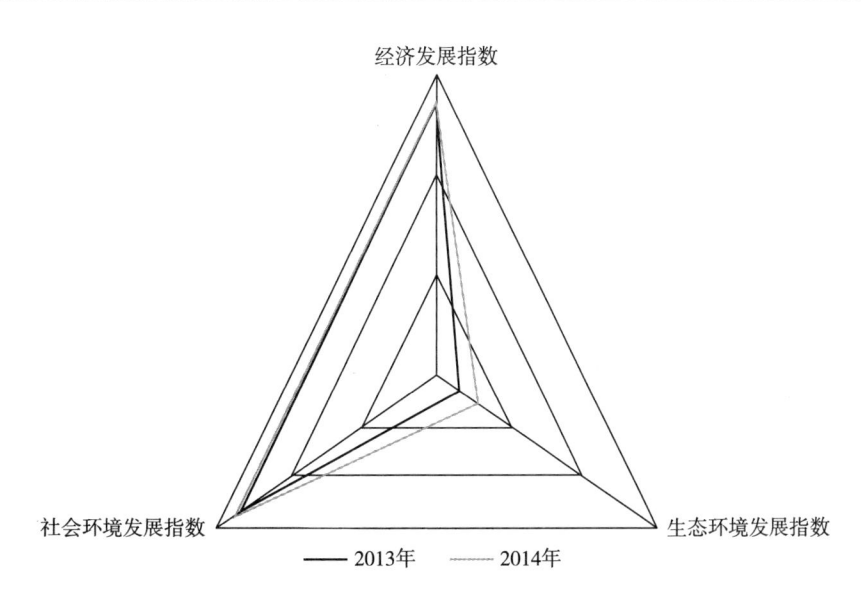

图 19-1 济源市 2013~2014 年发展指数及下层指标排位比较

（1）2014年济源市发展指数排位处于第2位，表明其在中原经济区处于优势地位，与2013年相比排位没有变化。

（2）从准则层指标的优势度看，经济发展指数、社会环境发展指数是济源市发展指数中的优势指标，生态环境发展指数是济源市发展指数中的劣势指标。

（3）从雷达图图形变化看，2014年与2013年相比，面积略微增大，济源市发展指数排位呈上升趋势。

（4）从排位变化的动因看，在生态环境发展指数、社会环境发展指数排位上升和经济发展指数排位不变的综合作用下，2014年济源市发展指数排位保持不变，居中原经济区第2位。

二 济源市经济发展评价分析

2013~2014年，济源市经济发展指数及其下层指标评价值和排位变化情况，如表19-2和图19-2所示。

表19-2 济源市2013~2014年经济发展评价值及排名

指标	人均GDP	三次产业结构	非国有工业增加值占比	工业化指数	城镇化率	第一产业就业人数比重	人均全社会消费品零售总额	城镇化指数	劳均农作物播种面积	单产农用化肥施用量	单产农用大中型拖拉机动力	农业现代化指数	经济发展指数
2012年	72.12	90.08	64.71	74.23	43.83	54.86	43.88	46.71	6.75	14.50	52.10	15.08	53.02
2013年	71.23	89.60	70.43	74.75	46.07	58.51	44.46	49.13	8.43	13.79	58.18	14.03	54.69
2014年	71.54	90.14	72.12	75.37	48.93	57.99	47.18	51.09	5.08	16.94	63.26	12.56	56.06
2013年排名	2	4	12	2	4	3	3	2	24	8	1	21	2
2014年排名	2	4	15	2	4	4	3	3	24	10	1	23	2
升降	0	0	-3	0	0	-1	0	-1	0	-2	0	-2	0
优势度	优势	优势	中势	优势	优势	优势	优势	优势	劣势	优势	优势	劣势	优势
2014年全排名	3	5	23	3	4	8	4	3	33	15	4	33	3

（1）2014年济源市经济发展指数排位处于第2位，表明其在中原经济区处于优势地位，与2013年相比排位保持不变。其中工业化指数排位处于第2位，与2013年相比排位保持不变；城镇化指数排位处于第3位，与2013年相比排位下降1位；农业现代化指数排位处于第23位，与2013年相比排位下降2位。

（2）从方案层指标的优势度看，人均GDP、三次产业结构、城镇化率、第一产业就业人数比重、人均全社会消费品零售总额、单产农用化肥施用量和单产农用大中型拖拉机动力是济源市经济发展指数中的优势指标，劳均农作物播种面积是济源市经济发展指数中的劣势指标。

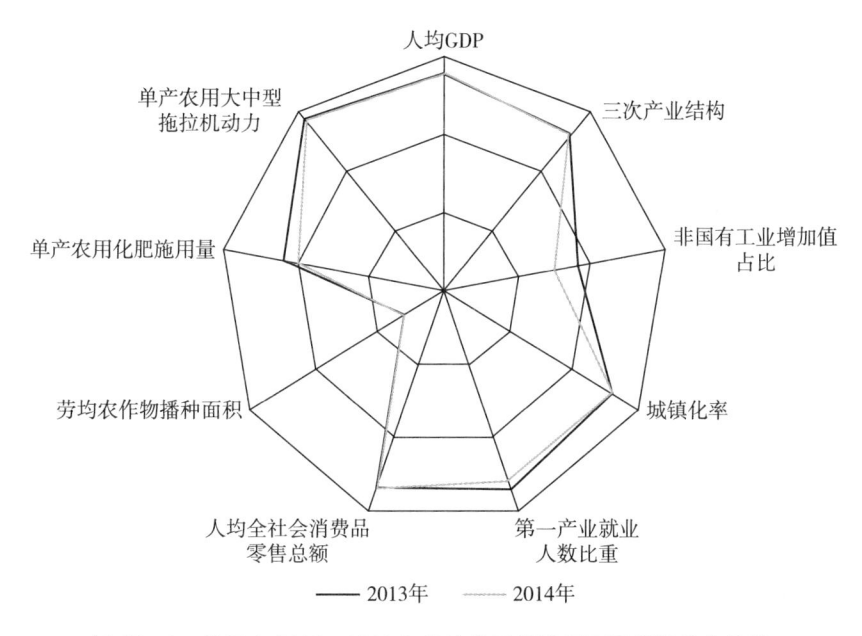

图 19-2 济源市 2013~2014 年经济发展指数及下层指标排位比较

（3）从雷达图图形变化看，2014 年与 2013 年相比，面积略微缩小，经济发展指数排位呈下降态势。

（4）从排位变化的动因看，在非国有工业增加值占比、第一产业就业人数比重、单产农用化肥施用量指标排位下降和其余指标排位不变的综合作用下，2014 年济源市经济发展指数排位保持不变，居中原经济区第 2 位。

三 济源市生态环境发展评价分析

2013~2014 年，济源市生态环境发展指数及其下层指标评价值和排位变化情况，如表 19-3 和图 19-3 所示。

表 19-3 济源市 2013~2014 年生态环境发展评价值及排名

指标	万元 GDP 能耗	按辖区面积平均的工业烟尘排放量	工业固体废物综合利用率	生态环境发展指数
2012 年	45.89	72.81	97.22	60.56
2013 年	48.28	69.70	97.22	61.47
2014 年	50.90	96.65	99.87	68.66
2013 年排名	28	24	12	27
2014 年排名	28	4	5	24
升降	0	20	7	3
优势度	劣势	优势	优势	劣势
2014 年全排名	37	7	12	33

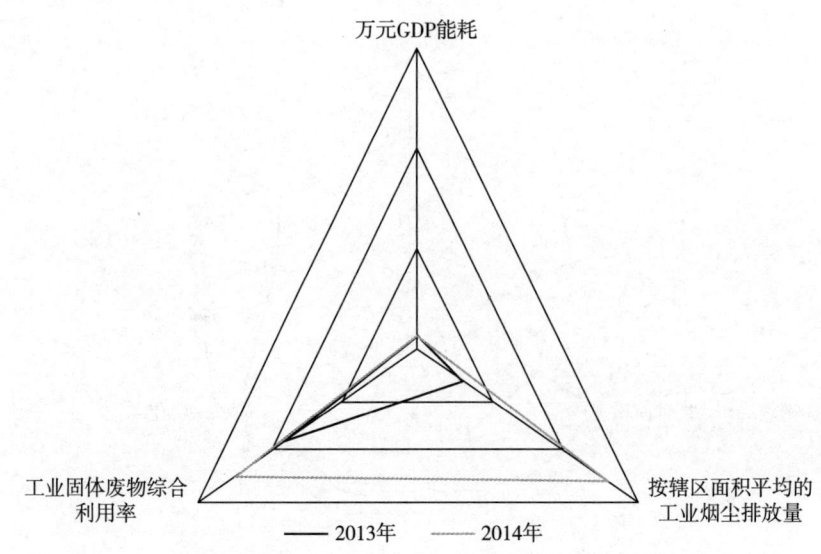

图 19 – 3　济源市 2013 ~ 2014 年生态环境发展指数及下层指标排位比较

（1）2014 年济源市生态环境发展指数排位处于第 24 位，表明其在中原经济区处于劣势地位，与 2013 年相比排位上升 3 位。

（2）从方案层指标的优势度看，工业固体废物综合利用率、按辖区面积平均的工业烟尘排放量是济源市生态环境发展指数中的优势指标，万元 GDP 能耗是济源市生态环境发展指数中的劣势指标。

（3）从雷达图图形变化看，2014 年与 2013 年相比，面积明显增大，济源市生态环境发展指数排位呈上升态势。

（4）从排位变化的动因看，在按辖区面积平均的工业烟尘排放量、工业固体废物综合利用率排位上升和万元 GDP 能耗排位不变的综合作用下，2014 年济源市生态环境发展指数排位上升 3 位，居中原经济区第 24 位。

四　济源市社会环境发展评价分析

2013 ~ 2014 年，济源市社会环境发展指数及其下层指标评价值和排位变化情况，如表 19 - 4 和图 19 - 4 所示。

（1）2014 年济源市社会环境发展指数排位处于第 2 位，表明其在中原经济区处于优势地位，与 2013 年相比排位上升 1 位。其中教育指数排位处于第 20 位，与 2013 年相比排位保持不变；城市生活环境指数排位处于第 3 位，与 2013 年相比排位保持不变；健康指数排位处于第 16 位，与 2013 年相比排位上升 3 位；收入指数排位处于第 2 位，与 2013 年相比排位没有变化。

（2）从方案层指标的优势度看，城乡居民收入结构、城镇居民人均可支配收入、农村居民人均纯收入、人均教育经费、人均城市公园绿地面积、人均城市道路面积、万人城市公共汽车数指标是济源市社会环境发展指数中的优势指标，万人中小学专任教师数是济

表 19-4 济源市 2013~2014 年社会环境发展评价值及排名

指标	城乡居民收入结构	城镇居民人均可支配收入	农村居民人均纯收入	收入指数	每万人卫生技术人员数	每万人卫生机构床位数	健康指数	万人中小学专任教师数	人均教育经费	教育指数	人均城市公园绿地面积	人均城市道路面积	万人城市公共汽车数	城市生活环境指数	社会环境发展指数
2012年	28.82	33.74	36.89	32.71	31.48	46.16	38.82	29.98	33.20	31.59	15.94	79.07	61.93	41.95	34.27
2013年	30.88	35.06	38.86	34.93	35.22	50.67	42.94	25.08	31.18	28.13	47.01	88.49	11.00	61.57	36.89
2014年	31.77	39.18	41.65	37.53	40.12	55.78	47.95	25.44	36.91	31.18	43.73	00.03	31.86	58.54	39.47
2013年排名	2	5	2	2	18	17	19	27	1	20	5	2	9	3	3
2014年排名	3	4	2	2	15	15	16	25	1	20	10	1	8	3	2
升降	-1	1	0	0	3	2	3	2	0	0	-5	1	1	0	1
优势度	优势	优势	优势	优势	中势	中势	中势	劣势	优势	中势	优势	优势	优势	优势	优势
2014年全排名	6	4	3	3	18	19	18	35	1	26	15	1	11	4	4

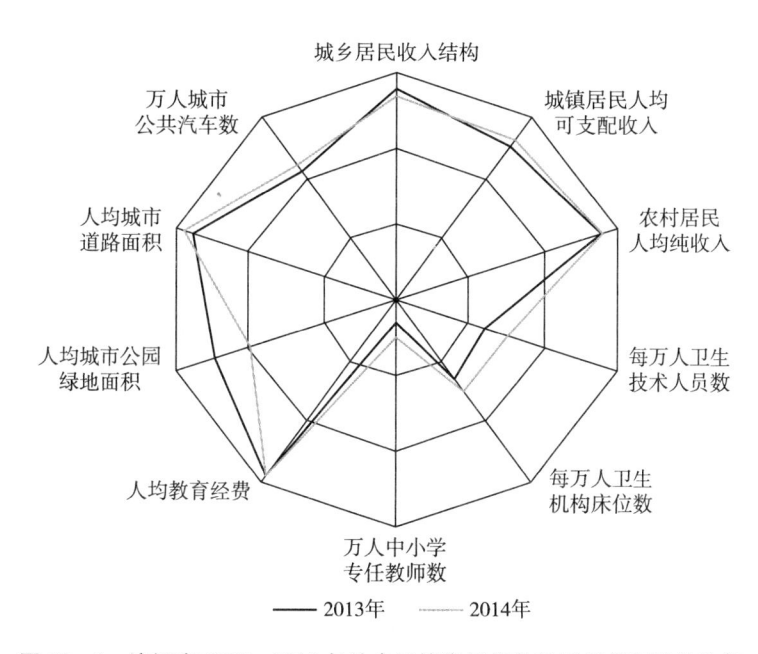

图 19-4 济源市 2013~2014 年社会环境发展指数及下层指标排位比较

源市社会环境发展指数中的劣势指标。

（3）从雷达图图形变化看，2014 年与 2013 年相比，面积略有增大，济源市社会环境发展指数排位呈上升态势。

（4）从排位变化的动因看，在城乡居民收入结构、人均城市公园绿地面积指标排位下降和城镇居民人均可支配收入、每万人卫生技术人员数、每万人卫生机构床位数等指标排位上升的综合作用下，2014 年济源市社会环境发展指数排位呈上升趋势，居中原经济区第 2 位。

第20章
运城市发展指数分析

一 运城市发展评价分析

2013~2014年,运城市发展指数及其下层指标评价值和排位变化情况,如表20-1和图20-1所示。

表20-1 运城市2013~2014年发展评价值及排名

指标	经济发展指数	生态环境发展指数	社会环境发展指数	运城市发展指数
2012年	30.65	38.57	30.39	30.45
2013年	31.96	40.89	32.48	33.57
2014年	33.68	39.44	33.08	34.44
2013年排名	20	30	12	27
2014年排名	21	30	17	29
升降	-1	0	-5	-2
优势度	劣势	劣势	中势	劣势
2014年全排名	25	40	23	38

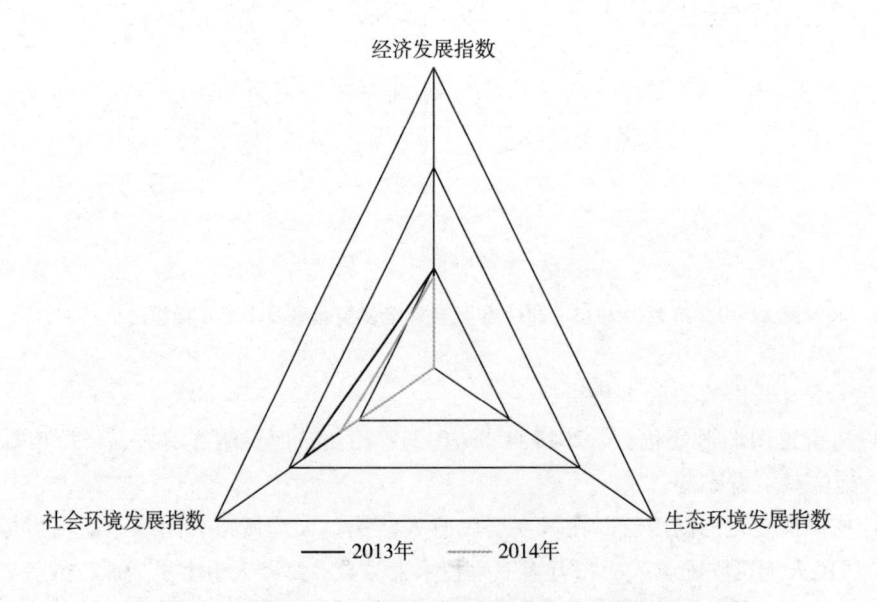

图20-1 运城市2013~2014年发展指数及下层指标排位比较

（1）2014年运城市发展指数排位处于第29位，表明其在中原经济区处于劣势地位，与2013年相比排位下降2位。

（2）从准则层指标的优势度看，社会环境发展指数是运城市发展指数中的中势指标，经济发展指数、生态环境发展指数是运城市发展指数中的劣势指标。

（3）从雷达图图形变化看，2014年与2013年相比，面积略有缩小，运城市发展指数排位呈下降态势。

（4）从排位变化的动因看，在经济发展指数、社会环境发展指数下降和生态环境发展指数排位保持不变的综合作用下，2014年运城市发展指数排位下降2位，居中原经济区第29位。

二 运城市经济发展评价分析

2013~2014年，运城市经济发展指数及其下层指标评价值和排位变化情况，如表20-2和图20-2所示。

表20-2 运城市2013~2014年经济发展评价值及排名

指标	人均GDP	三次产业结构	非国有工业增加值占比	工业化指数	城镇化率	第一产业就业人数比重	人均全社会消费品零售总额	城镇化指数	劳均农作物播种面积	单产农用化肥施用量	单产农用大中型拖拉机动力	农业现代化指数	经济发展指数
2012年	33.23	47.33	57.35	40.87	22.42	35.17	31.29	26.68	21.35	3.61	40.87	22.95	30.65
2013年	33.02	45.09	64.56	41.74	25.11	35.38	32.70	28.61	21.06	8.91	25.84	19.48	31.96
2014年	33.98	47.87	65.40	43.04	27.59	36.85	36.10	30.93	16.40	9.62	28.85	16.44	33.68
2013年排名	25	21	16	23	18	17	19	19	18	14	8	18	20
2014年排名	25	20	21	26	18	14	18	17	17	20	9	18	21
升降	0	1	-5	-3	0	3	1	2	1	-6	-1	0	-1
优势度	劣势	中势	劣势	劣势	中势	中势	中势	中势	中势	中势	优势	中势	劣势
2014年全排名	33	24	30	31	19	21	20	20	24	28	13	27	25

（1）2014年运城市经济发展指数排位处于第21位，表明其在中原经济区处于劣势地位，与2013年相比排位下降了1位。其中工业化指数排位处于第26位，与2013年相比排位下降了3位；城镇化指数排位处于第17位，与2013年相比排位上升了2位；农业现代化指数排位处于第18位，与2013年相比排位没有发生变化。

（2）从方案层指标的优势度看，单产农用大中型拖拉机动力是运城市经济发展指数中的优势指标，三次产业结构、城镇化率、第一产业就业人数比重、人均全社会消费品零售总额、劳均农作物播种面积、单产农用化肥施用量是运城市经济发展指数中的中势指标，非国有工业增加值占比、人均GDP是运城市经济发展指数中的劣势指标。

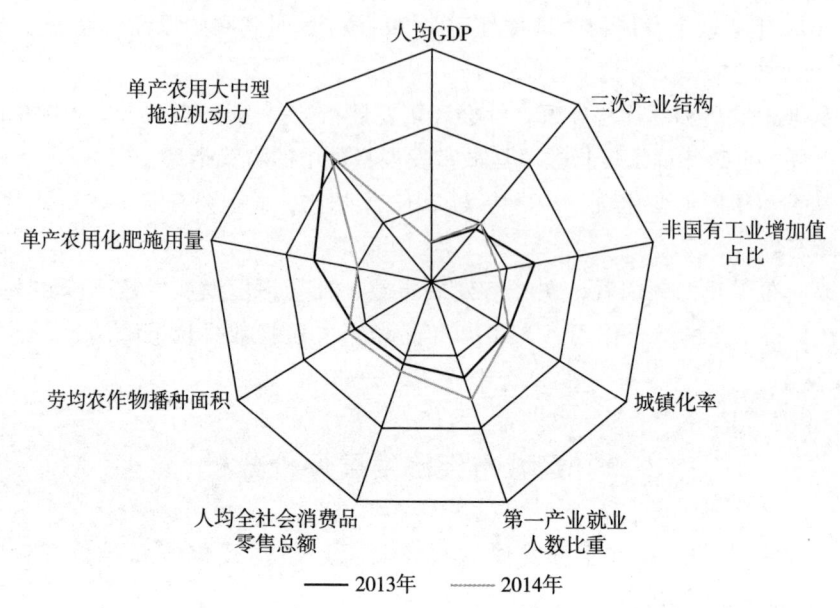

图 20-2 运城市 2013~2014 年经济发展指数及下层指标排位比较

（3）从雷达图图形变化看，2014 年与 2013 年相比，面积略有缩小，经济发展指数排位呈下降态势。

（4）从排位变化的动因看，在三次产业结构、第一产业就业人数比重、人均全社会消费品零售总额、劳均农作物播种面积指标排位上升，非国有工业增加值占比、单产农用化肥施用量、单产农用大中型拖拉机动力指标排位下降和其他指标排位不变的综合作用下，2014 年运城市经济发展指数排位下降 1 位，居中原经济区第 21 位。

三 运城市生态环境发展评价分析

2013~2014 年，运城市生态环境发展指数及其下层指标评价值和排位变化情况，如表 20-3 和图 20-3 所示。

表 20-3 运城市 2013~2014 年生态环境发展评价值及排名

指标	万元 GDP 能耗	按辖区面积平均的工业烟尘排放量	工业固体废物综合利用率	生态环境发展指数
2012 年	22.99	84.59	44.47	38.57
2013 年	26.44	84.50	45.47	40.89
2014 年	31.03	67.44	39.49	39.44
2013 年排名	30	19	26	30
2014 年排名	30	23	29	30
升降	0	-4	-3	0
优势度	劣势	劣势	劣势	劣势
2014 年全排名	40	32	38	40

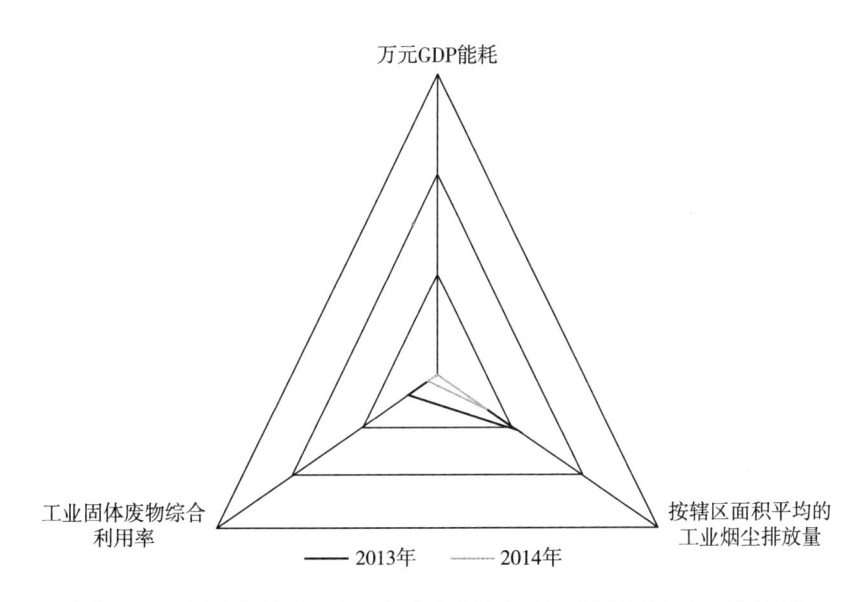

图 20 – 3　运城市 2013~2014 年生态环境发展指数及下层指标排位比较

（1）2014 年运城市生态环境发展指数排位处于第 30 位，表明其在中原经济区处于劣势地位，与 2013 年相比排位保持不变。

（2）从方案层指标的优势度看，万元 GDP 能耗、按辖区面积平均的工业烟尘排放量、工业固体废物综合利用率均是运城市生态环境发展指数中的劣势指标。

（3）从雷达图图形变化看，2014 年与 2013 年相比，面积略有缩小，运城市生态环境发展指数排位呈下降态势。

（4）从排位变化的动因看，在按辖区面积平均的工业烟尘排放量、工业固体废物综合利用率指标排位下降和万元 GDP 能耗指标排位不变的综合作用下，2014 年运城市生态环境发展指数排位保持不变，居中原经济区第 30 位。

四　运城市社会环境发展评价分析

2013~2014 年，运城市社会环境发展指数及其下层指标评价值和排位变化情况，如表 20 – 4 和图 20 – 4 所示。

（1）2014 年运城市社会环境发展指数排位处于第 17 位，表明其在中原经济区处于中势地位，与 2013 年相比排位下降 5 位。其中收入指数排位处于第 28 位，与 2013 年相比排位下降了 1 位；健康指数排位处于第 7 位，与 2013 年相比排位没有变化；教育指数排位处于第 6 位，与 2013 年相比排位下降了 2 位；城市生活环境指数排位处于第 17 位，与 2013 年相比排位下降 6 位。

（2）从方案层指标的优势度看，每万人卫生机构床位数、万人中小学专任教师数、万人城市公共汽车数是运城市社会环境发展指数中的优势指标；每万人卫生技术人员数、人均城市道路面积是运城市社会环境发展指数中的中势指标；城乡居民收入结构、城镇居

表 20-4 运城市 2013~2014 年社会环境发展评价值及排名

指标	城乡居民收入结构	城镇居民人均可支配收入	农村居民人均纯收入	收入指数	每万人卫生技术人员数	每万人卫生机构床位数	健康指数	万人中小学专任教师数	人均教育经费	教育指数	人均城市公园绿地面积	人均城市道路面积	万人城市公共汽车数	城市生活环境指数	社会环境发展指数
2012 年	3.59	28.80	18.17	16.26	37.96	64.85	51.40	62.70	17.31	40.00	26.33	69.10	56.00	35.97	30.39
2013 年	6.85	27.85	20.34	18.34	37.80	66.98	52.39	66.90	20.21	43.55	16.87	29.90	13.15	35.72	32.48
2014 年	9.43	31.08	24.03	21.52	40.80	67.62	54.21	63.79	19.98	41.89	18.05	31.82	34.98	28.28	33.08
2013 年排名	28	23	28	27	15	6	3	17	4	20	21	5	11	12
2014 年排名	28	22	28	28	12	5	7	5	24	6	25	17	6	17	17
升降	0	1	0	-1	3	1	0	-2	-7	-2	-5	4	-1	-6	-5
优势度	劣势	劣势	劣势	劣势	中势	优势	优势	优势	劣势	优势	劣势	中势	优势	中势	中势
2014 年全排名	38	24	35	28	15	6	9	10	30	11	35	26	9	23	23

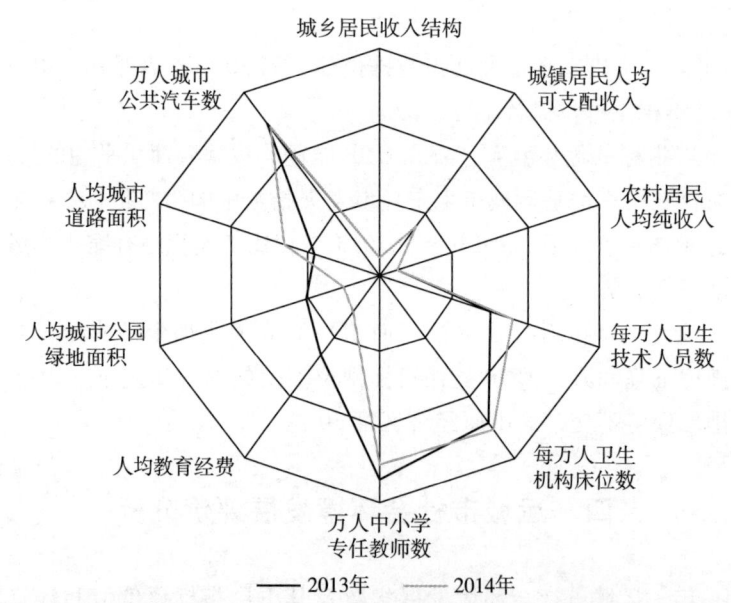

图 20-4 运城市 2013~2014 年社会环境发展指数及下层指标排位比较

民人均可支配收入、农村居民人均纯收入、人均教育经费、人均城市公园绿地面积是运城市社会环境发展指数中的劣势指标。

（3）从雷达图图形变化看，2014 年与 2013 年相比，面积略有缩小，社会环境发展指数排位呈下降态势。

（4）从排位变化的动因看，在城镇居民人均可支配收入、每万人卫生技术人员数、每万人卫生机构床位数、人均城市道路面积指标排位上升，万人中小学专任教师数、人均教育经费、人均城市公园绿地面积、万人城市公共汽车数指标排位下降和其他指数排位保持不变的综合作用下，2014 年运城市社会环境发展指数排位下降 5 位，居中原经济区第 17 位。

第21章
晋城市发展指数分析

一 晋城市发展评价分析

2013~2014年,晋城市发展指数及其下层指标评价值和排位变化情况,如表21-1和图21-1所示。

表21-1 晋城市2013~2014年发展评价值及排名

指标	经济发展指数	生态环境发展指数	社会环境发展指数	晋城市发展指数
2012年	47.23	64.12	32.06	43.27
2013年	48.60	64.81	36.41	47.63
2014年	54.45	67.47	36.56	51.26
2013年排名	5	26	4	6
2014年排名	3	26	8	3
升降	2	0	-4	3
优势度	优势	劣势	优势	优势
2014年全排名	4	35	12	5

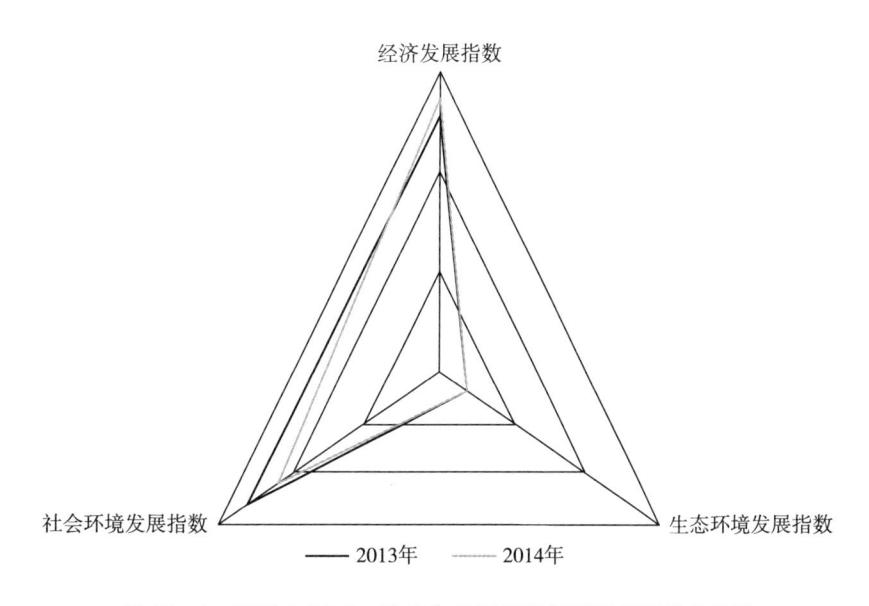

图21-1 晋城市2013~2014年发展指数及下层指标排位比较

（1）2014年晋城市发展指数排位处于第3位，表明其在中原经济区处于优势地位，与2013年相比排位上升了3位。

（2）从准则层指标的优势度看，经济发展指数、社会环境发展指数是晋城市发展指数中的优势指标，生态环境发展指数是晋城市发展指数中的劣势指标。

（3）从雷达图图形变化看，2014年与2013年相比，面积基本不变，晋城发展指数排位保持平稳态势。

（4）从排位变化的动因看，在经济发展指数排位上升，社会环境发展指数排位下降和生态环境发展指数排位保持不变的综合作用下，2014年晋城市发展指数排位上升了3位，居中原经济区第3位。

二 晋城市经济发展评价分析

2013~2014年，晋城市经济发展指数及其下层指标评价值和排位变化情况，如表21-2和图21-2所示。

表21-2 晋城市2013~2014年经济发展评价值及排名

指标	人均GDP	三次产业结构	非国有工业增加值占比	工业化指数	城镇化率	第一产业就业人数比重	人均全社会消费品零售总额	城镇化指数	劳均农作物播种面积	单产农用化肥施用量	单产农用大中型拖拉机动力	农业现代化指数	经济发展指数
2012年	60.02	91.22	1.47	54.55	45.68	50.47	38.36	46.15	13.30	15.56	61.28	21.56	47.23
2013年	58.31	91.29	7.69	54.78	47.36	56.72	39.46	48.92	12.88	2.02	31.82	12.85	48.60
2014年	57.62	91.22	91.11	71.04	49.09	57.76	43.32	50.71	8.26	9.65	35.35	11.05	54.45
2013年排名	6	2	30	13	3	5	10	4	21	26	4	22	5
2014年排名	7	2	4	4	3	5	9	4	23	19	5	25	3
升降	-1	0	26	9	0	0	1	0	-2	7	-1	-3	2
优势度	优势	优势	优势	优势	优势	优势	优势	优势	劣势	中势	优势	劣势	优势
2014年全排名	8	3	12	5	3	9	10	4	32	27	9	35	4

（1）2014年晋城市经济发展指数排位处于第3位，表明其在中原经济区处于优势地位，与2013年相比排位上升了2位。其中工业化指数排位处于第4位，与2013年相比排位上升了9位；城镇化指数排位处于第4位，与2013年相比排位没有变化；农业现代化指数排位处于第25位，与2013年相比排位下降3位。

（2）从方案层指标的优势度看，人均GDP、三次产业结构、非国有工业增加值占比、城镇化率、第一产业就业人数比重、人均全社会消费品零售总额、单产农用大中型拖拉机动力是晋城市经济发展指数中的优势指标，单产农用化肥施用量是晋城市经济发展指数中的中势指标，劳均农作物播种面积是晋城市经济发展指数中的劣势指标。

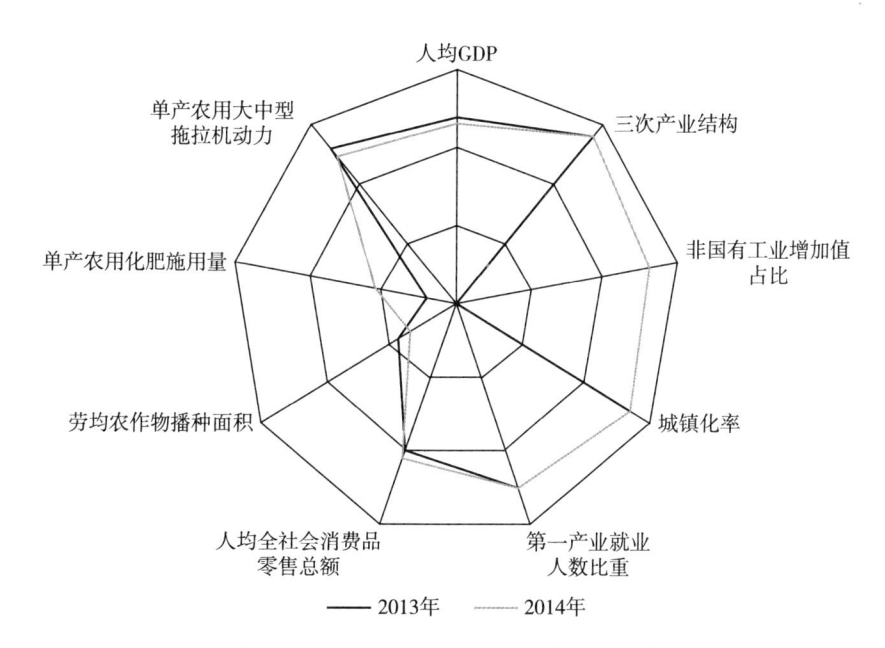

图 21-2 晋城市 2013~2014 年经济发展指数及下层指标排位比较

（3）从雷达图图形变化看，2014 年与 2013 年相比，面积明显增大，晋城市经济发展指数排位呈上升态势。

（4）从排位变化的动因看，在非国有工业增加值占比、人均全社会消费品零售总额、单产农用化肥施用量指标排位上升，人均 GDP、劳均农作物播种面积、单产农用大中型拖拉机动力指标排位下降和其他指标排位保持不变的综合作用下，2014 年晋城市经济发展指数排位不变，居中原经济区第 3 位。

三 晋城市生态环境发展评价分析

2013~2014 年，晋城市生态环境发展指数及其下层指标评价值和排位变化情况，如表 21-3 和图 21-3 所示。

表 21-3 晋城市 2013~2014 年生态环境发展评价值及排名

指标	万元 GDP 能耗	按辖区面积平均的工业烟尘排放量	工业固体废物综合利用率	生态环境发展指数
2012 年	59.77	71.97	70.76	64.12
2013 年	61.69	72.92	67.10	64.81
2014 年	63.45	72.35	75.97	67.47
2013 年排名	25	22	22	26
2014 年排名	26	22	22	26
升降	-1	0	0	0
优势度	劣势	劣势	劣势	劣势
2014 年全排名	35	31	31	35

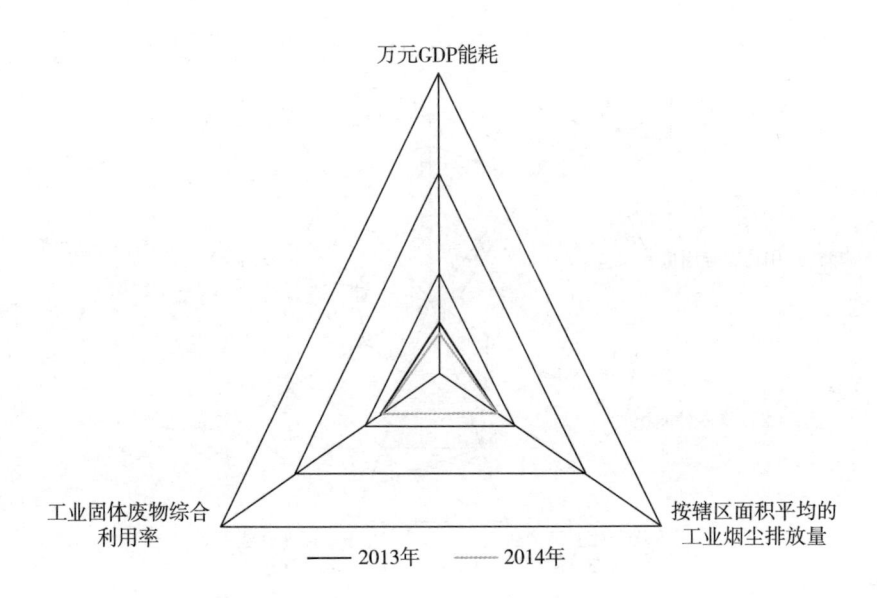

图 21-3　晋城市 2013~2014 年生态环境发展指数及下层指标排位比较

（1）2014 年晋城市生态环境发展指数排位处于第 26 位，表明其在中原经济区处于劣势地位，与 2013 年相比排位没有发生变化。

（2）从方案层指标的优势度看，万元 GDP 能耗、按辖区面积平均的工业烟尘排放量、工业固体废物综合利用率指标均是晋城市生态环境发展指数中的劣势指标。

（3）从雷达图图形变化看，2014 年与 2013 年相比，面积基本没变，晋城市生态环境发展指数排位呈平稳态势。

（4）从排位变化的动因看，在万元 GDP 能耗指标排位下降，工业固体废物综合利用率、按辖区面积平均的工业烟尘排放量指标排位保持不变的综合作用下，2014 年晋城市生态环境发展指数排位没有发生变化，居中原经济区第 26 位。

四　晋城市社会环境发展评价分析

2013~2014 年，晋城市社会环境发展指数及其下层指标评价值和排位变化情况，如表 21-4 和图 21-4 所示。

（1）2014 年晋城市社会环境发展指数排位处于第 8 位，表明其在中原经济区处于优势地位，与 2013 年相比排位下降了 4 位。其中收入指数排位处于第 14 位，与 2013 年相比排位下降了 1 位；健康指数排位处于第 17 位，与 2013 年相比排位下降了 3 位；教育指数排位处于第 10 位，与 2013 年相比排位下降了 3 位；城市生活环境指数排位处于第 5 位，与 2013 年相比排位下降了 1 位。

（2）从方案层指标的优势度看，城镇居民人均可支配收入、每万人卫生技术人员数、万人中小学专任教师数、人均城市公园绿地面积、人均城市道路面积、万人城市公共汽车数是晋城市社会环境发展指数中的优势指标，城乡居民收入结构、农村居民人均纯收入、

表 21-4 晋城市 2013~2014 年社会环境发展评价值及排名

指标	城乡居民收入结构	城镇居民人均可支配收入	农村居民人均纯收入	收入指数	每万人卫生技术人员数	每万人卫生机构床位数	健康指数	万人中小学专任教师数	人均教育经费	教育指数	人均城市公园绿地面积	人均城市道路面积	万人城市公共汽车数	城市生活环境指数	社会环境发展指数
2012年	8.10	37.61	26.60	23.54	44.19	45.42	44.81	49.26	26.50	37.88	24.92	68.00	78.62	35.16	32.06
2013年	12.67	35.24	28.60	25.50	45.70	51.58	48.64	51.58	27.13	39.36	56.30	61.11	13.78	60.34	36.41
2014年	15.06	38.38	31.93	28.46	44.84	49.86	47.35	50.28	27.82	39.05	56.59	62.60	32.66	50.62	36.56
2013年排名	17	4	13	13	3	16	14	7	4	7	3	7	4	4	4
2014年排名	19	6	14	14	8	19	17	9	11	10	3	7	7	5	8
升降	-2	-2	-1	-1	-5	-3	-3	-2	-7	-3	0	0	-3	-1	-4
优势度	中势	优势	中势	中势	优势	中势	中势	优势	中势	优势	优势	优势	优势	优势	优势
2014年全排名	27	6	18	18	10	25	20	15	11	15	5	9	10	6	12

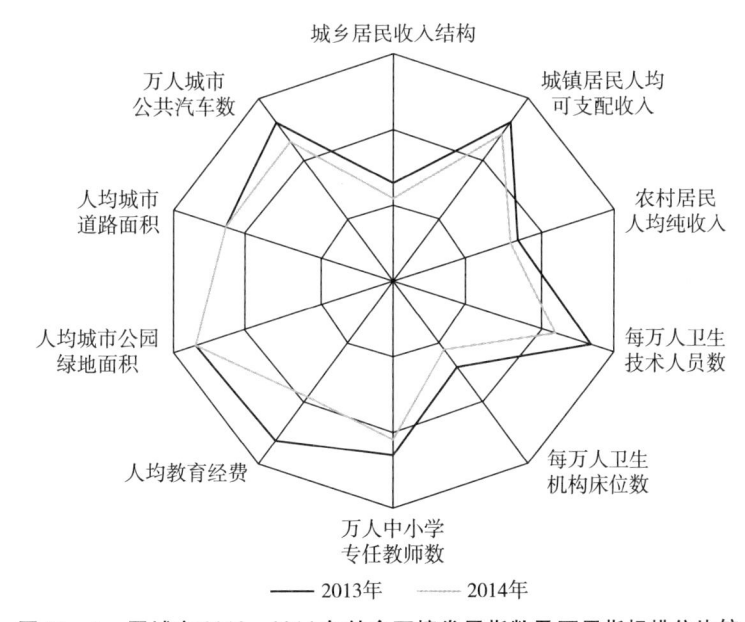

图 21-4 晋城市 2013~2014 年社会环境发展指数及下层指标排位比较

每万人卫生机构床位数、人均教育经费是晋城市社会环境发展指数中的中势指标。

（3）从雷达图图形变化看，2014年与2013年相比，面积略微缩小，晋城市社会环境发展指数排位呈下降态势。

（4）从排位变化的动因看，在城乡居民收入结构、城镇居民人均可支配收入、农村居民人均纯收入、每万人卫生技术人员数、每万人卫生机构床位数、万人中小学专任教师数、人均教育经费、万人城市公共汽车数指标排位下降和其他指标排位保持不变的综合作用下，2014年晋城市社会环境发展指数排位下降了4位，居中原经济区第8位。

第22章
长治市发展指数分析

一 长治市发展评价分析

2012~2014年，长治市发展指数及其下层指标评价值和排位变化情况，如表22-1和图22-1所示。

表22-1 长治市2012~2014年发展评价值及排名

指标	经济发展指数	生态环境发展指数	社会环境发展指数	长治市发展指数
2012年	40.84	45.89	30.87	37.38
2013年	42.94	48.34	32.12	40.59
2014年	44.24	50.60	34.01	42.24
2013年排名	9	29	14	17
2014年排名	11	29	12	17
升降	-2	0	2	0
优势度	中势	劣势	中势	中势
2014年全排名	13	39	18	21

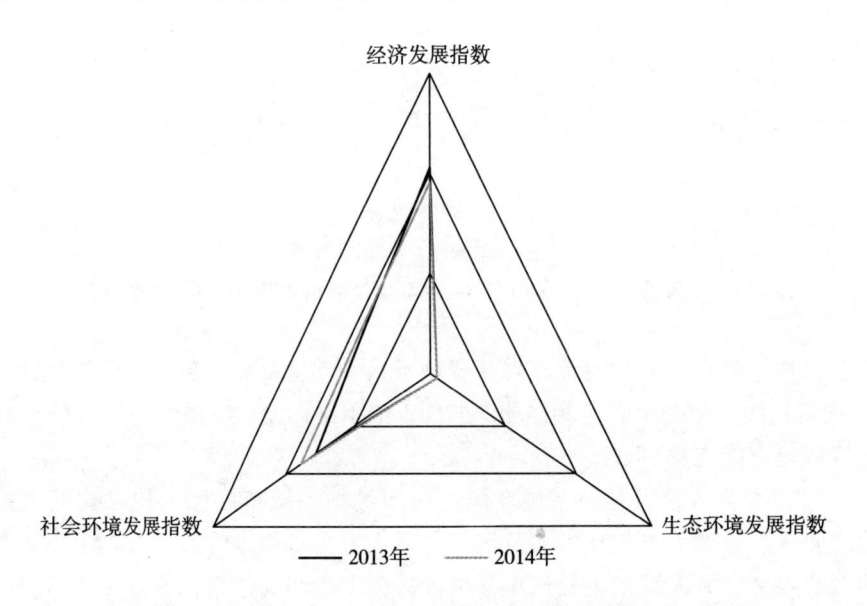

图22-1 长治市2012~2014年发展指数及下层指标排位比较

（1）2014年长治市发展指数排位处于第17位，表明其在中原经济区处于中势地位，与2013年相比排位没有发生变化。

（2）从准则层指标的优势度看，经济发展指数、社会环境发展指数是长治市发展指数中的中势指标，生态环境发展指数是长治市发展指数中的劣势指标。

（3）从雷达图图形变化看，2014年与2013年相比，面积基本不变，长治市发展指数排位呈现平稳态势。

（4）从排位变化的动因看，在社会环境发展指数排位上升和经济发展指数排位下降的综合作用下，2014年长治市发展指数排位没有发生变化，居中原经济区第17位。

二 长治市经济发展评价分析

2012~2014年，长治市经济发展指数及其下层指标评价值和排位变化情况，如表22-2和图22-2所示。

表22-2 长治市2012~2014年经济发展评价值及排名

指标	人均GDP	三次产业结构	非国有工业增加值占比	工业化指数	城镇化率	第一产业就业人数比重	人均全社会消费品零售总额	城镇化指数	劳均农作物播种面积	单产农用化肥施用量	单产农用大中型拖拉机动力	农业现代化指数	经济发展指数
2012年	56.09	91.93	26.47	57.33	29.36	49.40	37.60	35.46	5.44	18.25	65.92	16.79	40.84
2013年	53.75	91.11	31.99	56.87	31.91	59.89	38.54	39.91	4.86	2.97	10.84	5.11	42.94
2014年	52.81	90.68	32.45	56.31	34.75	60.87	41.52	42.29	2.68	4.86	12.54	3.97	44.24
2013年排名	9	3	27	10	11	2	12	8	26	25	23	28	9
2014年排名	10	3	30	13	11	2	12	9	27	26	23	29	11
升降	-1	0	-3	-3	0	0	0	-1	-1	-1	0	-1	-2
优势度	优势	优势	劣势	中势	中势	优势	中势	优势	劣势	劣势	劣势	劣势	中势
2014年全排名	11	4	39	17	12	6	13	10	37	35	31	39	13

（1）2014年长治市经济发展指数排位处于第11位，表明其在中原经济区处于中势地位，与2013年相比排位下降2位。其中工业化指数排位处于第13位，与2013年相比排位下降3位；城镇化指数排位处于第9位，与2013年相比排位下降1位；农业现代化指数排位处于第29位，与2013年相比排位下降1位。

（2）从方案层指标的优势度看，人均GDP、三次产业结构、第一产业就业人数比重是长治市经济发展指数中的优势指标，城镇化率、人均全社会消费品零售总额是长治市经济发展指数中的中势指标，非国有工业增加值占比、劳均农作物播种面积、单产农用化肥施用量、单产农用大中型拖拉机动力是长治市经济发展指数中的劣势指标。

（3）从雷达图图形变化看，2014年与2013年相比，面积稍微缩小，长治市经济发展

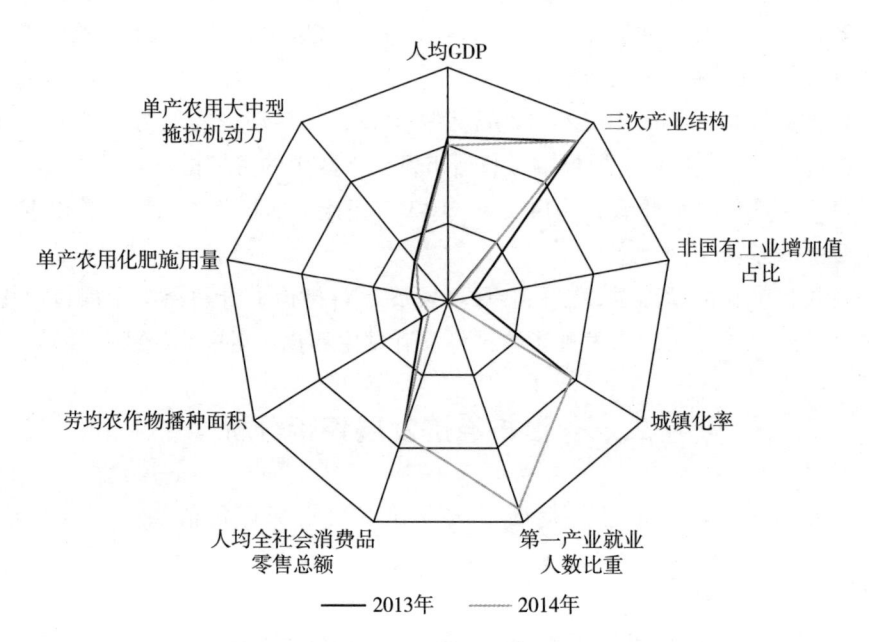

图 22-2 长治市 2012~2014 年经济发展指数及下层指标排位比较

指数排位呈下降态势。

（4）从排位变化的动因看，在人均 GDP、非国有工业增加值占比、劳均农作物播种面积、单产农用化肥施用量指标排位下降以及其他指标保持不变的综合作用下，2014 年长治市经济发展指数排位下降 2 位，居中原经济区第 11 位。

三 长治市生态环境发展评价分析

2012~2014 年，长治市生态环境发展指数及其下层指标评价值和排位变化情况，如表 22-3 和图 22-3 所示。

表 22-3 长治市 2012~2014 年生态环境发展评价值及排名

指标	万元 GDP 能耗	按辖区面积平均的工业烟尘排放量	工业固体废物综合利用率	生态环境发展指数
2012 年	45.21	43.66	50.39	45.89
2013 年	47.51	49.50	49.95	48.34
2014 年	49.86	40.33	63.31	50.60
2013 年排名	29	29	25	29
2014 年排名	29	28	25	29
升降	0	1	0	0
优势度	劣势	劣势	劣势	劣势
2014 年全排名	38	37	34	39

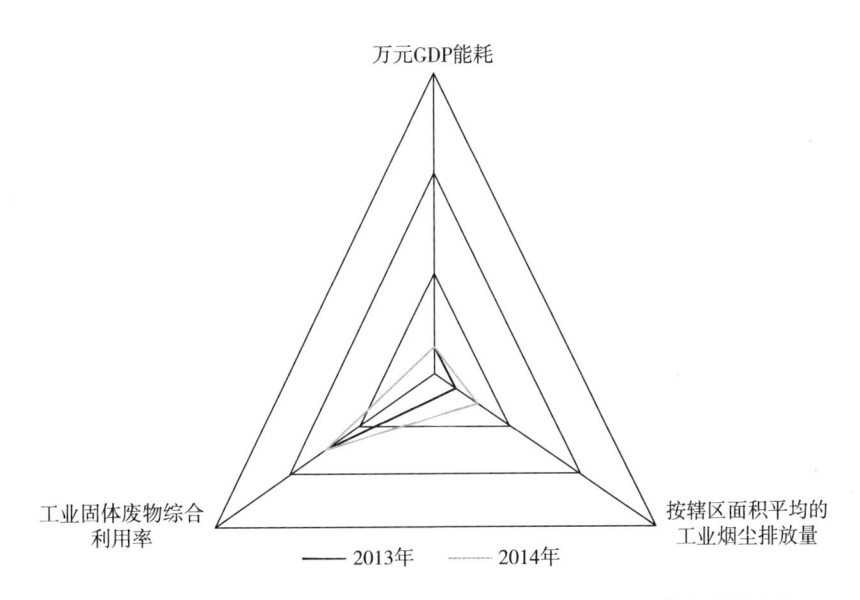

图 22-3　长治市 2012~2014 年生态环境发展指数及下层指标排位比较

（1）2014年长治市生态环境发展指数排位处于第29位，表明其在中原经济区处于劣势地位，与2013年相比排位没有发生变化。

（2）从方案层指标的优势度看，万元GDP能耗、工业固体废物综合利用率和按辖区面积平均的工业烟尘排放量均是长治市生态环境发展指数中的劣势指标。

（3）从雷达图图形变化看，2014年与2013年相比，面积稍微增大，长治市生态环境发展指数排位呈上升态势。

（4）从排位变化的动因看，在按辖区面积平均的工业烟尘排放量指标排位上升和其他指标排位保持不变的综合作用下，2014年长治市生态环境发展指数排位没有发生变化，居中原经济区第29位。

四　长治市社会环境发展评价分析

2012~2014年，长治市社会环境发展指数及其下层指标评价值和排位变化情况，如表22-4和图22-4所示。

（1）2014年长治市社会环境发展指数排位处于第12位，表明其在中原经济区处于中势地位，与2013年相比排位上升了2位。其中收入指数排位处于第13位，与2013年相比排位下降了1位；健康指数排位处于第11位，与2013年相比排位上升了1位；教育指数排位处于第12位，与2013年相比排位下降2位；城市生活环境指数排位处于第19位，与2013年相比排位上升1位。

（2）从方案层指标的优势度看，城镇居民人均可支配收入、人均城市公园绿地面积是长治市社会环境发展指数中的优势指标，城乡居民收入结构、农村居民人均纯收入、每万人卫生技术人员数、每万人卫生机构床位数、万人中小学专任教师数、万人城市公共汽

表 22-4　长治市 2012~2014 年社会环境发展评价值及排名

指标	城乡居民收入结构	城镇居民人均可支配收入	农村居民人均纯收入	收入指数	每万人卫生技术人员数	每万人卫生机构床位数	健康指数	万人中小学专任教师数	人均教育经费	教育指数	人均城市公园绿地面积	人均城市道路面积	万人城市公共汽车数	城市生活环境指数	社会环境发展指数
2012 年	8.67	37.55	26.98	23.84	40.42	53.17	46.79	47.25	26.58	36.91	39.24	17.45	52.81	20.84	30.87
2013 年	14.34	33.99	28.97	25.77	41.61	56.30	48.95	42.53	24.72	33.62	36.10	13.17	9.55	30.32	32.12
2014 年	17.17	37.49	32.73	29.13	41.88	57.66	49.77	47.27	23.50	35.39	44.63	23.22	13.83	27.23	34.01
2013 年排名	16	7	12	12	9	14	12	11	6	10	10	28	10	20	14
2014 年排名	16	7	13	13	11	12	11	11	21	12	9	22	18	19	12
升降	0	0	-1	-1	-2	2	1	0	-15	-2	1	6	-8	1	2
优势度	中势	优势	中势	中势	中势	中势	中势	中势	劣势	中势	优势	劣势	中势	中势	中势
2014 年全排名	23	8	16	16	14	15	13	17	23	18	14	32	25	26	18

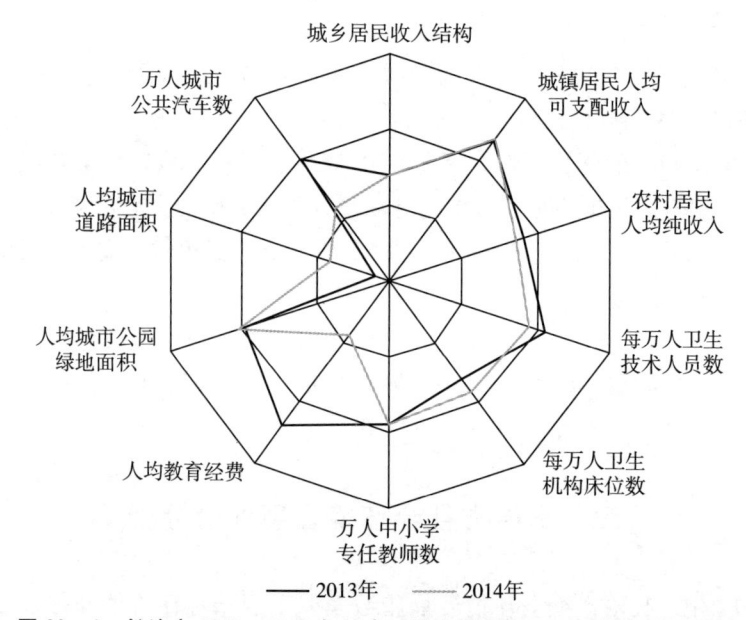

图 22-4　长治市 2012~2014 年社会环境发展指数及下层指标排位比较

车数是长治市社会环境发展指数中的中势指标，人均教育经费、人均城市道路面积是长治市社会环境发展指数中的劣势指标。

（3）从雷达图图形变化看，2014 年与 2013 年相比，面积略有缩小，长治市社会环境发展指数排位呈上升态势。

（4）从排位变化的动因看，在每万人卫生机构床位数、人均城市公园绿地面积、人均城市道路面积指标排位上升，农村居民人均纯收入、每万人卫生技术人员数、人均教育经费、万人城市公共汽车数指标排位下降以及其他指标排位不变的综合作用下，2014 年长治市社会环境发展指数排位上升了 2 位，居中原经济区第 12 位。

第23章
邢台市发展指数分析

一 邢台市发展评价分析

2013~2014年,邢台市发展指数及其下层指标评价值和排位变化情况,如表23-1和图23-1所示。

表23-1 邢台市2013~2014年发展评价值及排名

指标	经济发展指数	生态环境发展指数	社会环境发展指数	邢台市发展指数
2012年	31.93	52.39	23.27	32.13
2013年	31.58	67.66	26.29	35.93
2014年	33.75	68.46	28.73	37.94
2013年排名	21	22	27	26
2014年排名	20	25	27	26
升降	1	-3	0	0
优势度	中势	劣势	劣势	劣势
2014年全排名	24	34	34	33

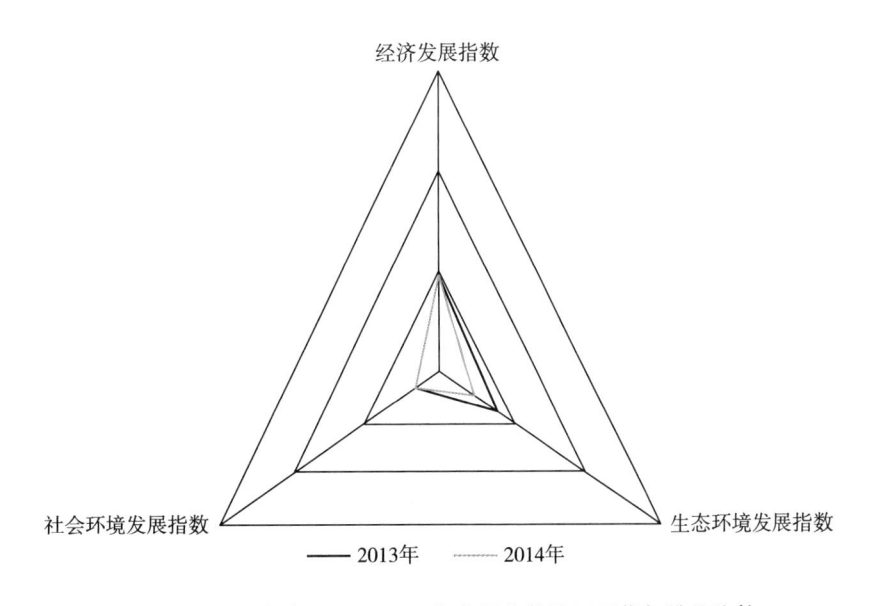

图23-1 邢台市2013~2014年发展指数及下层指标排位比较

（1）2014年邢台市发展指数排位处于第26位，表明其在中原经济区处于劣势地位，与2013年相比排位没有发生变化。

（2）从准则层指标的优势度看，经济发展指数是邢台市发展指数中的中势指标，生态环境发展指数和社会环境发展指数是邢台市发展指数中的劣势指标。

（3）从雷达图图形变化看，2014年与2013年相比，面积基本不变，邢台市发展指数排位呈平稳态势。

（4）从排位变化的动因看，在经济发展指数排位上升，生态环境发展指数排位下降和社会环境发展指数排位不变的综合作用下，2014年邢台市发展指数排位没有发生变化，居中原经济区第26位。

二 邢台市经济发展评价分析

2013～2014年，邢台市经济发展指数及其下层指标评价值和排位变化情况，如表23-2和图23-2所示。

表23-2 邢台市2013～2014年经济发展评价值及排名

指标	人均GDP	三次产业结构	非国有工业增加值占比	工业化指数	城镇化率	第一产业就业人数比重	人均全社会消费品零售总额	城镇化指数	劳均农作物播种面积	单产农用化肥施用量	单产农用大中型拖拉机动力	农业现代化指数	经济发展指数
2012年	34.38	50.43	58.82	42.48	24.90	30.77	28.22	26.78	43.39	8.41	19.61	36.10	31.93
2013年	33.64	47.19	63.24	42.27	27.14	31.89	30.22	28.71	9.84	1.29	15.04	8.90	31.58
2014年	33.70	47.19	76.12	44.88	29.29	33.43	33.30	30.80	9.86	4.28	17.11	9.61	33.75
2013年排名	24	19	18	21	14	23	22	18	22	28	17	26	21
2014年排名	26	21	14	23	16	21	22	19	22	27	17	27	20
升降	-2	-2	4	-2	-2	2	0	-1	0	1	0	-1	1
优势度	劣势	劣势	中势	劣势	中势	劣势	劣势	中势	劣势	劣势	中势	劣势	中势
2014年全排名	34	25	22	28	17	28	27	22	31	36	25	37	24

（1）2014年邢台市经济发展指数排位处于第20位，表明其在中原经济区处于中势地位，与2013年相比排位上升了1位。其中工业化指数排位处于第23位，与2013年相比排位下降了2位；城镇化指数排位处于第19位，与2013年相比排位下降了1位；农业现代化指数排位处于第27位，与2013年相比排位下降了1位。

（2）从方案层指标的优势度看，非国有工业增加值占比、城镇化率、单产农用大中型拖拉机动力是邢台市经济发展指数中的中势指标，人均GDP、三次产业结构、第一产业就业人数比重、人均全社会消费品零售总额、劳均农作物播种面积、单产农用化肥施用量是邢台市经济发展指数中的劣势指标。

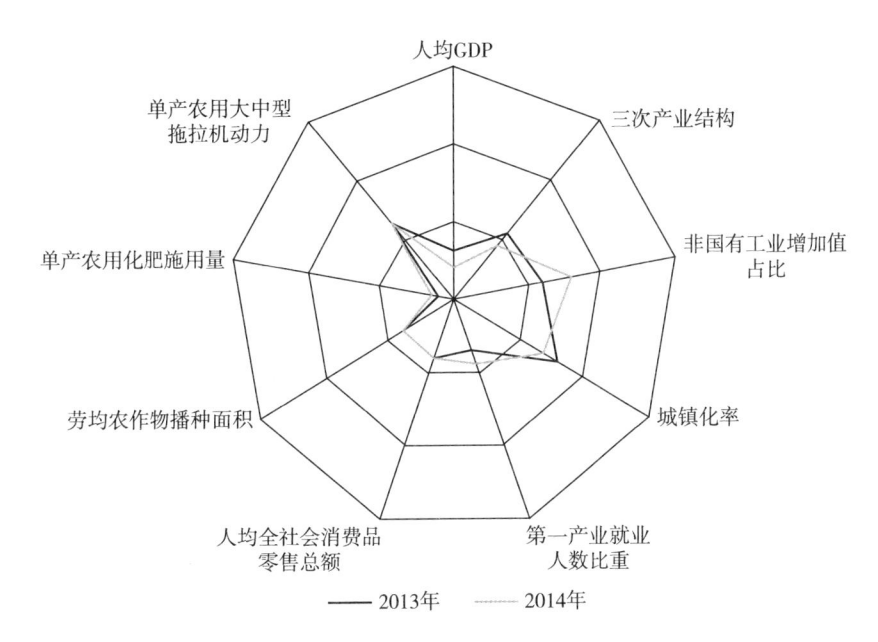

图 23－2　邢台市 2013~2014 年经济发展指数及下层指标排位比较

（3）从雷达图图形变化看，2014 年与 2013 年相比，面积稍微变大，邢台市经济发展指数排位呈上升趋势。

（4）从排位变化的动因看，在非国有工业增加值占比、第一产业就业人数比重、单产农用化肥施用量指标排位上升，人均 GDP、三次产业结构、城镇化率指标排位下降和其他指标排位不变的综合作用下，2014 年邢台市经济发展指数排位上升了 1 位，居中原经济区第 20 位。

三　邢台市生态环境发展评价分析

2013~2014 年，邢台市生态环境发展指数及其下层指标评价值和排位变化情况，如表 23－3 和图 23－3 所示。

表 23－3　邢台市 2013~2014 年生态环境发展评价值及排名

指标	万元 GDP 能耗	按辖区面积平均的工业烟尘排放量	工业固体废物综合利用率	生态环境发展指数
2012 年	55.56	72.81	21.40	52.39
2013 年	59.77	70.04	91.60	67.66
2014 年	63.63	58.19	94.86	68.46
2013 年排名	26	23	18	22
2014 年排名	25	26	15	25
升降	1	-3	3	-3
优势度	劣势	劣势	中势	劣势
2014 年全排名	34	35	23	34

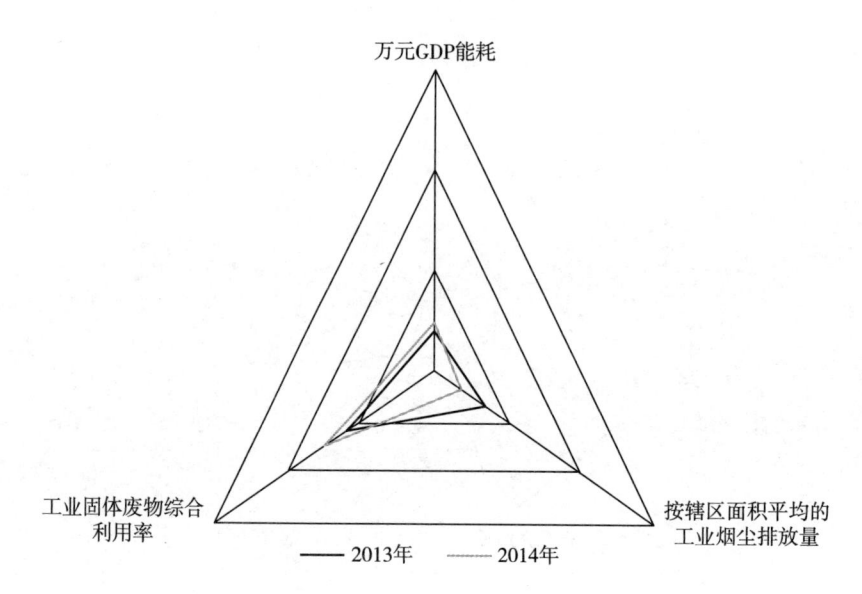

图 23-3 邢台市 2013~2014 年生态环境发展指数及下层指标排位比较

（1）2014 年邢台市生态环境发展指数排位处于第 25 位，表明其在中原经济区处于劣势地位，与 2013 年相比排位下降了 3 位。

（2）从方案层指标的优势度看，工业固体废物综合利用率是邢台市生态环境发展指数中的中势指标，万元 GDP 能耗、按辖区面积平均的工业烟尘排放量是邢台市生态环境发展指数中的劣势指标。

（3）从雷达图图形变化看，2014 年与 2013 年相比，面积稍微变小，邢台市生态环境发展指数排位呈下降态势。

（4）从排位变化的动因看，在万元 GDP 能耗、工业固体废物综合利用率指标排位上升和按辖区面积平均的工业烟尘排放量指标排位下降的综合作用下，2014 年邢台市生态环境发展指数排位下降了 3 位，居中原经济区第 25 位。

四 邢台市社会环境发展评价分析

2013~2014 年，邢台市社会环境发展指数及其下层指标评价值和排位变化情况，如表 23-4 和图 23-4 所示。

（1）2014 年邢台市社会环境发展指数排位处于第 27 位，表明其在中原经济区处于劣势地位，与 2013 年相比排位没有发生变化。其中收入指数排位处于第 25 位，与 2013 年相比排位上升了 1 位；健康指数排位处于第 23 位，与 2013 年相比排位上升了 2 位；教育指数排位处于第 25 位，与 2013 年相比排位上升了 3 位；城市生活环境指数排位处于第 4 位，与 2013 年相比排位下降了 2 位。

（2）从方案层指标的优势度看，人均城市道路面积、万人城市公共汽车数是邢台市社会环境发展指数中的优势指标，城乡居民收入结构、人均城市公园绿地面积是邢台市社

表 23－4 邢台市 2013~2014 年社会环境发展评价值及排名

指标	城乡居民收入结构	城镇居民人均可支配收入	农村居民人均纯收入	收入指数	每万人卫生技术人员数	每万人卫生机构床位数	健康指数	万人中小学专任教师数	人均教育经费	教育指数	人均城市公园绿地面积	人均城市道路面积	万人城市公共汽车数	城市生活环境指数	社会环境发展指数
2012 年	7.80	25.40	19.41	16.97	25.00	37.22	31.11	32.03	18.05	25.04	12.31	81.68	86.39	35.57	23.27
2013 年	15.67	19.52	21.57	18.92	27.93	45.29	36.61	26.16	14.05	20.10	43.75	65.28	16.72	62.62	26.29
2014 年	16.77	24.34	25.00	22.03	31.90	48.48	40.19	28.49	17.97	23.23	42.32	70.53	60.82	57.89	28.73
2013 年排名	14	29	25	26	24	24	25	25	30	28	6	4	3	2	27
2014 年排名	17	29	24	25	24	21	23	22	29	25	11	4	4	4	27
升降	-3	0	1	1	0	3	2	3	1	3	-5	0	1	-2	0
优势度	中势	劣势	劣势	劣势	劣势	劣势	劣势	劣势	劣势	劣势	中势	优势	优势	优势	劣势
2014 年全排名	24	36	31	32	29	27	30	31	36	33	16	4	3	5	34

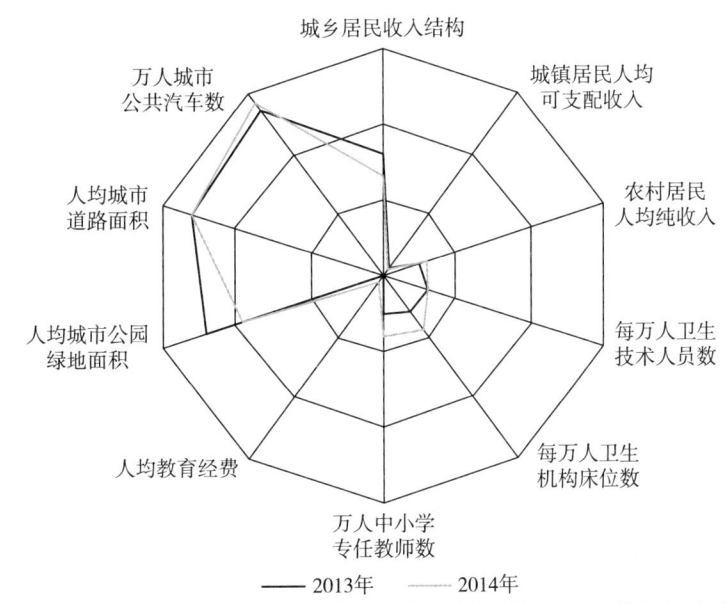

图 23－4 邢台市 2013~2014 年社会环境发展指数及下层指标排位比较

会环境发展指数中的中势指标,城镇居民人均可支配收入、农村居民人均纯收入、每万人卫生技术人员数、每万人卫生机构床位数、万人中小学专任教师数、人均教育经费教育是邢台市社会环境发展指数中的劣势指标。

(3) 从雷达图图形变化看,2014 年与 2013 年相比,面积基本不变,邢台市社会环境发展指数排位呈平稳态势。

(4) 从排位变化的动因看,在农村居民人均纯收入、每万人卫生机构床位数、万人中小学专任教师数、人均教育经费、万人城市公共汽车数指标排位上升,城乡居民收入结构、人均城市公园绿地面积指标排位下降和其他指标排位不变的综合作用下,2014 年邢台市社会环境发展指数排位没有发生变化,居中原经济区第 27 位。

第 24 章
邯郸市发展指数分析

一 邯郸市发展评价分析

2013~2014年，邯郸市发展指数及其下层指标评价值和排位变化情况，如表24-1和图24-1所示。

表24-1 邯郸市2013~2014年发展评价值及排名

指标	经济发展指数	生态环境发展指数	社会环境发展指数	邯郸市发展指数
2012年	38.12	45.57	28.74	37.98
2013年	37.19	59.13	34.13	39.88
2014年	46.29	56.11	33.53	44.11
2013年排名	16	28	7	20
2014年排名	8	28	15	15
升降	8	0	-8	5
优势度	优势	劣势	中势	中势
2014年全排名	10	38	21	19

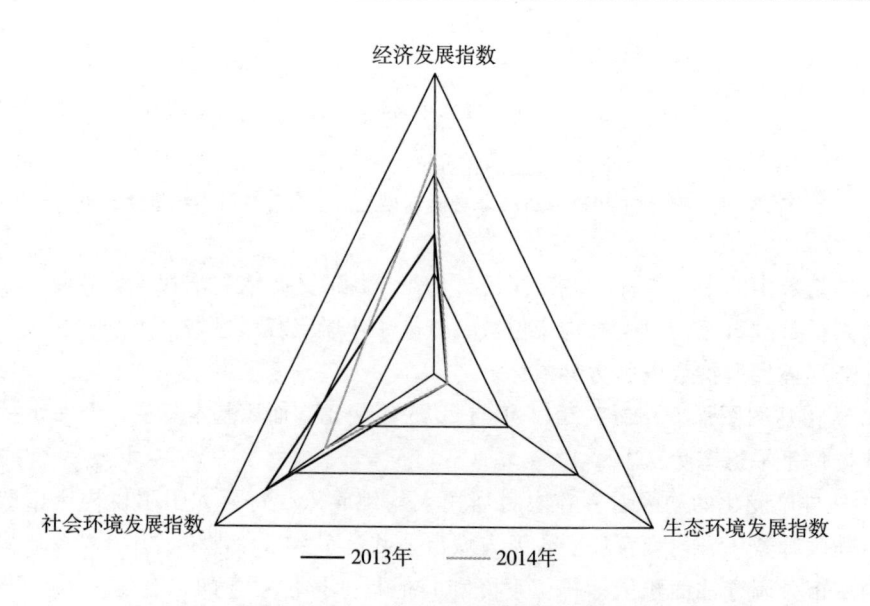

图24-1 邯郸市2013~2014年发展指数及下层指标排位比较

（1）2014年邯郸市发展指数排位处于第15位，表明其在中原经济区处于中势地位，与2013年相比排位上升了5位。

（2）从准则层指标的优势度看，经济发展指数是邯郸市发展指数中的优势指标，社会环境发展指数是邯郸市发展指数中的中势指标，生态环境发展指数是邯郸市发展指数中的劣势指标。

（3）从雷达图图形变化看，2014年与2013年相比，面积略微变大，邯郸市发展指数排位呈上升态势。

（4）从排位变化的动因看，在经济发展指数排位上升，社会环境发展指数排位下降和生态环境发展指数排位不变的综合作用下，2014年邯郸市发展指数排位上升了5位，居中原经济区第15位。

二 邯郸市经济发展评价分析

2013~2014年，邯郸市经济发展指数及其下层指标评价值和排位变化情况，如表24-2和图24-2所示。

表24-2 邯郸市2013~2014年经济发展评价值及排名

指标	人均GDP	三次产业结构	非国有工业增加值占比	工业化指数	城镇化率	第一产业就业人数比重	人均全社会消费品零售总额	城镇化指数	劳均农作物播种面积	单产农用化肥施用量	单产农用大中型拖拉机动力	农业现代化指数	经济发展指数
2012年	49.28	61.10	5.88	42.96	30.95	51.72	34.59	36.75	30.29	9.16	33.02	28.75	38.12
2013年	44.40	58.57	8.82	40.12	33.77	52.61	36.59	38.98	-1.64	4.52	20.98	1.53	37.19
2014年	46.70	59.67	62.35	52.43	46.07	53.74	39.66	47.36	-1.77	8.01	23.57	2.26	46.29
2013年排名	18	18	29	25	10	6	15	9	29	22	11	30	16
2014年排名	18	18	24	19	5	6	14	5	29	22	11	30	8
升降	0	0	5	6	5	0	1	4	0	0	0	0	8
优势度	中势	中势	劣势	中势	优势	优势	中势	优势	劣势	劣势	中势	劣势	优势
2014年全排名	23	21	33	23	5	11	15	6	39	30	16	40	10

（1）2014年邯郸市经济发展指数排位处于第8位，表明其在中原经济区处于优势地位，与2013年相比排位上升了8位。其中工业化指数排位处于第19位，与2013年相比排位上升了6位；城镇化指数排位处于第5位，与2013年相比排位上升了4位；农业现代化指数排位处于第30位，与2013年相比排位没有发生变化。

（2）从方案层指标的优势度看，城镇化率、第一产业就业人数比重是邯郸市经济发展指数中的优势指标，人均GDP、三次产业结构、人均全社会消费品零售总额、单产农用大中型拖拉机动力是邯郸市经济发展指数中的中势指标，非国有工业增加值占比、劳均

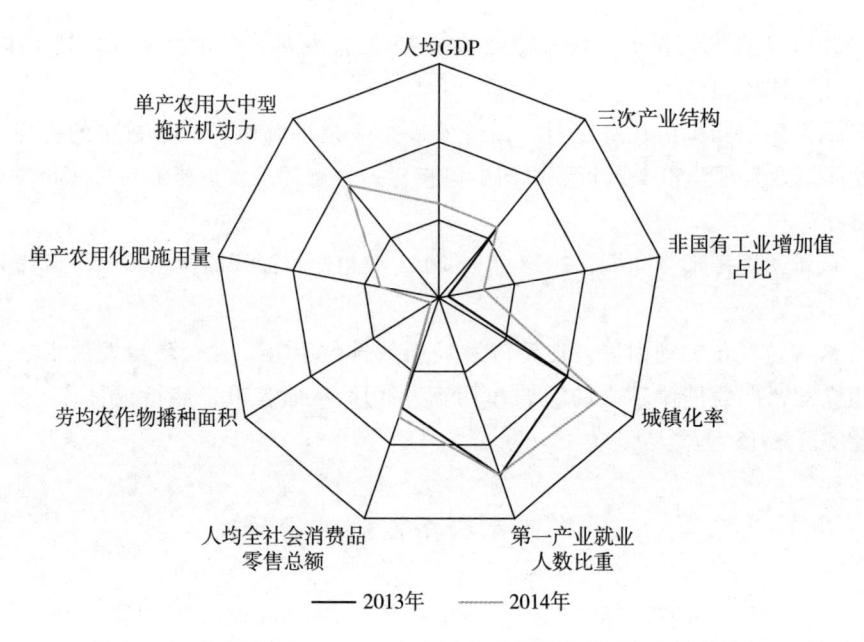

图 24-2　邯郸市 2013~2014 年经济发展指数及下层指标排位比较

农作物播种面积、单产农用化肥施用量是邯郸市经济发展指数中的劣势指标。

（3）从雷达图图形变化看，2014 年与 2013 年相比，面积明显变大，邯郸市经济发展指数排位呈上升态势。

（4）从排位变化的动因看，在非国有工业增加值占比、城镇化率、人均全社会消费品零售总额指标排位上升和其他指标排位保持不变的综合作用下，2014 年邯郸市经济发展指数排位上升了 8 位，居中原经济区第 8 位。

三　邯郸市生态环境发展评价分析

2013~2014 年，邯郸市生态环境发展指数及其下层指标评价值和排位变化情况，如表 24-3 和图 24-3 所示。

表 24-3　邯郸市 2013~2014 年生态环境发展评价值及排名

指标	万元 GDP 能耗	按辖区面积平均的工业烟尘排放量	工业固体废物综合利用率	生态环境发展指数
2012 年	54.41	37.62	24.09	45.57
2013 年	57.16	31.78	93.01	59.13
2014 年	61.42	0.01	94.54	56.11
2013 年排名	27	30	16	28
2014 年排名	27	30	16	28
升降	0	0	0	0
优势度	劣势	劣势	中势	劣势
2014 年全排名	36	40	24	38

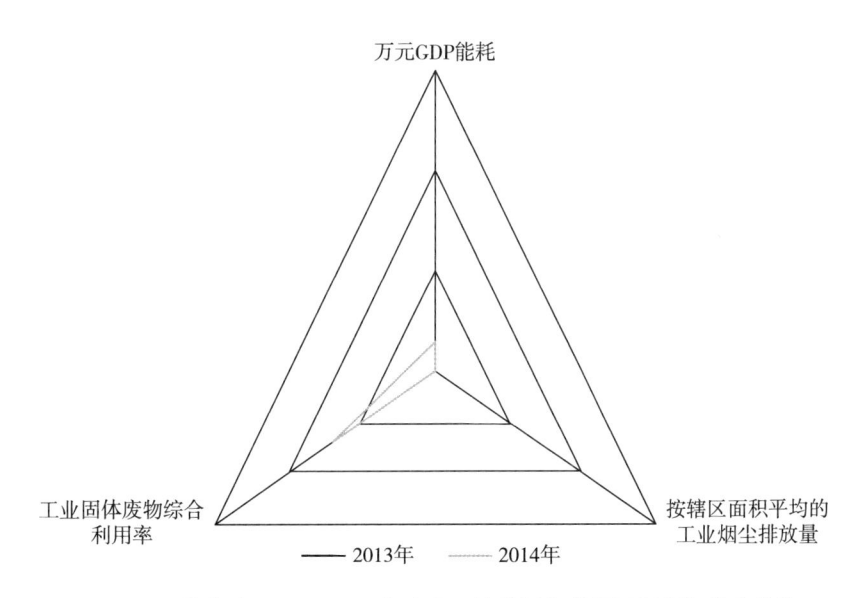

图 24 – 3　邯郸市 2013~2014 年生态环境发展指数及下层指标排位比较

（1）2014 年邯郸市生态环境发展指数排位处于第 28 位，表明其在中原经济区处于劣势地位，与 2013 年相比排位没有发生变化。

（2）从方案层指标的优势度看，工业固体废物综合利用率是邯郸市生态环境发展指数中的中势指标，万元 GDP 能耗、按辖区面积平均的工业烟尘排放量是邯郸市生态环境发展指数中的劣势指标。

（3）从雷达图图形变化看，2014 年与 2013 年相比，面积不变，邯郸市生态环境发展指数排位呈平稳态势。

（4）从排位变化的动因看，在按辖区面积平均的工业烟尘排放量、万元 GDP 能耗、工业固体废物综合利用率指标排位均没有发生变化的综合作用下，2014 年邯郸市生态环境发展指数排位没有发生变化，居中原经济区第 28 位。

四　邯郸市社会环境发展评价分析

2013~2014 年，邯郸市社会环境发展指数及其下层指标评价值和排位变化情况，如表 24 – 4 和图 24 – 4 所示。

（1）2014 年邯郸市社会环境发展指数排位处于第 15 位，表明其在中原经济区处于中势地位，与 2013 年相比排位下降了 8 位。其中收入指数排位处于第 12 位，与 2013 年相比排位下降 1 位；健康指数排位处于第 24 位，与 2013 年相比排位下降 1 位；教育指数排位处于第 22 位，与 2013 年相比排位没有发生变化；城市生活环境指数排位处于第 1 位，与 2013 年相比排位没有发生变化。

（2）从方案层指标的优势度看，城乡居民收入结构、人均城市公园绿地面积、人均城市道路面积、万人城市公共汽车数是邯郸市社会环境发展指数中的优势指标，农村居民

表 24-4 邯郸市 2013~2014 年社会环境发展评价值及排名

指标	城乡居民收入结构	城镇居民人均可支配收入	农村居民人均纯收入	收入指数	每万人卫生技术人员数	每万人卫生机构床位数	健康指数	万人中小学专任教师数	人均教育经费	教育指数	人均城市公园绿地面积	人均城市道路面积	万人城市公共汽车数	城市生活环境指数	社会环境发展指数
2012年	12.71	35.24	28.42	24.92	23.39	44.67	34.03	34.54	21.81	28.18	14.54	83.83	87.15	40.00	28.74
2013年	21.55	27.67	29.71	26.31	27.10	48.66	37.88	29.89	18.35	24.12	84.04	100.00	20.80	94.68	34.13
2014年	22.30	32.43	32.84	29.19	29.76	49.58	39.67	30.69	22.27	26.48	71.00	78.45	44.36	64.60	33.53
2013年排名	7	24	11	11	25	19	23	22	22	22	1	1	1	1	7
2014年排名	7	20	12	12	25	20	24	21	22	22	1	3	4	1	15
升降	0	4	-1	-1	0	-1	-1	1	0	0	0	-2	-3	0	-8
优势度	优势	中势	中势	中势	劣势	中势	劣势	劣势	劣势	劣势	优势	优势	优势	优势	中势
2014年全排名	11	22	15	15	30	26	31	30	26	30	1	3	5	1	21

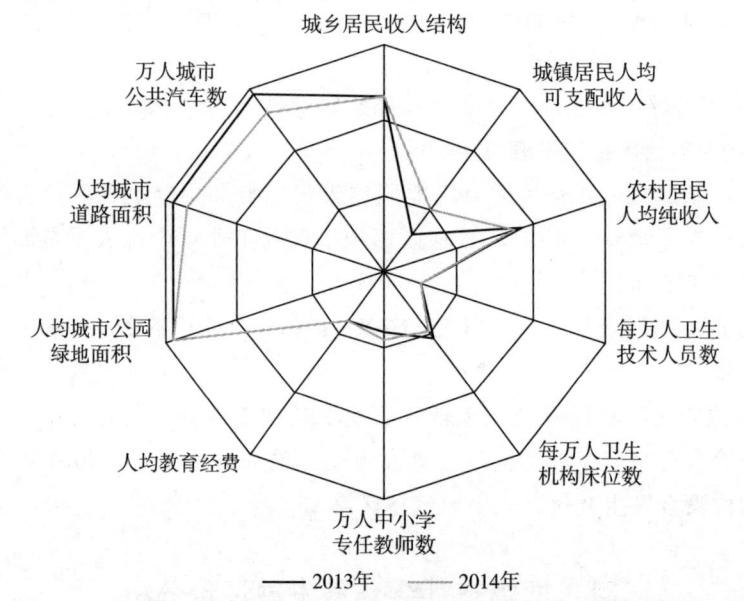

图 24-4 邯郸市 2013~2014 年社会环境发展指数及下层指标排位比较

人均纯收入、每万人卫生机构床位数、城镇居民人均可支配收入是邯郸市社会环境发展指数中的中势指标，每万人卫生技术人员数、万人中小学专任教师数、人均教育经费是邯郸市社会环境发展指数中的劣势指标。

（3）从雷达图图形变化看，2014 年与 2013 年相比，面积略微缩小，邯郸市社会环境发展指数排位呈下降态势。

（4）从排位变化的动因看，在城镇居民人均可支配收入、万人中小学专任教师数指标排位上升，农村居民人均纯收入、每万人卫生机构床位数、人均城市道路面积、万人城市公共汽车数指标排位下降和其他指标排位保持不变的综合作用下，2014 年邯郸市社会环境发展指数与 2013 年相比排位下降了 8 位，居中原经济区第 15 位。

第25章
聊城市发展指数分析

一 聊城市发展评价分析

2013~2014年,聊城市发展指数及其下层指标评价值和排位变化情况,如表25-1和图25-1所示。

表25-1 聊城市2013~2014年发展评价值及排名

指标	经济发展指数	生态环境发展指数	社会环境发展指数	聊城市发展指数
2012年	32.09	81.17	26.63	34.58
2013年	37.24	82.78	29.47	42.41
2014年	39.86	84.38	33.03	45.12
2013年排名	15	15	23	14
2014年排名	14	13	18	14
升降	1	2	5	0
优势度	中势	中势	中势	中势
2014年全排名	16	20	24	18

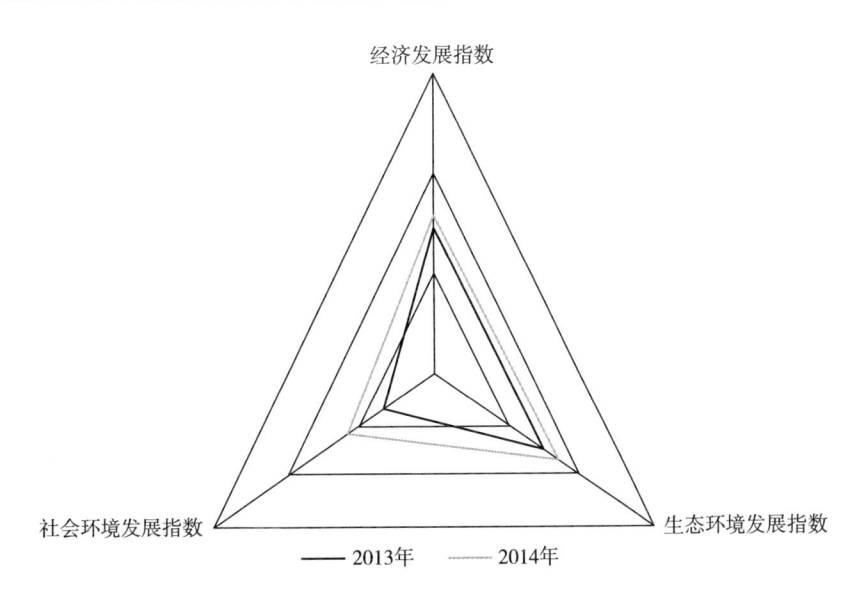

图25-1 聊城市2013~2014年发展指数及下层指标排位比较

(1) 2014年聊城市发展指数排位处于第14位,表明其在中原经济区处于中势地位,与2013年相比排位没有发生变化。

(2) 从准则层指标的优势度看,经济发展指数、生态环境发展指数、社会环境发展指数均是聊城市发展指数中的中势指标。

(3) 从雷达图图形变化看,2014年与2013年相比,面积略有增大,聊城市发展指数排位呈现上升趋势。

(4) 从排位变化的动因看,在经济发展指数、生态环境发展指数、社会环境发展指数均上升的综合作用下,2014年聊城市发展指数与2013年相比排位没有发生变化,居中原经济区第14位。

二 聊城市经济发展评价分析

2013~2014年,聊城市经济发展指数及其下层指标评价值和排位变化情况,如表25-2和图25-2所示。

表25-2 聊城市2013~2014年经济发展评价值及排名

指标	人均GDP	三次产业结构	非国有工业增加值占比	工业化指数	城镇化率	第一产业就业人数比重	人均全社会消费品零售总额	城镇化指数	劳均农作物播种面积	单产农用化肥施用量	单产农用大中型拖拉机动力	农业现代化指数	经济发展指数
2012年	53.36	63.55	97.06	64.14	7.99	30.22	41.19	17.31	38.03	8.78	34.58	34.69	32.09
2013年	54.29	63.19	95.82	64.38	23.30	33.00	43.14	28.01	-2.70	6.15	29.73	1.85	37.24
2014年	55.64	63.23	95.84	65.20	26.70	34.52	46.35	30.89	-2.57	56.86	33.08	10.76	39.86
2013年排名	8	14	2	5	19	22	4	20	30	19	5	29	15
2014年排名	9	16	3	7	19	18	4	18	30	2	6	26	14
升降	-1	-2	-1	-2	0	4	0	2	0	17	-1	3	1
优势度	优势	中势	优势	优势	中势	中势	优势	中势	劣势	优势	优势	劣势	中势
2014年全排名	10	18	10	8	20	25	5	21	40	3	10	36	16

(1) 2014年聊城市经济发展指数排位处于第14位,表明其在中原经济区处于中势地位,与2013年相比排位上升1位。其中工业化指数排位处于第7位,与2013年相比排位下降2位;城镇化指数排位处于第18位,与2013年相比排位上升2位;农业现代化指数排位处于第26位,与2013年相比排位上升3位。

(2) 从方案层指标的优势度看,人均GDP、非国有工业增加值占比、人均全社会消

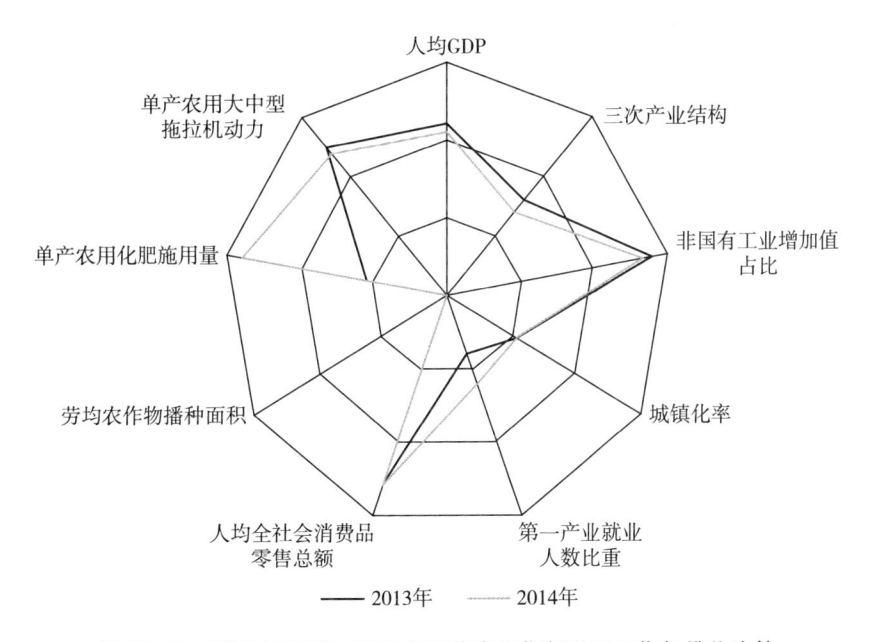

图 25-2 聊城市 2013~2014 年经济发展指数及下层指标排位比较

费品零售总额、单产农用化肥施用量、单产农用大中型拖拉机动力是聊城市经济发展指数中的优势指标，三次产业结构、城镇化率、第一产业就业人数比重是聊城市经济发展指数中的中势指标，劳均农作物播种面积是聊城市经济发展指数中的劣势指标。

（3）从雷达图图形变化看，2014 年与 2013 年相比，面积明显扩大，聊城市经济发展指数排位呈现上升趋势。

（4）从排位变化的动因看，在第一产业就业人数比重、单产农用化肥施用量指标排位上升，人均 GDP、三次产业结构、非国有工业增加值占比、单产农用大中型拖拉机动力指标排位下降和其他指标排位保持不变的综合作用下，2014 年聊城市经济发展指数较 2013 年相比排位上升 1 位，居中原经济区第 14 位。

三　聊城市生态环境发展评价分析

2013~2014 年，聊城市生态环境发展指数及其下层指标评价值和排位变化情况，如表 25-3 和图 25-3 所示。

（1）2014 年聊城市生态环境发展指数排位处于第 13 位，表明其在中原经济区处于中势地位，与 2013 年相比排位上升 2 位。

（2）从方案层指标的优势度看，按辖区面积平均的工业烟尘排放量是聊城市生态环境发展指数中的优势指标，工业固体废物综合利用率是聊城市生态环境发展指数中的中势指标，万元 GDP 能耗是聊城市生态环境发展指数中的劣势指标。

（3）从雷达图图形变化看，2014 年与 2013 年相比，面积略微变大，聊城市生态环境发展指数排位呈上升态势。

表 25 – 3　聊城市 2013~2014 年生态环境发展评价值及排名

指标	万元 GDP 能耗	按辖区面积平均的工业烟尘排放量	工业固体废物综合利用率	生态环境发展指数
2012 年	73.95	93.26	93.17	81.17
2013 年	75.41	92.63	97.52	82.78
2014 年	77.71	92.54	98.46	84.38
2013 年排名	21	10	11	15
2014 年排名	21	9	12	13
升降	0	1	-1	2
优势度	劣势	优势	中势	中势
2014 年全排名	29	16	20	20

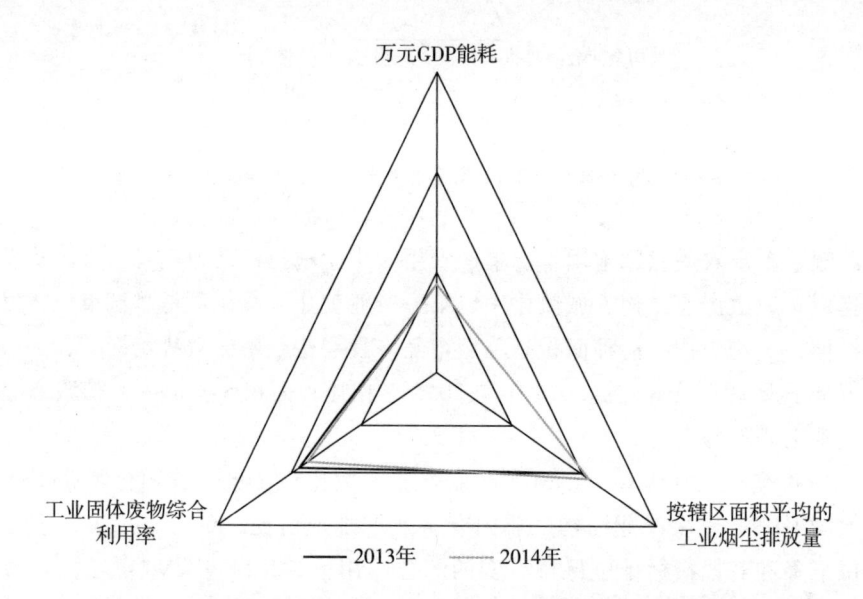

图 25 – 3　聊城市 2013~2014 年生态环境发展指数及下层指标排位比较

（4）从排位变化的动因看，在按辖区面积平均的工业烟尘排放量指标排位上升、工业固体废物综合利用率指标排位下降和万元 GDP 能耗指标排位保持不变的综合作用下，聊城市生态环境发展指数比 2013 年上升 2 位，居中原经济区第 13 位。

四　聊城市社会环境发展评价分析

2013~2014 年，聊城市社会环境发展指数及其下层指标评价值和排位变化情况，如表 25 – 4 和图 25 – 4 所示。

（1）2014 年聊城市社会环境发展指数排位处于第 18 位，表明其在中原经济区处于中势地位，与 2013 年相比排位上升了 5 位；其中收入指数排位处于第 6 位，与 2013 年相比

表 25-4 聊城市 2013~2014 年社会环境发展评价值及排名

指标	城乡居民收入结构	城镇居民人均可支配收入	农村居民人均纯收入	收入指数	每万人卫生技术人员数	每万人卫生机构床位数	健康指数	万人中小学专任教师数	人均教育经费	教育指数	人均城市公园绿地面积	人均城市道路面积	万人城市公共汽车数	城市生活环境指数	社会环境发展指数
2012 年	10.72	40.71	30.22	26.67	27.03	40.84	33.94	18.10	18.74	18.42	19.37	79.71	27.01	37.86	26.63
2013 年	12.42	42.62	32.64	29.23	34.43	50.23	42.33	19.59	17.99	18.79	21.14	77.44	5.57	39.89	29.47
2014 年	13.74	46.75	35.85	32.12	37.00	51.29	44.15	22.76	21.91	22.33	29.88	83.21	35.89	49.66	33.03
2013 年排名	18	2	6	6	21	18	20	28	23	30	19	3	19	9	23
2014 年排名	20	2	6	6	21	18	19	27	23	28	22	2	5	6	18
升降	-2	0	0	0	0	0	1	1	0	2	-3	1	14	3	5
优势度	中势	优势	优势	优势	劣势	中势	中势	劣势	劣势	劣势	劣势	优势	优势	优势	中势
2014 年全排名	29	2	8	8	24	23	23	37	28	37	27	2	8	8	24

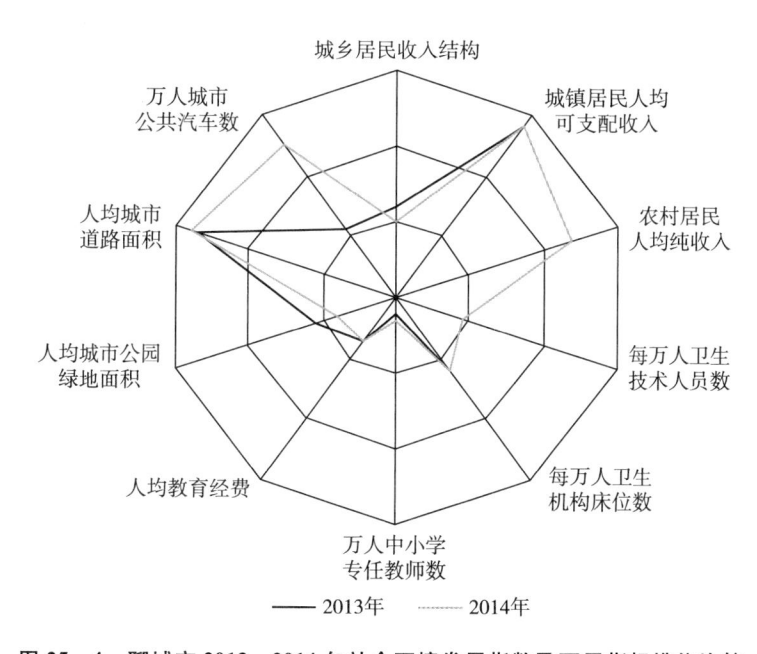

图 25-4 聊城市 2013~2014 年社会环境发展指数及下层指标排位比较

排位没有变化；健康指数排位处于第 19 位，与 2013 年相比排位上升了 1 位；教育指数排位处于第 28 位，与 2013 年相比排位上升了 2 位；城市生活环境指数排位处于第 6 位，与 2013 年相比排位上升了 3 位。

（2）从方案层指标的优势度看，城镇居民人均可支配收入、农村居民人均纯收入、人均城市道路面积、万人城市公共汽车数是聊城市社会环境发展指数中的优势指标，城乡居民收入结构、每万人卫生机构床位数是聊城市社会环境发展指数中的中势指标，每万人卫生技术人员数、万人中小学专任教师数、人均教育经费、人均城市公园绿地面积是聊城市社会环境发展指数中的劣势指标。

（3）从雷达图图形变化看，2014年与2013年相比，面积明显扩大，聊城市社会环境发展指数排位呈上升趋势。

（4）从排位变化的动因看，在万人中小学专任教师数、人均城市道路面积、万人城市公共汽车数指标排位上升，城乡居民收入结构、人均城市公园绿地面积指标排位下降和其他指标排位保持不变的综合作用下，2014年聊城市社会环境发展指数排位上升5位，居中原经济区第18位。

第26章
菏泽市发展指数分析

一 菏泽市发展评价分析

2013~2014年,菏泽市发展指数及其下层指标评价值和排位变化情况,如表26-1和图26-1所示。

表26-1 菏泽市2013~2014年发展评价值及排名

指标	经济发展指数	生态环境发展指数	社会环境发展指数	菏泽市发展指数
2012年	35.37	82.79	27.84	37.98
2013年	34.92	83.38	29.62	41.31
2014年	37.68	82.98	31.33	43.21
2013年排名	18	13	22	15
2014年排名	17	15	24	16
升降	1	-2	-2	-1
优势度	中势	中势	劣势	中势
2014年全排名	19	22	31	20

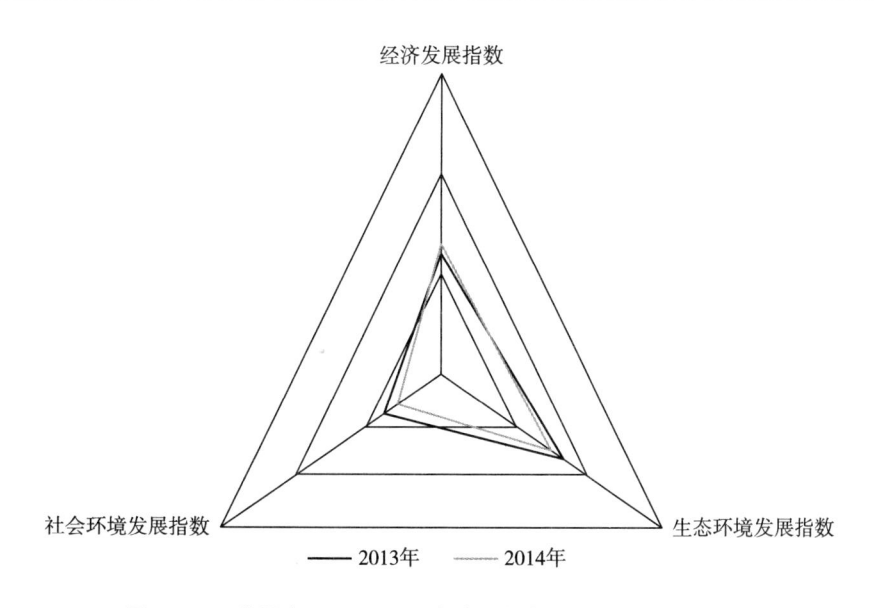

图26-1 菏泽市2013~2014年发展指数及下层指标排位比较

（1）2014年菏泽市发展指数排位处于第16位，表明其在中原经济区处于中势地位，与2013年相比排位下降1位。

（2）从准则层指标的优势度看，经济发展指数、生态环境发展指数是菏泽市发展指数中的中势指标，社会环境发展指数是菏泽市发展指数中的劣势指标。

（3）从雷达图图形变化看，2014年与2013年相比，面积略有缩小，菏泽发展指数排位呈现下降趋势。

（4）从排位变化的动因看，在经济发展指数排位上升和生态环境发展指数及社会环境发展指数排位下降的综合作用下，2014年菏泽市发展指数排位下降1位，居中原经济区第16位。

二　菏泽市经济发展评价分析

2013~2014年，菏泽市经济发展指数及其下层指标评价值和排位变化情况，如表26-2和图26-2所示。

表26-2　菏泽市2013~2014年经济发展评价值及排名

指标	人均GDP	三次产业结构	非国有工业增加值占比	工业化指数	城镇化率	第一产业就业人数比重	人均全社会消费品零售总额	城镇化指数	劳均农作物播种面积	单产农用化肥施用量	单产农用大中型拖拉机动力	农业现代化指数	经济发展指数
2012年	34.62	58.21	95.59	51.53	19.91	39.5	35.72	26.69	59	9.09	37.22	50.63	35.37
2013年	37.05	61.77	95.63	53.71	22.52	40.38	37.76	28.84	3.3	4.11	40.55	6.96	34.92
2014年	38.98	64.47	95.91	55.46	25.09	41.75	42.46	31.33	3.94	64.11	44.84	17.88	37.68
2013年排名	22	16	3	14	20	12	13	17	28	24	2	27	18
2014年排名	22	14	2	14	20	12	10	16	25	1	2	15	17
升降	0	2	1	0	0	0	3	1	3	23	0	12	1
优势度	劣势	中势	优势	中势	中势	中势	优势	中势	劣势	优势	优势	中势	中势
2014年全排名	28	16	9	18	21	19	11	19	34	2	6	24	19

（1）2014年菏泽市经济发展指数排位处于第17位，表明其在中原经济区处于中势地位，与2013年相比排位上升1位。其中工业化指数排位处于第14位，与2013年相比排位不变；城镇化指数排位处于第16位，与2013年相比排位上升1位；农业现代化指数排位处于第15位，与2013年相比排位上升12位。

（2）从方案层指标的优势度看，非国有工业增加值占比、人均全社会消费品零售总额、单产农用化肥施用量、单产农用大中型拖拉机动力是菏泽市经济发展指数中的优势指标，人均GDP、劳均农作物播种面积是菏泽市经济发展指数中的劣势指标，其余为菏泽市经济发展指数中的中势指标。

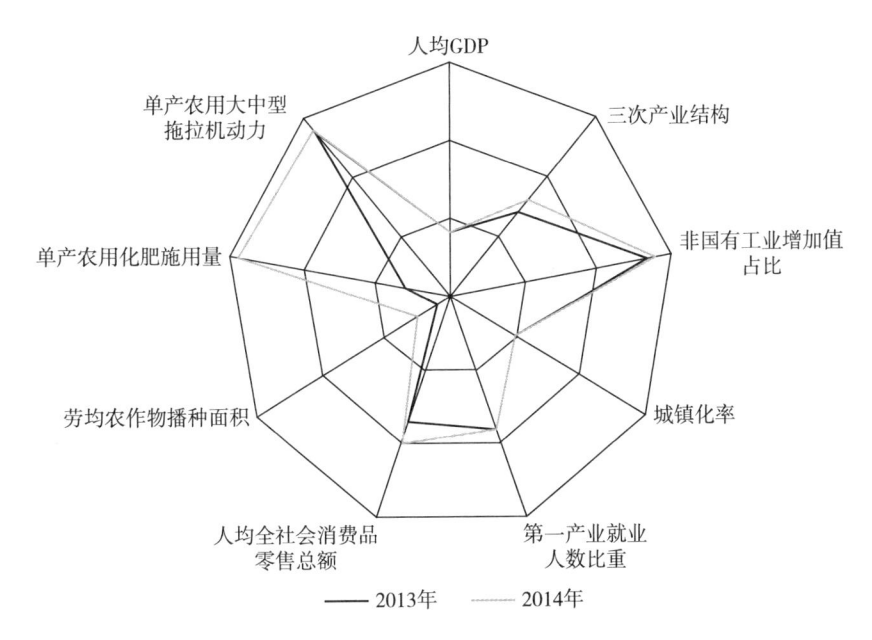

图 26-2 菏泽市 2013~2014 年经济发展指数及下层指标排位比较

（3）从雷达图图形变化看，2014年与2013年相比，面积略有增大，经济发展指数排位呈上升态势。

（4）从排位变化的动因看，在三次产业结构、非国有工业增加值占比、人均社会消费品零售总额、劳均农作物播种面积、单产农用化肥施用量指标排位上升的综合作用下，2014年菏泽市经济发展指数排位上升1位，居中原经济区第17位。

三 菏泽市生态环境发展评价分析

2013~2014 年，菏泽市生态环境发展指数及其下层指标评价值和排位变化情况，如表 26-3 和图 26-3 所示。

表 26-3 菏泽市 2013~2014 年生态环境发展评价值及排名

指标	万元 GDP 能耗	按辖区面积平均的工业烟尘排放量	工业固体废物综合利用率	生态环境发展指数
2012 年	74.33	93.8	100	82.79
2013 年	76.48	89.77	100	83.38
2014 年	78.00	82.55	100	82.98
2013 年排名	18	14	1	13
2014 年排名	19	17	1	15
升降	-1	-3	0	-2
优势度	中势	中势	优势	中势
2014 年全排名	27	25	1	22

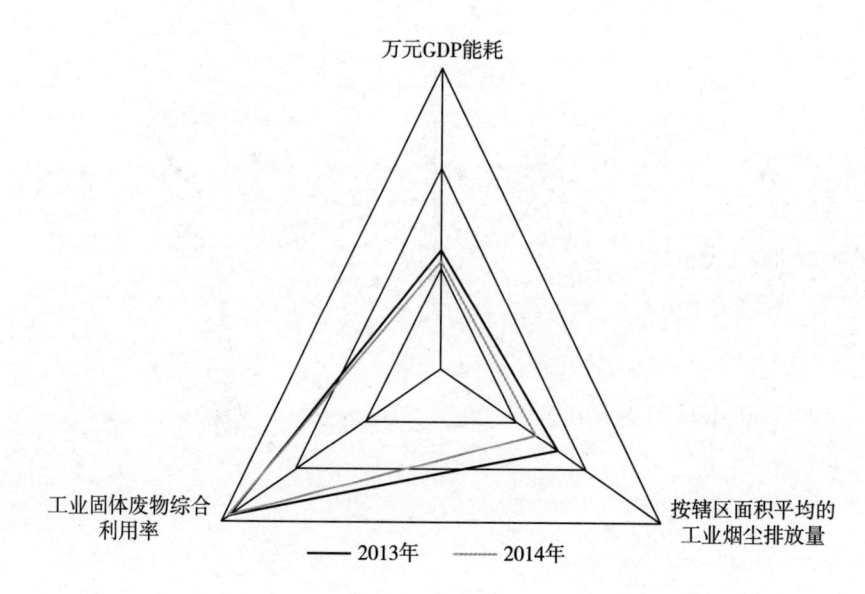

图 26 - 3 菏泽市 2013~2014 年生态环境发展指数及下层指标排位比较

（1）2014 年菏泽市生态环境发展指数排位处于第 15 位，表明其在中原经济区处于中势地位，与 2013 年相比排位下降 2 位。

（2）从方案层指标的优势度看，万元 GDP 能耗、按辖区面积平均的工业烟尘排放量是菏泽市生态环境发展指数中的中势指标，工业固体废物综合利用率是菏泽市生态环境发展指数中的优势指标。

（3）从雷达图图形变化看，2014 年与 2013 年相比，面积略有缩小，生态环境发展指数排位呈下降趋势。

（4）从排位变化的动因看，在万元 GDP 能耗、按辖区面积平均的工业烟尘排放量指标排位下降的综合作用下，2014 年菏泽市生态环境发展指数排位下降 2 位，居中原经济区第 15 位。

四 菏泽市社会环境发展评价分析

2013~2014 年，菏泽市社会环境发展指数及其下层指标评价值和排位变化情况，如表 26 - 4 和图 26 - 4 所示。

（1）2014 年菏泽市社会环境发展指数排位处于第 24 位，表明其在中原经济区处于劣势地位，与 2013 年相比排位下降 2 位。其中教育指数排位处于第 19 位，与 2013 年相比排位下降 5 位；城市生活环境指数排位处于第 26 位，与 2013 年相比排位下降 1 位；健康指数排位处于第 18 位，与 2013 年相比排位下降 1 位；收入指数排位处于第 11 位，与 2013 年相比排位下降 1 位。

（2）从方案层指标的优势度看，城乡居民收入结构、每万人卫生技术人员数、万人中小学专任教师数是菏泽市社会环境发展指数中的优势指标，城镇居民人均可支配收入、

（1）2014年淮北市发展指数排位处于第8位，表明其在中原经济区处于优势地位，与2013年相比排位不变。

（2）从准则层指标的优势度看，经济发展指数是淮北市发展指数中的优势指标，生态环境发展指数是淮北市发展指数中的中势指标，社会环境发展指数是淮北市发展指数中的劣势指标。

（3）从雷达图图形变化看，2014年与2013年相比，面积基本不变，淮北发展指数排位呈平稳趋势。

（4）从排位变化的动因看，在生态环境发展指数、社会环境发展指数排位下降的综合作用下，2014年淮北市发展指数排位不变，居中原经济区第8位。

二 淮北市经济发展评价分析

2013～2014年，淮北市经济发展指数及其下层指标评价值和排位变化情况，如表27-2和图27-2所示。

表27-2 淮北市2013～2014年经济发展评价值及排名

指标	人均GDP	三次产业结构	非国有工业增加值占比	工业化指数	城镇化率	第一产业就业人数比重	人均全社会消费品零售总额	城镇化指数	劳均农作物播种面积	单产农用化肥施用量	单产农用大中型拖拉机动力	农业现代化指数	经济发展指数
2012年	45.48	76.71	45.59	51.75	50.53	48.83	25.82	47.46	34.27	23.38	30	32.52	47.88
2013年	47.45	77.42	26.04	49.16	52.68	49.36	27.76	49.07	34.76	4.38	33.7	29.57	47.99
2014年	49.15	79.09	36.71	52.65	55.00	50.41	30.77	51.14	37.26	5.89	35.42	31.83	50.49
2013年排名	13	7	28	19	2	10	23	3	9	23	3	9	6
2014年排名	13	7	29	18	2	8	24	2	7	24	4	7	6
升降	0	0	-1	1	0	2	-1	1	2	-1	-1	2	0
优势度	中势	优势	劣势	中势	优势	优势	劣势	优势	优势	劣势	优势	优势	优势
2014年全排名	15	8	38	22	2	13	30	2	14	32	8	13	7

（1）2014年淮北市经济发展指数排位处于第6位，表明其在中原经济区处于优势地位，与2013年相比排位不变。其中工业化指数排位处于第18位，与2013年相比排位上升1位；城镇化指数排位处于第2位，与2013年相比排位上升1位；农业现代化指数排位处于第7位，与2013年相比排位上升2位。

（2）从方案层指标的优势度看，三次产业结构、城镇化率、第一产业就业人数比重、劳均农作物播种面积、单产农用大中型拖拉机动力是淮北市经济发展指数中的优势指标，非国有工业增加值占比、人均全社会消费品零售总额、单产农用化肥施用量是淮北市经济发展指数中的劣势指标，其余指标为淮北市经济发展指数中的中势指标。

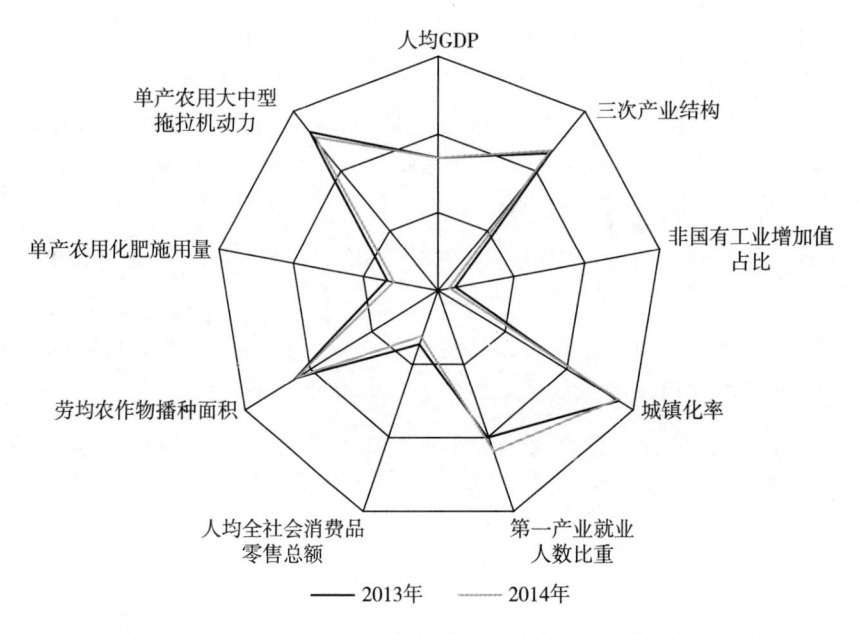

图 27-2 淮北市 2013~2014 年经济发展指数及下层指标排位比较

（3）从雷达图图形变化看，2014 年与 2013 年相比，面积基本不变，经济发展指数排位呈平稳趋势。

（4）从排位变化的动因看，在第一产业就业人数比重、劳均农作物播种面积指标排位上升和非国有工业增加值占比、人均全社会消费品零售总额、单产农用化肥施用量、单产农用大中型拖拉机动力指标排位下降的综合作用下，2014 年淮北市经济发展指数排位不变，居中原经济区第 6 位。

三 淮北市生态环境发展评价分析

2013~2014 年，淮北市生态环境发展指数及其下层指标评价值和排位变化情况，如表 27-3 和图 27-3 所示。

表 27-3 淮北市 2013~2014 年生态环境发展评价值及排名

指标	万元 GDP 能耗	按辖区面积平均的工业烟尘排放量	工业固体废物综合利用率	生态环境发展指数
2012 年	73.95	65.17	92.62	75.8
2013 年	76.05	68.68	88.64	77.03
2014 年	78.93	66.03	92.10	78.98
2013 年排名	19	26	20	18
2014 年排名	18	24	20	19
升降	1	2	0	-1
优势度	中势	劣势	中势	中势
2014 年全排名	26	33	29	27

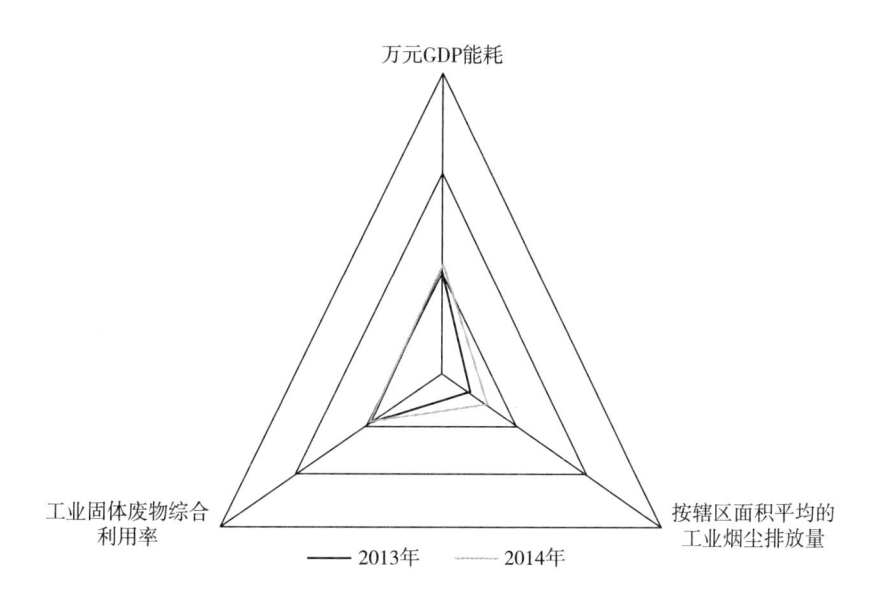

图 27-3　淮北市 2013~2014 年生态环境发展指数及下层指标排位比较

（1）2014 年淮北市生态环境发展指数排位处于第 19 位，表明其在中原经济区处于中势地位，与 2013 年相比排位下降 1 位。

（2）从方案层指标的优势度看，万元 GDP 能耗、工业固体废物综合利用率是淮北市生态环境发展指数中的中势指标，按辖区面积平均的工业烟尘排放量是淮北市生态环境发展指数中的劣势指标。

（3）从雷达图图形变化看，2014 年与 2013 年相比，面积略有增加，生态环境发展指数排位呈上升态势。

（4）从排位变化的动因看，在万元 GDP 能耗和按辖区面积平均的工业烟尘排放量指标排位上升的综合作用下，2014 年淮北市生态环境发展指数排位下降 1 位，居中原经济区第 19 位。

四　淮北市社会环境发展评价分析

2013~2014 年，淮北市社会环境发展指数及其下层指标评价值和排位变化情况，如表 27-4 和图 27-4 所示。

（1）2014 年淮北市社会环境发展指数排位处于第 26 位，表明其在中原经济区处于劣势地位，与 2013 年相比排位下降 1 位。其中教育指数排位处于第 29 位，与 2013 年相比排位下降 5 位；城市生活环境指数排位处于第 18 位，与 2013 年相比排位下降 1 位；健康指数排位处于第 8 位，与 2013 年相比排位下降 2 位；收入指数排位处于第 20 位，与 2013 年相比排位不变。

（2）从方案层指标的优势度看，每万人卫生机构床位数是淮北市社会环境发展指数中的优势指标，城乡居民收入结构、万人中小学专任教师数、人均教育经费、万人城市公

表 27-4 淮北市 2013~2014 年社会环境发展评价值及排名

指标	城乡居民收入结构	城镇居民人均可支配收入	农村居民人均纯收入	收入指数	每万人卫生技术人员数	每万人卫生机构床位数	健康指数	万人中小学专任教师数	人均教育经费	教育指数	人均城市公园绿地面积	人均城市道路面积	万人城市公共汽车数	城市生活环境指数	社会环境发展指数
2012 年	3.62	37.24	23.02	20.7	36.7	63.08	49.89	31.55	15.96	23.75	100	34.67	38.03	61.62	30.18
2013 年	9.62	33.02	25.27	22.64	37.1	67.73	52.42	31.18	14.35	22.77	40.22	36.33	4.91	31.4	28.31
2014 年	11.96	35.43	28.23	25.21	38.86	67.49	53.18	23.28	18.27	20.78	40.90	32.79	10.82	28.17	28.77
2013 年排名	23	11	20	20	16	4	6	21	29	24	8	18	23	17	25
2014 年排名	24	12	20	20	18	6	8	26	28	29	12	16	23	18	26
升降	-1	-1	0	0	-2	-2	-2	-5	1	-5	-4	2	0	-1	-1
优势度	劣势	中势	中势	中势	中势	优势	优势	劣势	劣势	劣势	中势	中势	劣势	中势	劣势
2014 年全排名	34	13	25	25	21	7	10	36	35	39	17	25	31	25	33

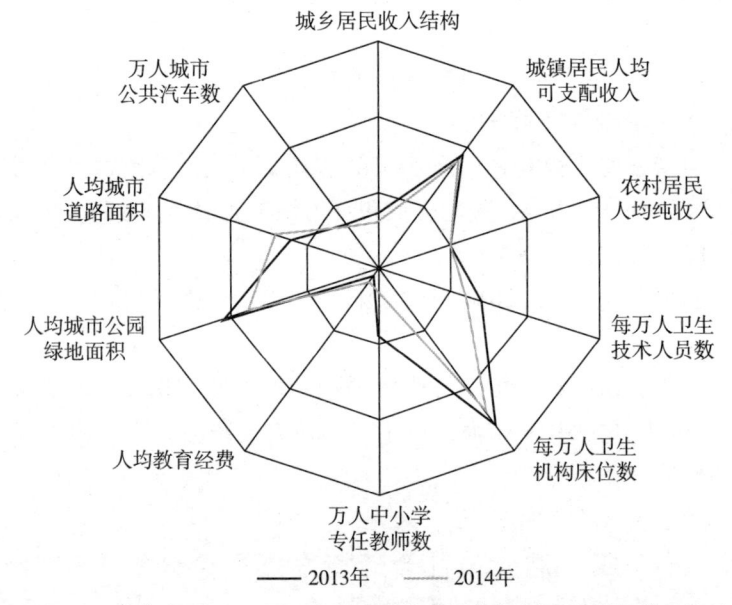

图 27-4 淮北市 2013~2014 年社会环境发展指数及下层指标排位比较

共汽车数是淮北市社会环境发展指数中的劣势指标，其余指标为淮北市社会环境发展指数中的中势指标。

（3）从雷达图图形变化看，2014 年与 2013 年相比，面积略有减少，社会环境发展指数排位呈下降趋势。

（4）从排位变化的动因看，在人均教育经费、人均城市道路面积指标排位上升和城乡居民收入结构、城镇居民人均可支配收入、每万人卫生技术人员数、每万人卫生机构床位数、万人中小学专任教师数、人均城市公园绿地面积指标排位下降的综合作用下，2014 年淮北市社会环境发展指数排位下降 1 位，居中原经济区第 26 位。

第28章
宿州市发展指数分析

一 宿州市发展评价分析

2013~2014年，宿州市发展指数及其下层指标评价值和排位变化情况，如表28-1和图28-1所示。

表28-1 宿州市2013~2014年发展评价值及排名

指标	经济发展指数	生态环境发展指数	社会环境发展指数	宿州市发展指数
2012年	22	73.43	19.98	29.28
2013年	23.26	78.16	20	31.28
2014年	26.75	82.64	20.75	34.12
2013年排名	28	17	28	30
2014年排名	27	17	30	30
升降	1	0	-2	0
优势度	劣势	中势	劣势	劣势
2014年全排名	34	24	40	39

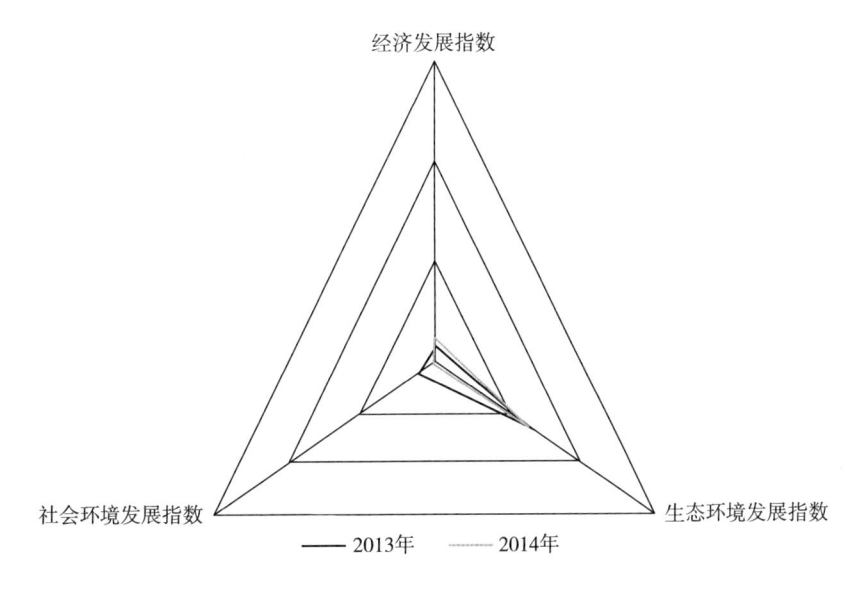

图28-1 宿州市2013~2014年发展指数及下层指标排位比较

（1）2014年宿州市发展指数排位处于第30位，表明其在中原经济区处于劣势地位，与2013年相比排位不变。

（2）从准则层指标的优势度看，生态环境发展指数是宿州市发展指数中的中势指标，经济发展指数、社会环境发展指数是宿州市发展指数中的劣势指标。

（3）从雷达图图形变化看，2014年与2013年相比，面积基本不变，宿州发展指数排位呈平稳趋势。

（4）从排位变化的动因看，在经济发展指数排位上升和社会环境发展指数排位下降的综合作用下，2014年宿州市发展指数排位不变，居中原经济区第30位。

二　宿州市经济发展评价分析

2013~2014年，宿州市经济发展指数及其下层指标评价值和排位变化情况，如表28-2和图28-2所示。

表28-2　宿州市2013~2014年经济发展评价值及排名

指标	人均GDP	三次产业结构	非国有工业增加值占比	工业化指数	城镇化率	第一产业就业人数比重	人均全社会消费品零售总额	城镇化指数	劳均农作物播种面积	单产农用化肥施用量	单产农用大中型拖拉机动力	农业现代化指数	经济发展指数
2012年	26.49	14.12	75	33.72	10.66	31.93	9.24	16.05	32.76	7.39	26.09	29.24	22
2013年	27.62	18.03	61.07	32.39	12.86	34.39	11.27	18.28	39.56	5.44	28.37	32.79	23.26
2014年	30.69	25.25	79.57	39.38	15.00	35.62	14.48	20.30	41.82	6.41	30.62	34.82	26.75
2013年排名	28	26	21	28	25	19	30	27	5	20	6	5	28
2014年排名	28	26	12	27	26	15	30	28	6	23	8	6	27
升降	0	0	9	1	-1	4	0	-1	-1	-3	-2	-1	1
优势度	劣势	劣势	中势	劣势	劣势	中势	劣势	劣势	优势	中势	优势	优势	劣势
2014年全排名	36	32	20	35	30	22	39	35	11	31	12	11	34

（1）2014年宿州市经济发展指数排位处于第27位，表明其在中原经济区处于劣势地位，与2013年相比排位上升1位。其中工业化指数排位处于第27位，与2013年相比排位上升1位；城镇化指数排位处于第28位，与2013年相比排位下降1位；农业现代化指数排位处于第6位，与2013年相比排位下降1位。

（2）从方案层指标的优势度看，劳均农作物播种面积、单产农用大中型拖拉机动力是宿州市经济发展指数中的优势指标，人均GDP、三次产业结构、城镇化率、人均全社会消费品零售总额、单产农用化肥施用量是宿州市经济发展指数中的劣势指标，其余为宿州市经济发展指数中的中势指标。

（3）从雷达图图形变化看，2014年与2013年相比，面积略有增大，经济发展指数排

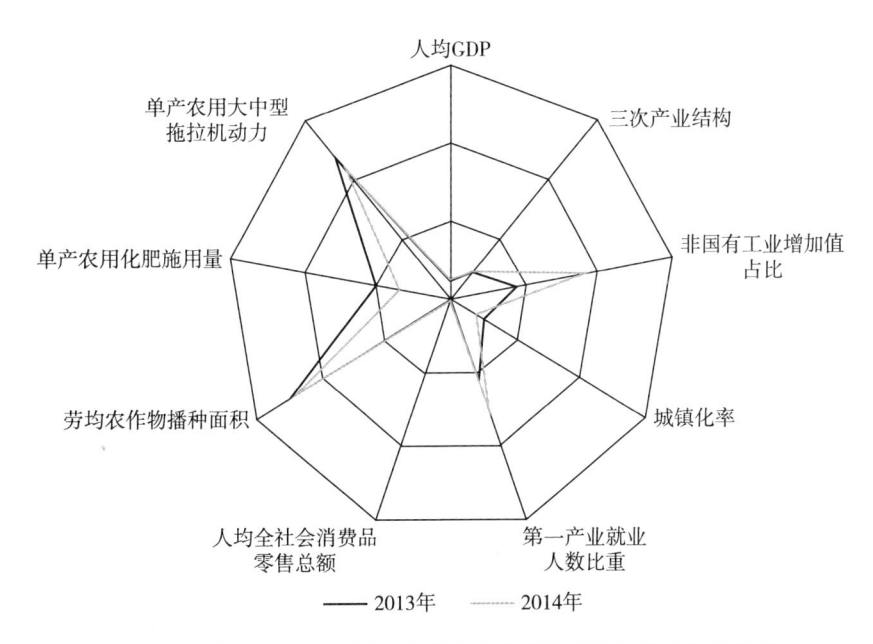

图 28-2 宿州市 2013~2014 年经济发展指数及下层指标排位比较

位上升 1 位。

（4）从排位变化的动因看，在非国有工业增加值占比、第一产业就业人数比重指标排位上升和城镇化率、劳均农作物播种面积、单产农用化肥施用量、单产农用大中型拖拉机动力指标排位下降的综合作用下，2014 年宿州市经济发展指数排位上升 1 位，居中原经济区第 27 位。

三 宿州市生态环境发展评价分析

2013~2014 年，宿州市生态环境发展指数及其下层指标评价值和排位变化情况，如表 28-3 和图 28-3 所示。

表 28-3 宿州市 2013~2014 年生态环境发展评价值及排名

指标	万元GDP能耗	按辖区面积平均的工业烟尘排放量	工业固体废物综合利用率	生态环境发展指数
2012 年	83.52	95.25	17.98	73.43
2013 年	84.64	95	39.75	78.16
2014 年	86.50	89.86	62.55	82.64
2013 年排名	10	7	27	17
2014 年排名	10	12	26	17
升降	0	-5	1	0
优势度	优势	中势	劣势	中势
2014 年全排名	16	20	35	24

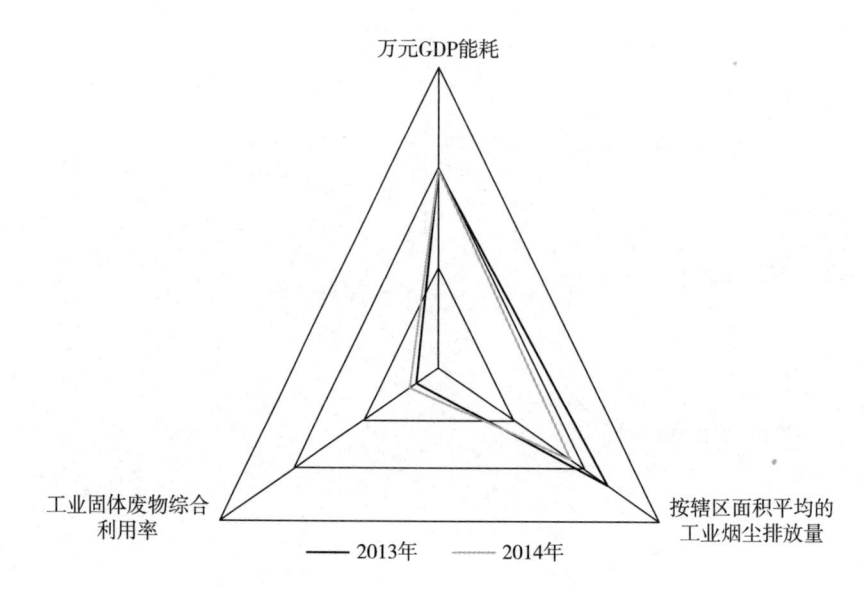

图 28-3 宿州市 2013~2014 年生态环境发展指数及下层指标排位比较

（1）2014 年宿州市生态环境发展指数排位处于第 17 位，表明其在中原经济区处于中势地位，与 2013 年相比排位不变。

（2）从方案层指标的优势度看，万元 GDP 能耗是宿州市生态环境发展指数中的优势指标，工业固体废物综合利用率是宿州市生态环境发展指数中的劣势指标，按辖区面积平均的工业烟尘排放量是宿州市生态环境发展指数中的中势指标。

（3）从雷达图图形变化看，2014 年与 2013 年相比，面积基本不变，生态环境发展指数排位呈平稳趋势。

（4）从排位变化的动因看，在工业固体废物综合利用率指标排位上升和按辖区面积平均的工业烟尘排放量指标排位下降的综合作用下，2014 年宿州市生态环境发展指数排位不变，居中原经济区第 17 位。

四　宿州市社会环境发展评价分析

2013~2014 年，宿州市社会环境发展指数及其下层指标评价值和排位变化情况，如表 28-4 和图 28-4 所示。

（1）2014 年宿州市社会环境发展指数排位处于第 30 位，表明其在中原经济区处于劣势地位，与 2013 年相比排位下降 2 位。其中教育指数排位处于第 30 位，与 2013 年相比排位下降 3 位；城市生活环境指数排位处于第 30 位，与 2013 年相比排位下降 1 位；健康指数排位处于第 28 位，与 2013 年相比排位保持不变；收入指数排位处于第 24 位，与 2013 年相比排位下降 1 位。

（2）从方案层指标的优势度看，宿州市社会环境发展指数中无优势和中势指标，各项指标均是宿州市社会环境发展指数中的劣势指标。

表 28-4　宿州市 2013～2014 年社会环境发展评价值及排名

指标	城乡居民收入结构	城镇居民人均可支配收入	农村居民人均纯收入	收入指数	每万人卫生技术人员数	每万人卫生机构床位数	健康指数	万人中小学专任教师数	人均教育经费	教育指数	人均城市公园绿地面积	人均城市道路面积	万人城市公共汽车数	城市生活环境指数	社会环境发展指数
2012 年	10.64	22.23	19.6	16.94	19.96	30.99	25.48	11.22	15.72	13.47	16.38	100	1.97	44.26	19.98
2013 年	7.03	30.85	22.18	20.02	22.48	31.1	26.79	25.33	15.13	20.23	3.71	20	1.5	7.9	20
2014 年	11.46	30.25	24.95	22.22	24.50	31.89	28.19	18.39	19.05	18.72	4.83	15.97	0.00	6.93	20.75
2013 年排名	27	15	23	23	27	29	28	26	26	27	28	26	30	29	28
2014 年排名	25	23	25	24	27	28	28	30	25	30	29	27	30	30	30
升降	2	-8	-2	-1	0	1	0	-4	1	-3	-1	-1	0	-1	-2
优势度	劣势	劣势	劣势	劣势	劣势	劣势	劣势	劣势	劣势	劣势	劣势	劣势	劣势	劣势	劣势
2014 年全排名	35	25	32	31	35	37	37	40	31	40	39		40	40	40

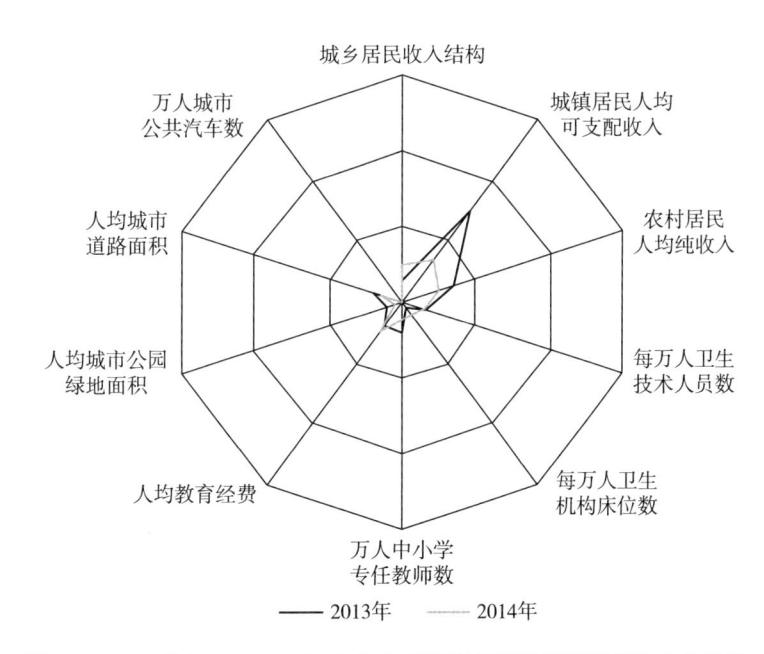

图 28-4　宿州市 2013～2014 年社会环境发展指数及下层指标排位比较

（3）从雷达图图形变化看，2014 年与 2013 年相比，面积略有减少，社会环境发展指数排位呈下降趋势。

（4）从排位变化的动因看，在城乡居民收入结构、每万人卫生机构床位数、人均教育经费指标排位上升和城镇居民人均可支配收入、农村居民人均纯收入、万人中小学专任教师数、人均城市公园绿地面积、人均城市道路面积指标排位下降的综合作用下，2014 年宿州市社会环境发展指数排位下降 2 位，居中原经济区第 30 位。

第 29 章
蚌埠市发展指数分析

一 蚌埠市发展评价分析

2013~2014年，蚌埠市发展指数及其下层指标评价值和排位变化情况，如表 29-1 和图 29-1 所示。

表 29-1 蚌埠市 2013~2014 年发展评价值及排名

指标	经济发展指数	生态环境发展指数	社会环境发展指数	蚌埠市发展指数
2012 年	38.07	91.12	26.02	41.02
2013 年	38.39	91.38	29.86	44.55
2014 年	41.79	91.38	32.82	47.25
2013 年排名	12	4	19	10
2014 年排名	13	4	20	10
升降	-1	0	-1	0
优势度	中势	优势	中势	优势
2014 年全排名	15	9	26	12

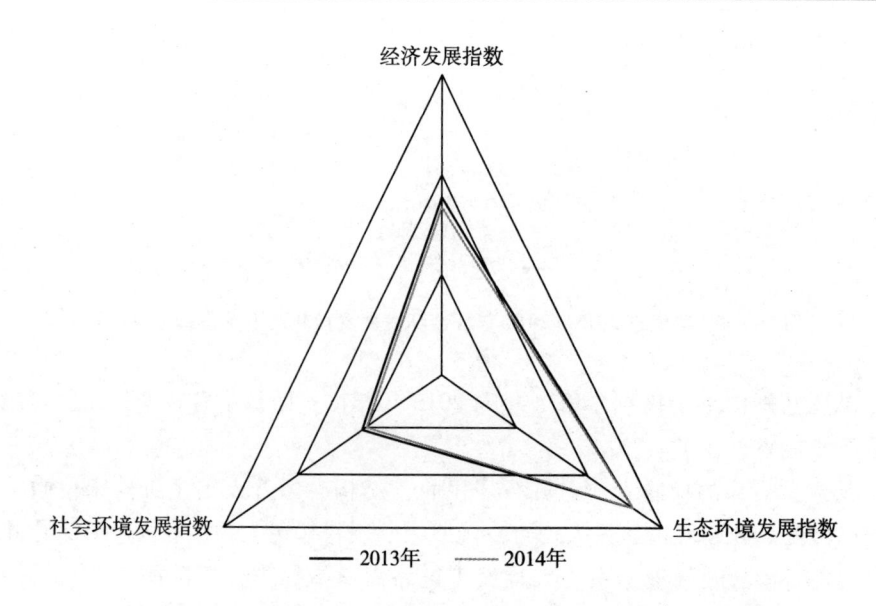

图 29-1 蚌埠市 2013~2014 年发展指数及下层指标排位比较

(1) 2014年蚌埠市发展指数排位处于第10位,表明其在中原经济区处于优势地位,与2013年相比排位保持不变。

(2) 从准则层指标的优势度看,生态环境发展指数是蚌埠市发展指数中的优势指标,经济发展指数、社会环境发展指数是蚌埠市发展指数中的中势指标。

(3) 从雷达图图形变化看,2014年与2013年相比,面积基本不变,蚌埠发展指数排位保持不变。

(4) 从排位变化的动因看,在经济发展指数、社会环境发展指数排位下降的综合作用下,2014年蚌埠市发展指数排位保持不变,居中原经济区第10位。

二 蚌埠市经济发展评价分析

2013~2014年,蚌埠市经济发展指数及其下层指标评价值和排位变化情况,如表29-2和图29-2所示。

表29-2 蚌埠市2013~2014年经济发展评价值及排名

指标	人均GDP	三次产业结构	非国有工业增加值占比	工业化指数	城镇化率	第一产业就业人数比重	人均全社会消费品零售总额	城镇化指数	劳均农作物播种面积	单产农用化肥施用量	单产农用大中型拖拉机动力	农业现代化指数	经济发展指数
2012年	43.97	35.81	64.71	46.48	34.69	33.51	38.21	34.75	40.97	6.18	8.61	32.26	38.07
2013年	45.8	45.41	63.68	49.3	36.96	22.42	40.17	33.53	46.69	11.3	9.29	37.23	38.39
2014年	49.37	51.14	66.24	53.10	39.11	28.76	45.04	37.07	46.38	11.21	10.22	37.07	41.79
2013年排名	16	20	17	18	7	30	8	13	4	11	25	3	12
2014年排名	12	19	20	17	9	28	7	11	4	15	27	3	13
升降	4	1	-3	1	-2	2	1	2	0	-4	-2	0	-1
优势度	中势	中势	中势	中势	优势	劣势	优势	中势	优势	中势	劣势	优势	中势
2014年全排名	14	23	28	21	9	35	8	12	8	23	37	8	15

(1) 2014年蚌埠市经济发展指数排位处于第13位,表明其在中原经济区处于中势地位,与2013年相比排位下降1位。其中工业化指数排位处于第17位,与2013年相比排位上升1位;城镇化指数排位处于第11位,与2013年相比排位上升2位;农业现代化指数排位处于第3位,与2013年相比排位不变。

(2) 从方案层指标的优势度看,城镇化率、人均全社会消费品零售总额、劳均农作物播种面积是蚌埠市经济发展指数中的优势指标,第一次产业就业人数比重、单产农用大中型拖拉机动力是蚌埠市经济发展指数中的劣势指标,其余指标为蚌埠市经济发展指数中的中势指标。

(3) 从雷达图图形变化看,2014年与2013年相比,面积略有减少,经济发展指数呈

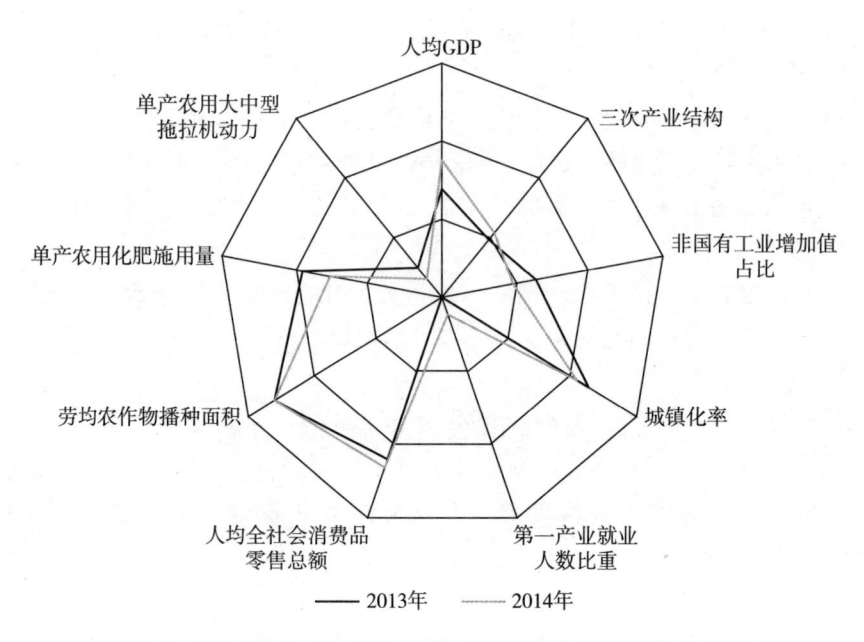

图 29-2 蚌埠市 2013~2014 年经济发展指数及下层指标排位比较

下降态势。

（4）从排位变化的动因看，在人均 GDP、三次产业结构、第一产业就业人数比重、人均全社会消费品零售总额指标排位上升和非国有工业增加值占比、城镇化率、单产农用化肥施用量、单产农用大中型拖拉机动力指标排位下降的综合作用下，2014 年蚌埠市经济发展指数排位下降 1 位，居中原经济区第 13 位。

三 蚌埠市生态环境发展评价分析

2013~2014 年，蚌埠市生态环境发展指数及其下层指标评价值和排位变化情况，如表 29-3 和图 29-3 所示。

表 29-3 蚌埠市 2013~2014 年生态环境发展评价值及排名

指标	万元 GDP 能耗	按辖区面积平均的工业烟尘排放量	工业固体废物综合利用率	生态环境发展指数
2012 年	87.74	94.87	98.65	91.12
2013 年	88.89	92.53	98.56	91.38
2014 年	90.56	91.13	94.40	91.38
2013 年排名	6	11	6	4
2014 年排名	6	10	17	4
升降	0	1	-11	0
优势度	优势	优势	中势	优势
2014 年全排名	11	18	25	9

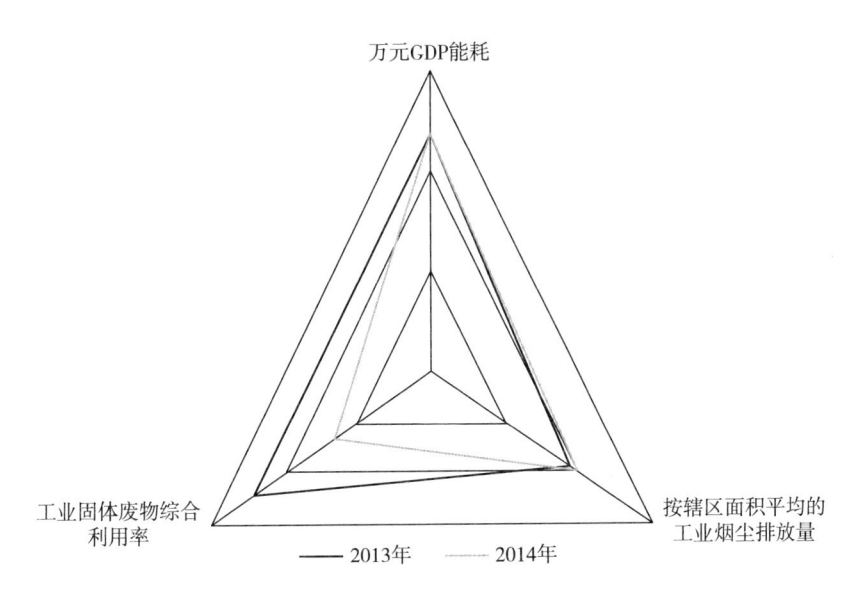

图 29 – 3　蚌埠市 2013～2014 年生态环境发展指数及下层指标排位比较

（1）2014 年蚌埠市生态环境发展指数排位处于第 4 位，表明其在中原经济区处于优势地位，与 2013 年相比排位不变。

（2）从方案层指标的优势度看，万元 GDP 能耗、按辖区面积平均的工业烟尘排放量是蚌埠市生态环境发展指数中的优势指标，工业固体废物综合利用率是蚌埠市生态环境发展指数中的中势指标。

（3）从雷达图图形变化看，2014 年与 2013 年相比，面积略有减少，生态环境发展指数排位呈下降趋势。

（4）从排位变化的动因看，在工业固体废物综合利用率指标排位下降和按辖区面积平均的工业烟尘排放量指标排位上升的综合作用下，2014 年蚌埠市生态环境发展指数排位不变，居中原经济区第 4 位。

四　蚌埠市社会环境发展评价分析

2013～2014 年，蚌埠市社会环境发展指数及其下层指标评价值和排位变化情况，如表 29 – 4 和图 29 – 4 所示。

（1）2014 年蚌埠市社会环境发展指数排位处于第 20 位，表明其在中原经济区处于中势地位，与 2013 年相比排位下降 1 位。其中教育指数排位处于第 26 位，与 2013 年相比排位上升 3 位；城市生活环境指数排位处于第 8 位，与 2013 年相比排位下降 1 位；健康指数排位处于第 9 位，与 2013 年相比排位下降 1 位；收入指数排位处于第 10 位，与 2013 年相比排位上升 6 位。

（2）从方案层指标的优势度看，城镇居民人均可支配收入、农村居民人均纯收入、每万人卫生机构床位数、人均城市道路面积、万人城市公共汽车数是蚌埠市社会环境发展指数

表 29-4　蚌埠市 2013~2014 年社会环境发展评价值及排名

指标	城乡居民收入结构	城镇居民人均可支配收入	农村居民人均纯收入	收入指数	每万人卫生技术人员数	每万人卫生机构床位数	健康指数	万人中小学专任教师数	人均教育经费	教育指数	人均城市公园绿地面积	人均城市道路面积	万人城市公共汽车数	城市生活环境指数	社会环境发展指数
2012 年	10.35	31.88	24.91	21.83	34.59	60.48	47.53	7.32	18.47	12.89	51.14	58.55	69.63	48.17	26.02
2013 年	12.12	33.81	27.42	24.45	37.94	65.39	51.67	17.44	21.48	19.46	33.11	64.17	11.4	49.53	29.86
2014 年	19.39	36.39	33.43	29.74	39.65	63.40	51.52	20.48	25.40	22.94	38.01	65.96	30.93	44.96	32.82
2013 年排名	20	8	16	16	14	8	8	29	15	29	12	5	7	7	19
2014 年排名	11	9	10	10	16	8	9	28	18	26	13	5	10	8	20
升降	9	-1	6	6	-2	0	-1	1	-3	3	-1	0	-3	-1	-1
优势度	中势	优势	优势	优势	中势	优势	优势	劣势	中势	劣势	中势	优势	优势	优势	中势
2014 年全排名	16	10	13	13	19	10	11	38	19	35	18	6	13	10	26

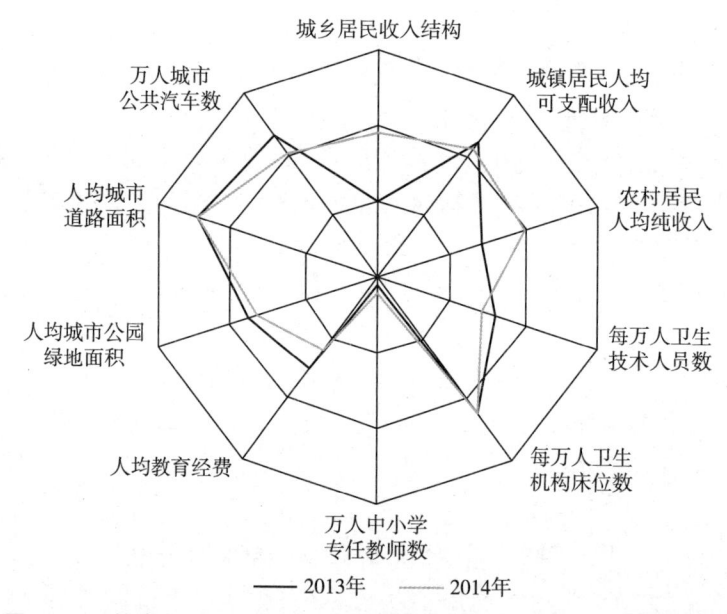

图 29-4　蚌埠市 2013~2014 年社会环境发展指数及下层指标排位比较

中的优势指标，万人中小学专任教师数是蚌埠市社会环境发展指数中的劣势指标，其余指标为蚌埠市社会环境发展指数中的中势指标。

（3）从雷达图图形变化看，2014 年与 2013 年相比，面积略有缩小，社会环境发展指数排位呈下降趋势。

（4）从排位变化的动因看，在城乡居民收入结构、农村居民人均纯收入、万人中小学专任教师数指标排位上升和城镇居民人均可支配收入、每万人卫生技术人员数、人均教育经费、人均城市公园绿地面积、万人城市公共汽车数指标排位下降的综合作用下，2014 年蚌埠市社会环境发展指数排位下降 1 位，居中原经济区第 20 位。

第30章
亳州市发展指数分析

一 亳州市发展评价分析

2013~2014年，亳州市发展指数及其下层指标评价值和排位变化情况，如表30-1和图30-1所示。

表30-1 亳州市2013~2014年发展评价值及排名

指标	经济发展指数	生态环境发展指数	社会环境发展指数	亳州市发展指数
2012年	20.07	92.91	16.34	27.89
2013年	21.12	93.26	19.61	32.51
2014年	23.95	93.39	22.83	34.99
2013年排名	30	2	30	28
2014年排名	30	2	28	27
升降	0	0	2	1
优势度	劣势	优势	劣势	劣势
2014年全排名	37	6	38	36

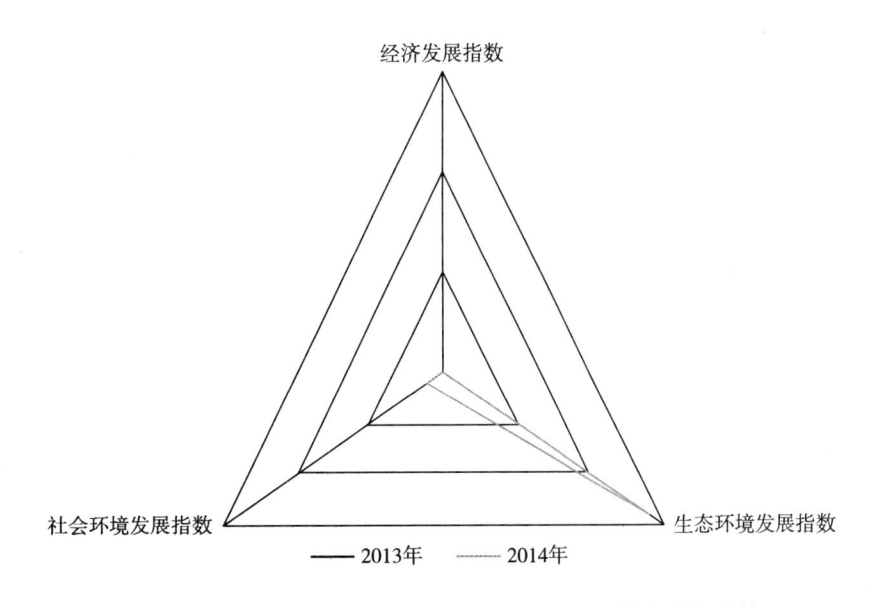

图30-1 亳州市2013~2014年发展指数及下层指标排位比较

（1）2014年亳州市发展指数排位处于第27位，表明其在中原经济区处于劣势地位，与2013年相比排位上升1位。

（2）从准则层指标的优势度看，生态环境发展指数是亳州市发展指数中的优势指标，经济发展指数、社会环境发展指数是亳州市发展指数中的劣势指标。

（3）从雷达图图形变化看，2014年与2013年相比，面积略有增大，亳州发展指数呈上升趋势。

（4）从排位变化的动因看，在社会环境发展指数排位上升的综合作用下，2014年亳州市发展指数排位上升1位，居中原经济区第27位。

二 亳州市经济发展评价分析

2013~2014年，亳州市经济发展指数及其下层指标评价值和排位变化情况，如表30-2和图30-2所示。

表30-2 亳州市2013~2014年经济发展评价值及排名

指标	人均GDP	三次产业结构	非国有工业增加值占比	工业化指数	城镇化率	第一产业就业人数比重	人均全社会消费品零售总额	城镇化指数	劳均农作物播种面积	单产农用化肥施用量	单产农用大中型拖拉机动力	农业现代化指数	经济发展指数
2012年	21.18	16.25	57.35	27.43	7.46	30.7	16.88	14.51	57.67	6.49	13.27	45.4	20.07
2013年	22.16	18.74	41.5	25.35	9.64	33.33	18.7	16.8	64.05	-1.24	16.47	48.61	21.12
2014年	25.00	27.95	53.56	31.30	11.96	31.75	21.70	18.18	67.64	0.51	19.06	51.80	23.95
2013年排名	29	25	26	29	30	21	28	30	1	29	13	1	30
2014年排名	29	24	26	29	30	24	28	30	1	29	13	1	30
升降	0	1	0	0	0	-3	0	0	0	0	0	0	0
优势度	劣势	劣势	劣势	劣势	劣势	劣势	劣势	劣势	优势	劣势	中势	优势	劣势
2014年全排名	39	30	35	39	35	31	36	37	5	39	21	5	37

（1）2014年亳州市经济发展指数排位处于第30位，表明其在中原经济区处于劣势地位，与2013年相比排位保持不变。其中工业化指数排位处于第29位，与2013年相比排位保持不变；城镇化指数排位处于第30位，与2013年相比排位保持不变；农业现代化指数排位处于第1位，与2013年相比排位保持不变。

（2）从方案层指标的优势度看，劳均农作物播种面积是亳州市经济发展指数中的优势指标，人均GDP、三次产业结构、非国有工业增加值占比、城镇化率、第一产业就业人数比重、人均全社会消费品零售总额、单产农用化肥施用量是亳州市经济发展指数中的劣势指标，其余指标为亳州市经济发展指数中的中势指标。

（3）从雷达图图形变化看，2014年与2013年相比，面积基本不变，经济发展指数排

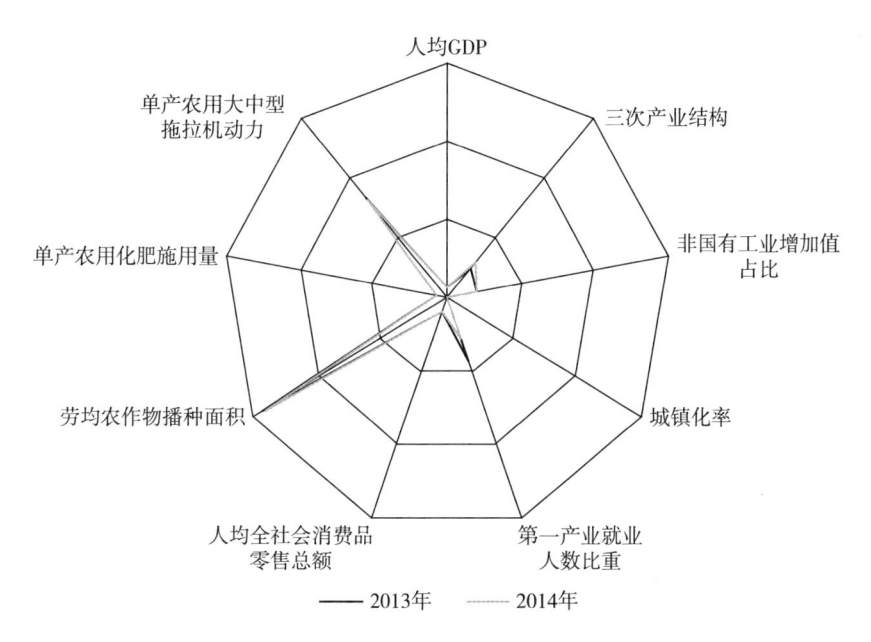

图 30-2　亳州市 2013~2014 年经济发展指数及下层指标排位比较

位呈平稳趋势。

（4）从排位变化的动因看，在三次产业结构排位上升和第一产业就业人数比重指标排位下降的综合作用下，2014 年亳州市经济发展指数排位保持不变，居中原经济区第 30 位。

三　亳州市生态环境发展评价分析

2013~2014 年，亳州市生态环境发展指数及其下层指标评价值和排位变化情况，如表 30-3 和图 30-3 所示。

表 30-3　亳州市 2013~2014 年生态环境发展评价值及排名

指标	万元 GDP 能耗	按辖区面积平均的工业烟尘排放量	工业固体废物综合利用率	生态环境发展指数
2012 年	89.27	98.19	99.77	92.91
2013 年	89.96	97.78	99.76	93.26
2014 年	91.01	95.33	99.40	93.39
2013 年排名	3	3	5	2
2014 年排名	4	5	8	2
升降	-1	-2	-3	0
优势度	优势	优势	优势	优势
2014 年全排名	9	9	15	6

（1）2014 年亳州市生态环境发展指数排位处于第 2 位，表明其在中原经济区处于优势地位，与 2013 年相比排位没有变化。

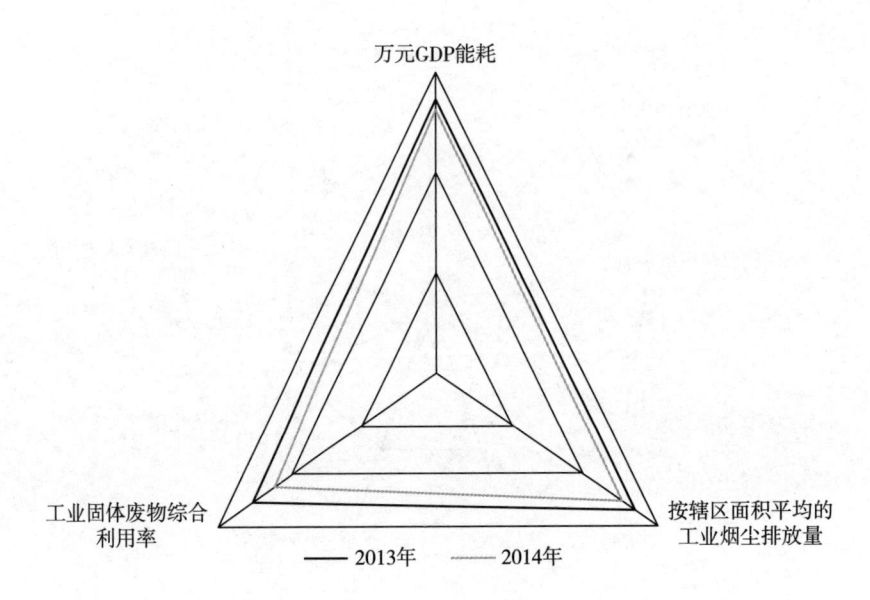

图 30 – 3　亳州市 2013~2014 年生态环境发展指数及下层指标排位比较

（2）从方案层指标的优势度看，万元 GDP 能耗、按辖区面积平均的工业烟尘排放量、工业固体废物综合利用率是亳州市生态环境发展指数中的优势指标。

（3）从雷达图图形变化看，2014 年与 2013 年相比，面积略微缩小，生态环境发展指数排位呈下降态势。

（4）从排位变化的动因看，在万元 GDP 能耗、按辖区面积平均的工业烟尘排放量、工业固体废物综合利用率指标排位下降的综合作用下，2014 年亳州市生态环境发展指数排位保持不变，居中原经济区第 2 位。

四　亳州市社会环境发展评价分析

2013~2014 年，亳州市社会环境发展指数及其下层指标评价值和排位变化情况，如表 30 – 4 和图 30 – 4 所示。

（1）2014 年亳州市社会环境发展指数排位处于第 28 位，表明其在中原经济区处于劣势地位，与 2013 年相比排位上升 2 位。其中教育指数排位处于第 21 位，与 2013 年相比排位上升 2 位；城市生活环境指数排位处于第 29 位，与 2013 年相比排位下降 1 位；健康指数排位处于第 30 位，与 2013 年相比排位没有变化；收入指数排位处于第 21 位，与 2013 年相比排位上升 3 位。

（2）从方案层指标的优势度看，亳州市社会环境发展指数无优势指标，城镇居民人均可支配收入、农村居民人均纯收入、每万人卫生技术人员数、每万人卫生机构床位数、人均教育经费、人均城市公园绿地面积、人均城市道路面积、万人城市公共汽车数是亳州市社会环境发展指数中的劣势指标，其余指标为亳州市社会环境发展指数中的中势指标。

第30章 亳州市发展指数分析

表 30-4 亳州市 2013~2014 年社会环境发展评价值及排名

指标	城乡居民收入结构	城镇居民人均可支配收入	农村居民人均纯收入	收入指数	每万人卫生技术人员数	每万人卫生机构床位数	健康指数	万人中小学专任教师数	人均教育经费	教育指数	人均城市公园绿地面积	人均城市道路面积	万人城市公共汽车数	城市生活环境指数	社会环境发展指数
2012年	2.9	31.43	19.13	17.23	11.32	21.49	16.4	8.39	16.22	12.3	14.37	49.28	-4.46	23.55	16.34
2013年	4.33	33.43	21.62	19.8	12.95	25.53	19.24	31.88	14.41	23.14	0.01	26.78	1.62	9.13	19.61
2014年	17.65	28.03	27.63	24.44	15.13	27.17	21.15	34.69	18.33	26.51	0.27	21.46	0.03	7.25	22.83
2013年排名	30	9	24	24	30	30	30	20	28	23	30	23	29	28	30
2014年排名	14	27	21	21	30	30	30	20	27	21	30	24	29	29	28
升降	16	-18	3	3	0	0	0	0	1	2	0	-1	0	-1	2
优势度	中势	劣势	劣势	劣势	劣势	劣势	劣势	中势	劣势	劣势	劣势	劣势	劣势	劣势	劣势
2014年全排名	21	30	27	27	40	39	39	28	34	29	40	34	39	39	38

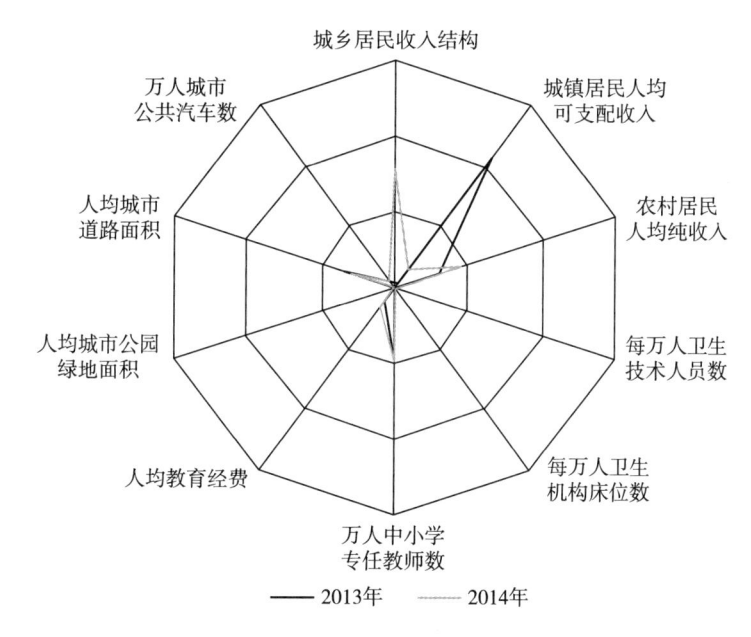

图 30-4 亳州市 2013~2014 年社会环境发展指数及下层指标排位比较

（3）从雷达图图形变化看，2014年与2013年相比，面积略有增大，社会环境发展指数呈上升趋势。

（4）从排位变化的动因看，在城乡居民收入结构、农村居民人均纯收入、人均教育经费指标排位上升和城镇居民人均可支配收入、人均城市道路面积指标排位下降的综合作用下，2014年亳州市社会环境发展指数排位上升2位，居中原经济区第28位。

第 31 章
阜阳市发展指数分析

一 阜阳市发展评价分析

2013~2014年,阜阳市发展指数及其下层指标评价值和排位变化情况,如表31-1和图31-1所示。

表 31-1 阜阳市 2013~2014 年发展评价值及排名

指标	经济发展指数	生态环境发展指数	社会环境发展指数	阜阳市发展指数
2012 年	20.24	84.4	16.26	26.62
2013 年	21.31	85.15	20	31.4
2014 年	25.80	85.81	22.74	34.72
2013 年排名	29	12	29	29
2014 年排名	29	12	29	28
升降	0	0	0	1
优势度	劣势	中势	劣势	劣势
2014 年全排名	36	19	39	37

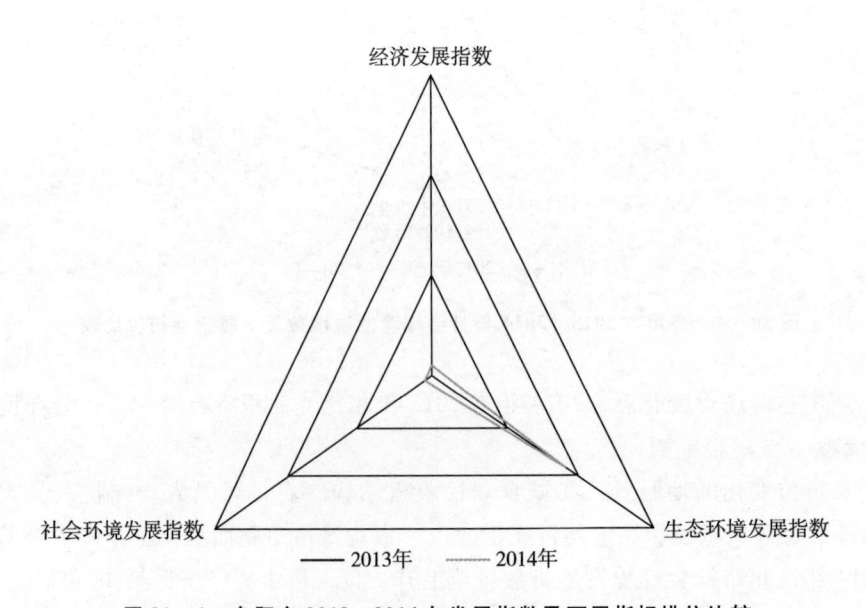

图 31-1 阜阳市 2013~2014 年发展指数及下层指标排位比较

(1) 2014 年阜阳市发展指数排位处于第 28 位，表明其在中原经济区处于劣势地位，与 2013 年相比排位上升 1 位。

(2) 从准则层指标的优势度看，生态环境发展指数是阜阳市发展指数中的中势指标，经济发展指数、社会环境发展指数是阜阳市发展指数中的劣势指标。

(3) 从雷达图图形变化看，2014 年与 2013 年相比，面积不变，阜阳发展指数排位上升 1 位。

(4) 从排位变化的动因看，在各指数排位保持不变的综合作用下，2014 年阜阳市发展指数排位上升 1 位，居中原经济区第 28 位。

二 阜阳市经济发展评价分析

2013~2014 年，阜阳市经济发展指数及其下层指标评价值和排位变化情况，如表 31-2 和图 31-2 所示。

表 31-2 阜阳市 2013~2014 年经济发展评价值及排名

指标	人均GDP	三次产业结构	非国有工业增加值占比	工业化指数	城镇化率	第一产业就业人数比重	人均全社会消费品零售总额	城镇化指数	劳均农作物播种面积	单产农用化肥施用量	单产农用大中型拖拉机动力	农业现代化指数	经济发展指数
2012 年	15.95	14.08	66.18	25.62	10.84	34.75	14.83	17.49	28.58	3.42	14.02	23.76	20.24
2013 年	16.91	15.18	57.69	24.72	12.86	36.15	16.77	19.34	32.85	1.77	16.08	26.06	21.31
2014 年	19.74	23.36	63.59	29.24	15.18	47.07	21.15	24.13	33.73	3.16	17.80	27.10	25.80
2013 年排名	30	29	22	30	25	15	29	25	10	27	14	11	29
2014 年排名	30	28	23	30	25	10	29	23	8	28	14	9	29
升降	0	1	-1	0	0	5	0	2	2	-1	0	2	0
优势度	劣势	劣势	劣势	劣势	劣势	优势	劣势	劣势	优势	劣势	中势	优势	劣势
2014 年全排名	40	34	32	40	29	16	37	27	15	38	22	17	36

(1) 2014 年阜阳市经济发展指数排位处于第 29 位，表明其在中原经济区处于劣势地位，与 2013 年相比排位保持不变。其中工业化指数排位处于第 30 位，与 2013 年相比排位保持不变；城镇化指数排位处于第 23 位，与 2013 年相比排位上升 2 位；农业现代化指数排位处于第 9 位，与 2013 年相比排位上升 2 位。

(2) 从方案层指标的优势度看，第一产业就业人数比重、劳均农作物播种面积是阜阳市经济发展指数中的优势指标，人均 GDP、三次产业结构、非国有工业增加值占比、城镇化率、人均全社会消费品零售总额、单产农用化肥施用量是阜阳市经济发展指数中的劣势指标，其余指标为阜阳市经济发展指数中的中势指标。

(3) 从雷达图图形变化看，2014 年与 2013 年相比，面积基本不变，经济发展指数排

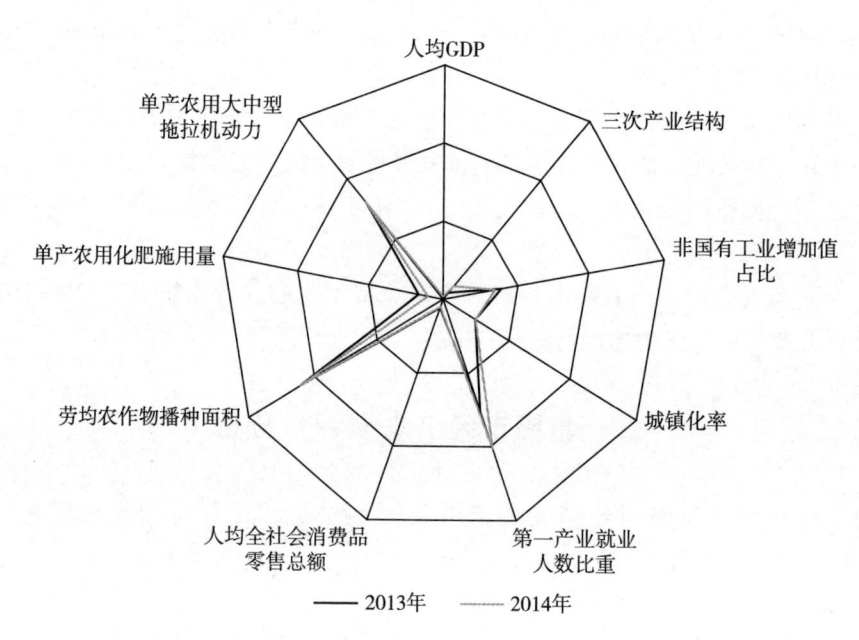

图 31-2 阜阳市 2013~2014 年经济发展指数及下层指标排位比较

位呈平稳趋势。

（4）从排位变化的动因看，在三次产业结构、第一产业就业人数比重、劳均农作物播种面积指标排位上升和非国有工业增加值占比、单产农用化肥施用量指标排位下降的综合作用下，2014 年阜阳市经济发展指数排位保持不变，居中原经济区第 29 位。

三 阜阳市生态环境发展评价分析

2013~2014 年，阜阳市生态环境发展指数及其下层指标评价值和排位变化情况，如表 31-3 和图 31-3 所示。

表 31-3 阜阳市 2013~2014 年生态环境发展评价值及排名

指标	万元 GDP 能耗	按辖区面积平均的工业烟尘排放量	工业固体废物综合利用率	生态环境发展指数
2012 年	76.25	96.05	99.95	84.4
2013 年	77.51	95.81	99.95	85.15
2014 年	79.10	94.22	99.77	85.81
2013 年排名	16	5	4	12
2014 年排名	16	6	6	12
升降	0	-1	-2	0
优势度	中势	优势	优势	中势
2014 年全排名	24	11	13	19

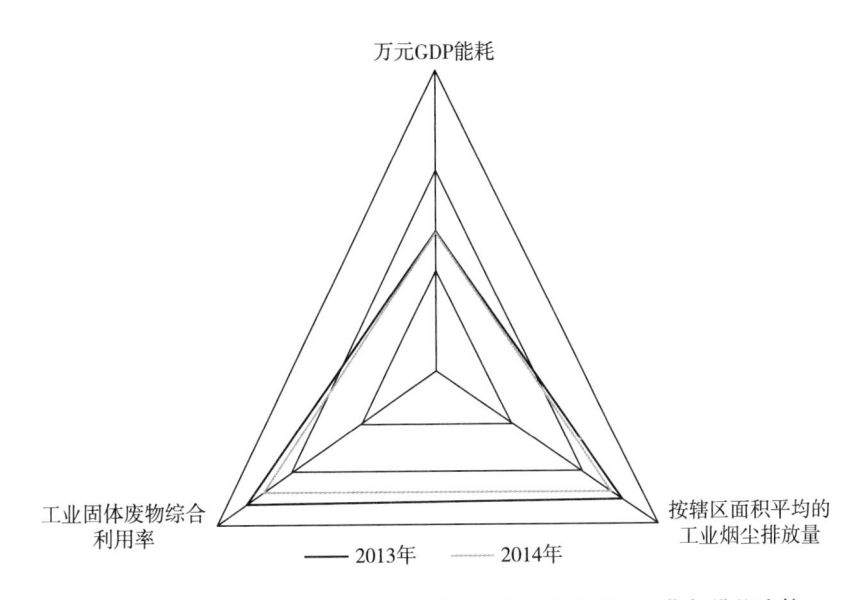

图 31-3 阜阳市 2013~2014 年生态环境发展指数及下层指标排位比较

（1）2014 年阜阳市生态环境发展指数排位处于第 12 位，表明其在中原经济区处于中势地位，与 2013 年相比排位保持不变。

（2）从方案层指标的优势度看，按辖区面积平均的工业烟尘排放量、工业固体废物综合利用率是阜阳市生态环境发展指数中的优势指标，万元 GDP 能耗是阜阳市生态环境发展指数中的中势指标。

（3）从雷达图图形变化看，2014 年与 2013 年相比，面积基本不变，生态环境发展指数排位呈平稳态势。

（4）从排位变化的动因看，在按辖区面积平均的工业烟尘排放量、工业固体废物综合利用率指标排位下降的综合作用下，2014 年阜阳市生态环境发展指数排位不变，居中原经济区第 12 位。

四 阜阳市社会环境发展评价分析

2013~2014 年，阜阳市社会环境发展指数及其下层指标评价值和排位变化情况，如表 31-4 和图 31-4 所示。

（1）2014 年阜阳市社会环境发展指数排位处于第 29 位，表明其在中原经济区处于劣势地位，与 2013 年相比排位不变。其中教育指数排位处于第 27 位，与 2013 年相比排位下降 1 位；城市生活环境指数排位处于第 27 位，与 2013 年相比排位不变；健康指数排位处于第 27 位，与 2013 年相比排位保持不变；收入指数排位处于第 27 位，与 2013 年相比排位上升 2 位。

（2）从方案层指标的优势度看，阜阳市社会环境发展指数中无优势指标，所有指标均是阜阳市社会环境发展指数中的劣势指标。

表 31-4 阜阳市 2013~2014 年社会环境发展评价值及排名

指标	城乡居民收入结构	城镇居民人均可支配收入	农村居民人均纯收入	收入指数	每万人卫生技术人员数	每万人卫生机构床位数	健康指数	万人中小学专任教师数	人均教育经费	教育指数	人均城市公园绿地面积	人均城市道路面积	万人城市公共汽车数	城市生活环境指数	社会环境发展指数
2012 年	1.8	26.53	15.44	13.99	19.13	34.08	26.6	0.36	16.71	8.54	12.48	71.19	9.68	32.26	16.26
2013 年	4.75	28.51	19.13	17.46	21.87	38.09	29.98	27.56	14.72	21.14	5.07	23.02	3.16	12.23	20
2014 年	11.24	29.59	24.43	21.75	24.19	39.88	32.03	27.22	18.63	22.93	8.00	21.09	5.00	11.36	22.74
2013 年排名	29	22	29	29	28	26	27	24	27	26	27	25	25	27	29
2014 年排名	26	24	27	27	28	27	27	23	26	27	28	25	25	27	29
升降	3	-2	2	2	0	-1	0	1	1	-1	-1	0	0	0	0
优势度	劣势	劣势	劣势	劣势	劣势	劣势	劣势	劣势	劣势	劣势	劣势	劣势	劣势	劣势	劣势
2014 年全排名	36	27	34	34	36	35	35	33	32	36	38	35	34	37	39

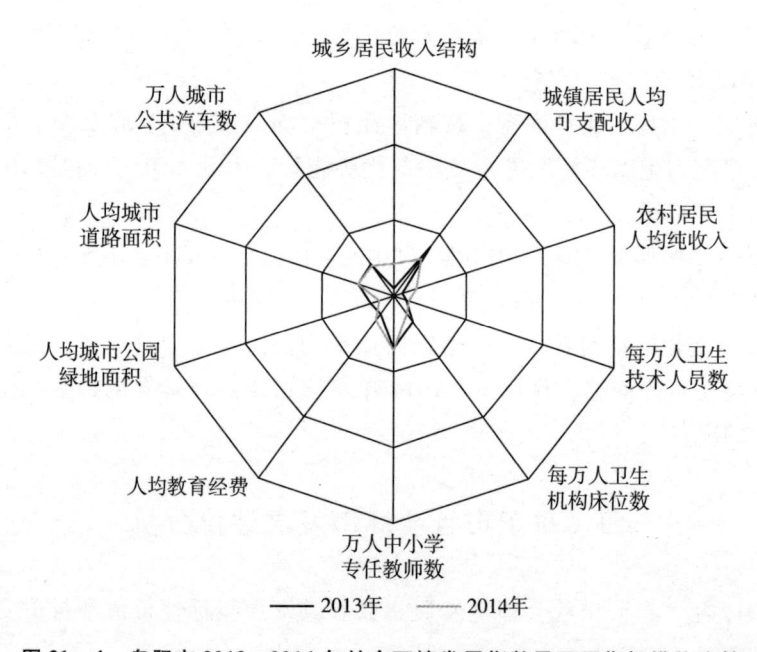

图 31-4 阜阳市 2013~2014 年社会环境发展指数及下层指标排位比较

(3) 从雷达图图形变化看，2014 年与 2013 年相比，面积基本不变，社会环境发展指数排位呈平稳趋势。

(4) 从排位变化的动因看，在城乡居民收入结构、农村居民人均纯收入、万人中小学专任教师数、人均教育经费指标排位上升和城镇居民人均可支配收入、每万人卫生机构床位数、人均城市公园绿地面积指标排位下降的综合作用下，2014 年阜阳市社会环境发展指数排位保持不变，居中原经济区第 29 位。

第32章
巩义市发展指数分析

一 巩义市发展评价分析

2013~2014年,巩义市发展指数及其下层指标评价值和排位情况,如表32-1和图32-1所示。

表32-1 巩义市2013~2014年发展评价值及排名

指标	经济发展指数	生态环境发展指数	社会环境发展指数	巩义市发展指数
2013年	58.89	65.27	36.23	53.20
2014年	58.66	68.92	36.69	53.81
2013年全排名	2	33	7	2
2014年全排名	2	32	11	3
升降	0	1	-4	-1
优势度	优势	劣势	优势	优势

注:"优势度"依据"2014年全排名"得出,即第1~13名为优势、第14~27名为中势、第28~40名为劣势;"2014年全排名"是指在中原经济区30个地级市及10个县级市整体中的排名情况。后同。

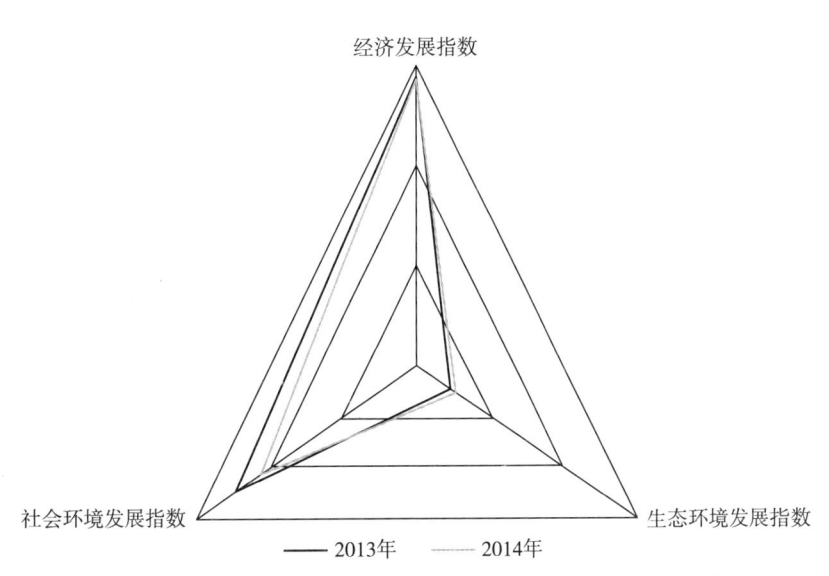

图32-1 巩义市2013~2014年发展指数及下层指标排位比较

(1) 2014年巩义市发展指数排位处于第3位,表明其在中原经济区处于优势地位,与2013年相比排位下降1位。

(2) 从准则层指标的优势度看,经济发展指数、社会环境发展指数是巩义市发展指数中的优势指标,生态环境发展指数是巩义市发展指数中的劣势指标。

(3) 从雷达图图形变化看,2014 年与 2013 年相比,面积略有缩小,巩义市发展指数排位呈下降态势。

(4) 从排位变化的动因看,在社会环境发展指数排位下降和生态环境发展指数排位上升的综合作用下,2014 年巩义市发展指数排位下降 1 位,居中原经济区第 3 位。

二 巩义市经济发展评价分析

2013~2014 年,巩义市经济发展指数及其下层指标评价值和排位变化情况,如表 32-2 和图 32-2 所示。

表 32-2 巩义市 2013~2014 年经济发展评价值及排名

指标	人均GDP	三次产业结构	非国有工业增加值占比	工业化指数	城镇化率	第一产业就业人数比重	人均全社会消费品零售总额	城镇化指数	劳均农作物播种面积	单产农用化肥施用量	单产农用大中型拖拉机动力	农业现代化指数	经济发展指数
2013 年	74.56	99.44	95.95	83.81	35.89	77.88	59.89	49.45	32.29	59.58	37.23	37.33	58.89
2014 年	75.27	99.80	96.93	84.51	38.34	70.82	63.38	49.54	14.57	65.04	74.05	28.65	58.66
2013 年全排名	1	1	8	1	9	2	2	2	19	1	3	6	2
2014 年全排名	1	1	6	1	10	3	2	5	26	1	1	15	2
升降	0	0	2	0	-1	-1	0	-3	-7	0	2	-9	0
优势度	优势	优势	优势	优势	优势	优势	优势	中势	优势	优势	中势	优势

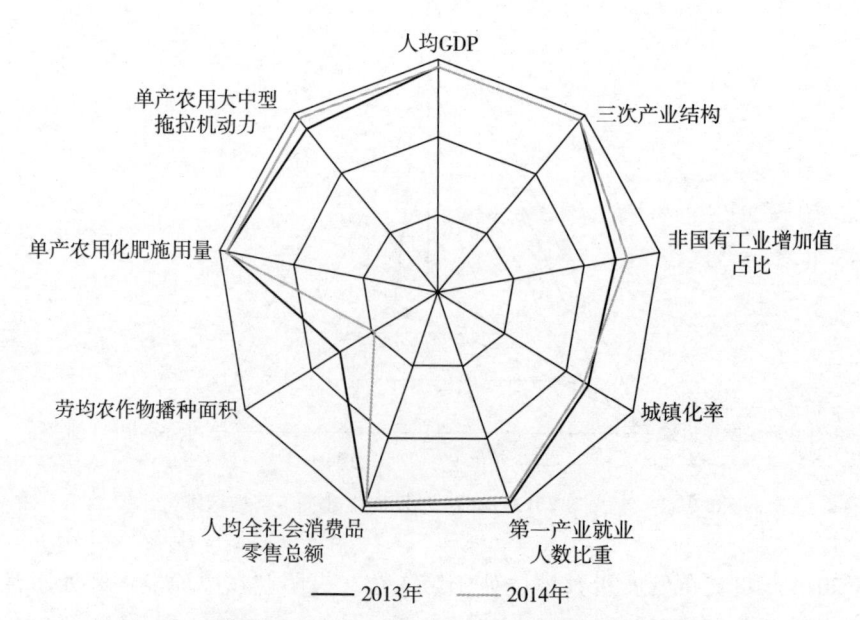

图 32-2 巩义市 2013~2014 年经济发展指数及下层指标排位比较

(1) 2014年巩义市经济发展指数排位处于第2位,表明其在中原经济区处于优势地位,与2013年相比排位保持不变。

(2) 从方案层指标的优势度看,劳均农作物播种面积是巩义市经济发展指数中的中势指标,其余指标均为优势指标。

(3) 从雷达图图形变化看,2014年与2013年相比,面积基本不变,经济发展指数排位呈稳定态势。

(4) 从排位变化的动因看,在非国有工业增加值占比、单产农用大中型拖拉机动力指标排位上升和城镇化率、第一产业就业人数比重、劳均农作物播种面积指标排位下降的综合作用下,2014年巩义市经济发展指数排位保持不变,居中原经济区第2位。

三 巩义市生态环境发展评价分析

2013~2014年,巩义市生态环境发展指数及其下层指标评价值和排位变化情况,如表32-3和图32-3所示。

表32-3 巩义市2013~2014年生态环境发展评价值及排名

指标	万元GDP能耗	按辖区面积平均的工业烟尘排放量	工业固体废物综合利用率	生态环境发展指数
2013年	73.95	0.00	101.63	65.27
2014年	75.70	16.73	98.51	68.92
2013年全排名	31	40	1	33
2014年全排名	31	39	19	32
升降	0	1	-18	1
优势度	劣势	劣势	中势	劣势

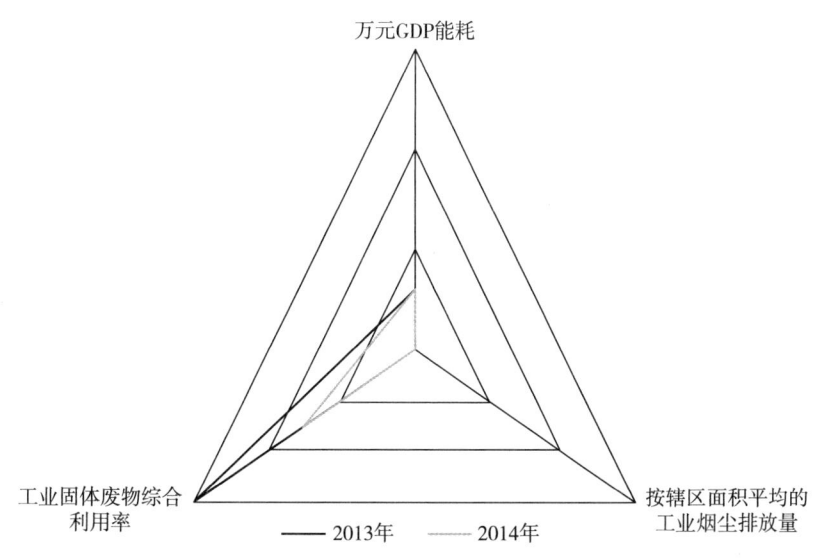

图32-3 巩义市2013~2014年生态环境发展指数及下层指标排位比较

(1) 2014 年巩义市生态环境发展指数排位处于第 32 位,表明其在中原经济区处于劣势地位,与 2013 年相比排位上升 1 位。

(2) 从方案层指标的优势度看,工业固体废物综合利用率是巩义市生态环境发展指数中的中势指标,万元 GDP 能耗、按辖区面积平均的工业烟尘排放量是巩义市生态环境发展指数中的劣势指标。

(3) 从雷达图图形变化看,2014 年与 2013 年相比,面积有所缩小,生态环境发展指数排位呈上升态势。

(4) 从排位变化的动因看,在按辖区面积平均的工业烟尘排放量指标排位上升和工业固体废物综合利用率指标排位下降的综合作用下,2014 年巩义市生态环境发展指数排位上升 1 位,居中原经济区第 32 位。

四 巩义市社会环境发展评价分析

2013~2014 年,巩义市社会环境发展指数及其下层指标评价值和排位变化情况,如表 32-4 和图 32-4 所示。

表 32-4 巩义市 2013~2014 年社会环境发展评价值及排名

指标	城乡居民收入结构	城镇居民人均可支配收入	农村居民人均纯收入	收入指数	每万人卫生技术人员数	每万人卫生机构床位数	健康指数	万人中小学专任教师数	人均教育经费	教育指数	人均城市公园绿地面积	人均城市道路面积	万人城市公共汽车数	城市生活环境指数	社会环境发展指数
2013 年	45.70	33.18	44.49	41.12	40.36	30.98	35.67	30.04	22.59	26.32	30.48	32.26	13.73	42.04	36.23
2014 年	46.33	37.90	47.43	43.89	43.06	38.24	40.65	27.45	14.97	21.21	50.38	28.00	40.99	39.79	36.69
2013 年全排名	2	10	2	1	13	37	32	27	13	26	20	29	7	13	7
2014 年全排名	2	7	2	1	12	36	29	32	38	38	10	28	7	12	11
升降	0	3	0	0	1	1	3	-5	-25	-12	10	1	0	1	-4
优势度	优势	优势	优势	优势	优势	劣势	劣势	劣势	劣势	劣势	优势	劣势	优势	劣势	优势

(1) 2014 年巩义市社会环境发展指数排位处于第 11 位,表明其在中原经济区处于优势地位,与 2013 年相比排位下降 4 位。

(2) 从方案层指标的优势度看,城乡居民收入结构、城镇居民人均可支配收入、农村居民人均纯收入、每万人卫生技术人员数、人均城市公园绿地面积、万人城市公共汽车数是巩义市社会环境发展指数中的优势指标,其余指标为巩义市社会环境发展指数中的劣势指标。

(3) 从雷达图图形变化看,2014 年与 2013 年相比,面积明显缩小,社会环境发展指数排位呈下降态势。

(4) 从排位变化的动因看,在万人中小学专任教师数、人均教育经费指标排位下降

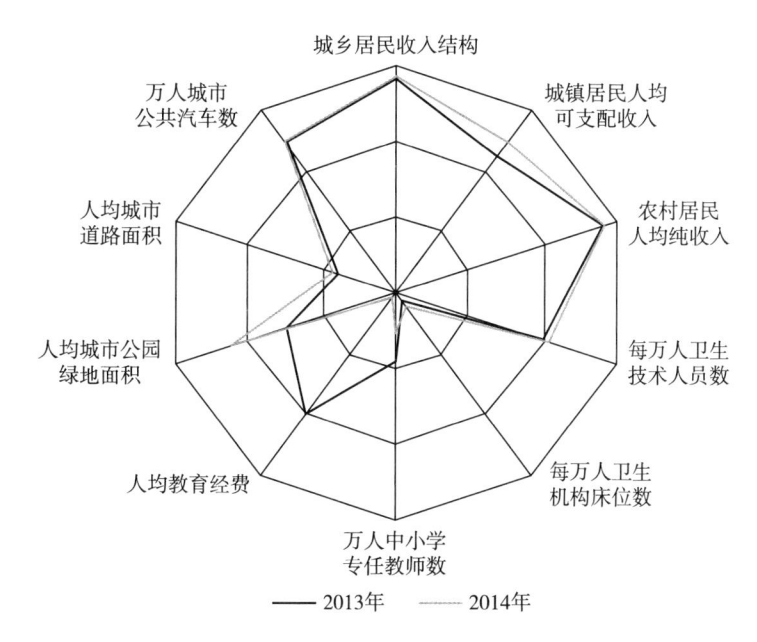

图 32-4 巩义市 2013~2014 年社会环境发展指数及下层指标排位比较

和城镇居民人均可支配收入、每万人卫生技术人员数、每万人卫生机构床位数、人均城市公园绿地面积、人均城市道路面积指标排位上升的综合作用下，2014 年巩义市社会环境发展指数排位下降 4 位，居中原经济区第 11 位。

第33章
兰考县发展指数分析

一 兰考县发展评价分析

2013~2014年，兰考县发展指数及其下层指标评价值和排位情况，如表33-1和图33-1所示。

表33-1 兰考县2013~2014年发展评价值及排名

指标	经济发展指数	生态环境发展指数	社会环境发展指数	兰考县发展指数
2013年	29.41	100.45	36.32	43.12
2014年	32.94	100.41	39.69	46.00
2013年全排名	27	1	6	15
2014年全排名	26	1	3	15
升降	1	0	3	0
优势度	中势	优势	优势	中势

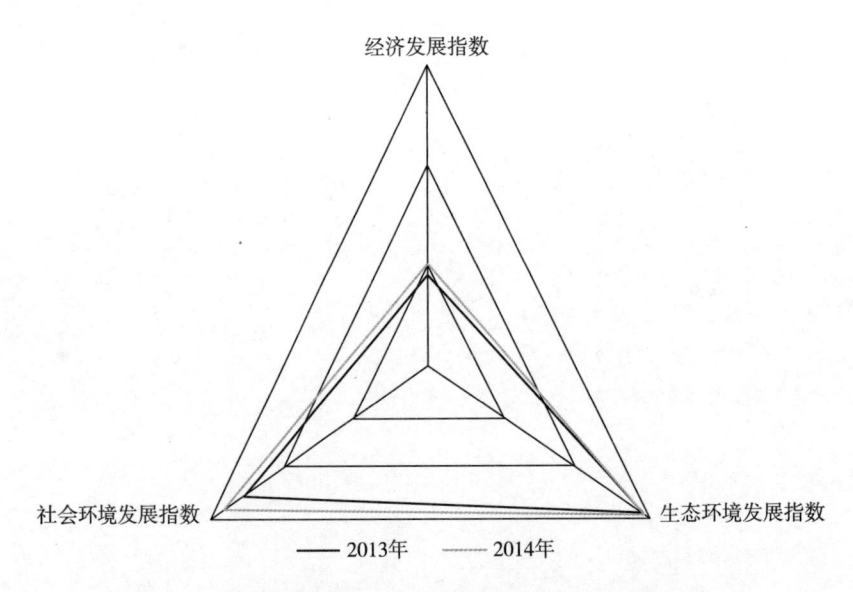

图33-1 兰考县2013~2014年发展指数及下层指标排位比较

（1）2014年兰考县发展指数排位处于第15位，表明其在中原经济区处于中势地位，与2013年相比排位保持不变。

（2）从准则层指标的优势度看，生态环境发展指数、社会环境发展指数是兰考县发展指数中的优势指标,经济发展指数是兰考县发展指数中的中势指标。

(3) 从雷达图图形变化看,2014年与2013年相比,面积基本不变,兰考县发展指数排位呈稳定态势。

(4) 从排位变化的动因看,在经济发展指数、社会环境发展指数排位上升和生态环境发展指数排位不变的综合作用下,2014年兰考县发展指数排位保持不变,居中原经济区第15位。

二 兰考县经济发展评价分析

2013~2014年,兰考县经济发展指数及其下层指标评价值和排位变化情况,如表33-2和图33-2所示。

表33-2 兰考县2013~2014年经济发展评价值及排名

指标	人均GDP	三次产业结构	非国有工业增加值占比	工业化指数	城镇化率	第一产业就业人数比重	人均全社会消费品零售总额	城镇化指数	劳均农作物播种面积	单产农用化肥施用量	单产农用大中型拖拉机动力	农业现代化指数	经济发展指数
2013年	42.88	41.65	96.69	53.40	4.46	46.54	29.98	18.21	35.19	20.42	37.23	32.90	29.41
2014年	46.90	46.02	96.32	56.61	7.25	49.92	35.47	21.45	42.06	20.48	74.05	41.47	32.94
2013年全排名	24	27	6	18	38	15	26	34	13	7	3	10	27
2014年全排名	21	26	8	16	38	14	22	32	10	11	1	7	26
升降	3	1	-2	2	0	1	4	2	3	-4	2	3	1
优势度	中势	中势	优势	中势	劣势	中势	中势	劣势	优势	优势	优势	优势	中势

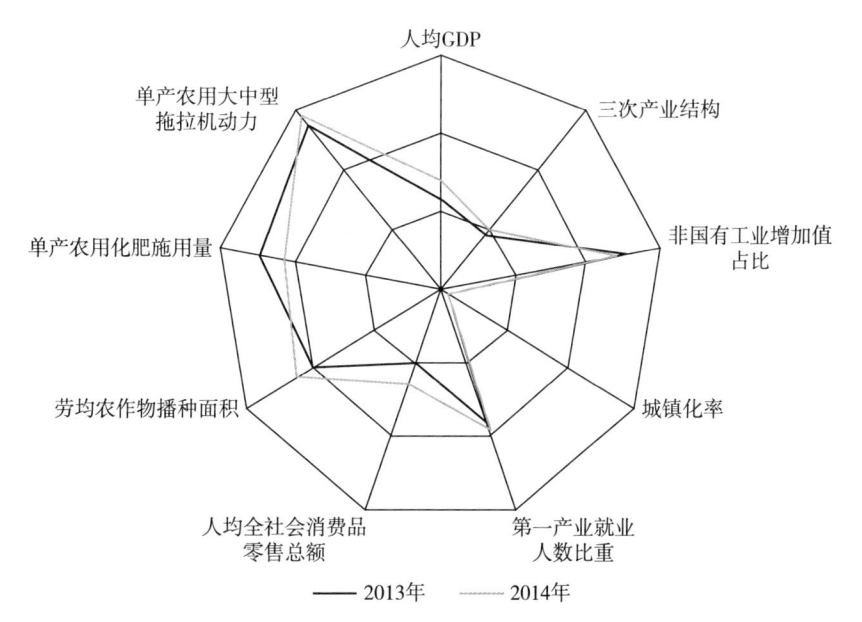

图33-2 兰考县2013~2014年经济发展指数及下层指标排位比较

(1) 2014 年兰考县经济发展指数排位处于第 26 位，表明其在中原经济区处于中势地位，与 2013 年相比排位上升 1 位。

(2) 从方案层指标的优势度看，非国有工业增加值占比、劳均农作物播种面积、单产农用化肥施用量、单产农用大中型拖拉机动力是兰考县经济发展指数中的优势指标，城镇化率是兰考县经济发展指数的劣势指标，其余指标是兰考县经济发展指数中的中势指标。

(3) 从雷达图图形变化看，2014 年与 2013 年相比，面积略有增大，经济发展指数排位保持上升态势。

(4) 从排位变化的动因看，在非国有工业增加值占比、单产农用化肥施用量指标排位下降和人均 GDP、三次产业结构、第一产业就业人数比重、人均全社会消费品零售总额、劳均农作物播种面积、单产农用大中型拖拉机动力指标排位上升的综合作用下，2014 年兰考县经济发展指数排位上升 1 位，居中原经济区第 26 位。

三 兰考县生态环境发展评价分析

2013~2014 年，兰考县生态环境发展指数及其下层指标评价值和排位变化情况，如表 33-3 和图 33-3 所示。

表 33-3 兰考县 2013~2014 年生态环境发展评价值及排名

指标	万元 GDP 能耗	按辖区面积平均的工业烟尘排放量	工业固体废物综合利用率	生态环境发展指数
2013 年	102.68	93.48	100.00	100.45
2014 年	103.20	91.50	100.00	100.41
2013 年全排名	1	16	2	1
2014 年全排名	1	17	1	1
升降	0	-1	1	0
优势度	优势	中势	优势	优势

(1) 2014 年兰考县生态环境发展指数排位处于第 1 位，表明其在中原经济区处于优势地位，与 2013 年相比排位保持不变。

(2) 从方案层指标的优势度看，万元 GDP 能耗、工业固体废物综合利用率是兰考县生态环境发展指数中的优势指标，按辖区面积平均的工业烟尘排放量是兰考县生态环境发展指数中的中势指标。

(3) 从雷达图图形变化看，2014 年与 2013 年相比，面积基本不变，生态环境发展指数排位呈稳定态势。

(4) 从排位变化的动因看，在按辖区面积平均的工业烟尘排放量指标排位下降和工业固体废物综合利用率指标排位上升的综合作用下，2014 年兰考县生态环境发展指数排位保持不变，居中原经济区第 1 位。

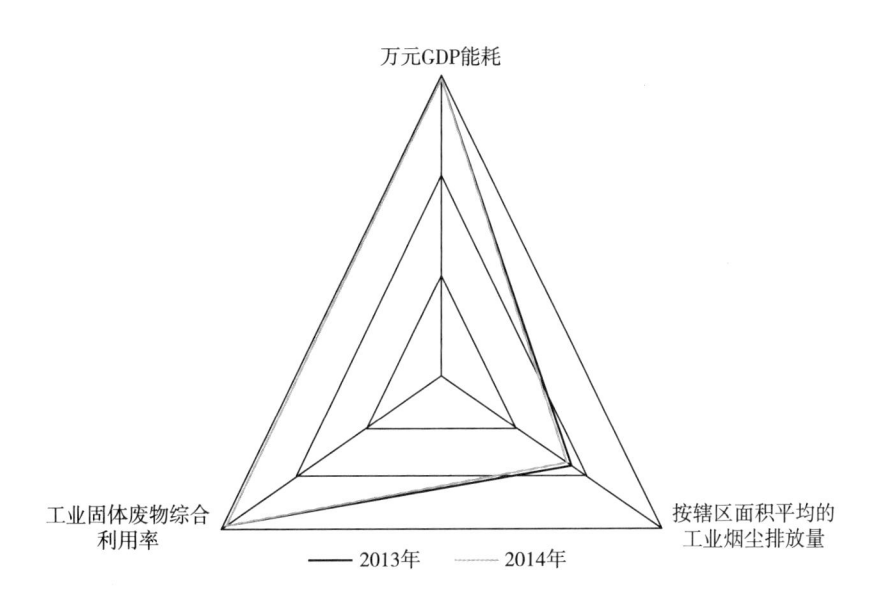

图 33-3 兰考县 2013~2014 年生态环境发展指数及下层指标排位比较

四 兰考县社会环境发展评价分析

2013~2014 年,兰考县社会环境发展指数及其下层指标评价值和排位变化情况,如表 33-4 和图 33-4 所示。

表 33-4 兰考县 2013~2014 年社会环境发展评价值及排名

指标	城乡居民收入结构	城镇居民人均可支配收入	农村居民人均纯收入	收入指数	每万人卫生技术人员数	每万人卫生机构床位数	健康指数	万人中小学专任教师数	人均教育经费	教育指数	人均城市公园绿地面积	人均城市道路面积	万人城市公共汽车数	城市生活环境指数	社会环境发展指数
2013年	15.57	13.40	18.02	15.66	50.46	90.13	70.3	78.13	19.98	49.06	16.46	44.92	14.40	42.75	36.32
2014年	15.92	18.82	21.33	18.69	56.80	106.93	81.86	74.60	26.95	50.77	29.03	44.22	43.24	38.83	39.69
2013年全排名	22	40	40	40	3	2	2	4	24	4	28	16	5	12	6
2014年全排名	25	40	40	40	2	2	2	5	14	4	28	15	5	13	3
升降	-3	0	0	0	1	0	0	-1	10	0	0	1	-1	-1	3
优势度	中势	劣势	劣势	劣势	优势	优势	优势	优势	中势	优势	劣势	中势	优势	优势	优势

(1) 2014 年兰考县社会环境发展指数排位处于第 3 位,表明其在中原经济区处于优势地位,与 2013 年相比排位上升 3 位。

(2) 从方案层指标的优势度看,每万人卫生技术人员数、每万人卫生机构床位数、万人中小学专任教师数、万人城市公共汽车数是兰考县社会环境发展指数中的优势指标,

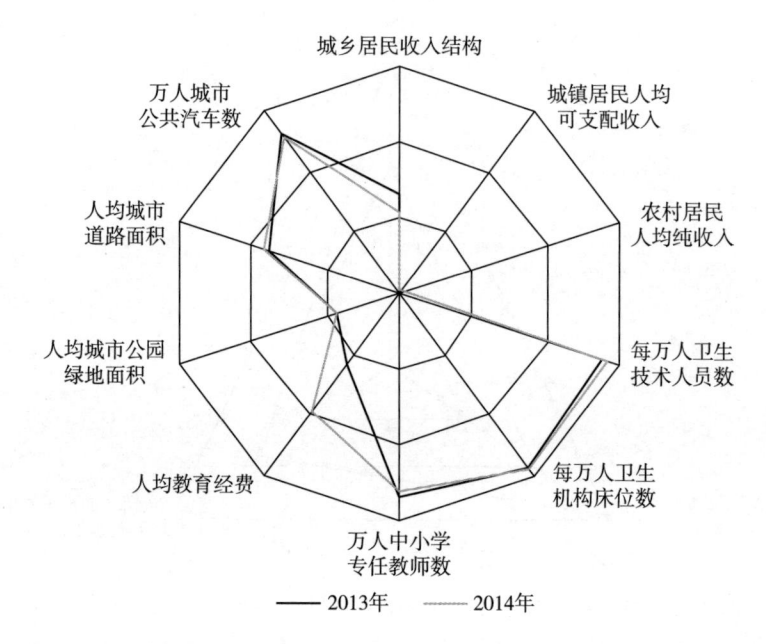

图33-4 兰考县2013~2014年社会环境发展指数及下层指标排位比较

城乡居民收入结构、人均教育经费、人均城市道路面积是兰考县社会环境发展指数中的中势指标，其余指标是兰考县社会环境发展指数中的劣势指标。

（3）从雷达图图形变化看，2014年与2013年相比，面积略有扩大，社会环境发展指数排位呈上升态势。

（4）从排位变化的动因看，在城乡居民收入结构、万人中小学专任教师数、万人城市公共汽车数指标排位下降和每万人卫生技术人员数、人均教育经费、人均城市道路面积指标排位上升的综合作用下，2014年兰考县社会环境发展指数排位上升3位，居中原经济区第3位。

第34章
汝州市发展指数分析

一 汝州市发展评价分析

2013~2014年,汝州市发展指数及其下层指标评价值和排位情况,如表34-1和图34-1所示。

表34-1 汝州市2013~2014年发展评价值及排名

指标	经济发展指数	生态环境发展指数	社会环境发展指数	汝州市发展指数
2013年	30.87	83.56	24.53	37.63
2014年	31.71	88.84	32.76	41.38
2013年全排名	25	20	34	28
2014年全排名	29	16	28	26
升降	-4	4	6	2
优势度	劣势	中势	劣势	中势

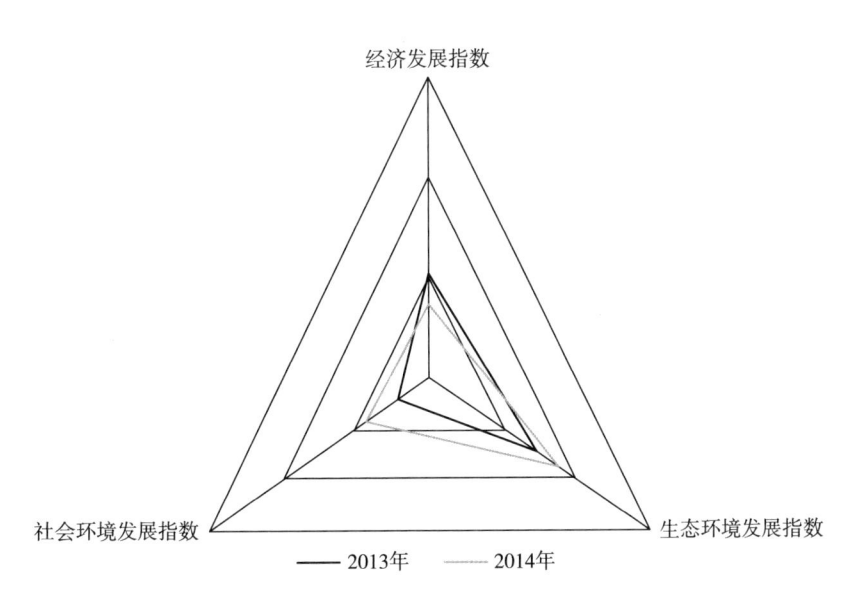

图34-1 汝州市2013~2014年发展指数及下层指标排位比较

(1) 2014年汝州市发展指数排位处于第26位,表明其在中原经济区处于中势地位,与2013年相比排位上升2位。

（2）从准则层指标的优势度看，生态环境发展指数是汝州市发展指数中的中势指标，经济发展指数、社会环境发展指数是汝州市发展指数中的劣势指标。

（3）从雷达图图形变化看，2014年与2013年相比，面积略有扩大，汝州市发展指数排位呈上升态势。

（4）从排位变化的动因看，在生态环境发展指数、社会环境发展指数指标排位上升和经济发展指数指标排位下降的综合作用下，2014年汝州市发展指数排位上升2位，居中原经济区第26位。

二 汝州市经济发展评价分析

2013～2014年，汝州市经济发展指数及其下层指标评价值和排位变化情况，如表34-2和图34-2所示。

表34-2 汝州市2013～2014年经济发展评价值及排名

指标	人均GDP	三次产业结构	非国有工业增加值占比	工业化指数	城镇化率	第一产业就业人数比重	人均全社会消费品零售总额	城镇化指数	劳均农作物播种面积	单产农用化肥施用量	单产农用大中型拖拉机动力	农业现代化指数	经济发展指数
2013年	50.09	64.46	58.29	54.61	15.54	31.22	30.69	21.28	11.14	47.78	10.92	17.26	30.87
2014年	51.05	68.11	65.82	57.41	18.57	23.80	33.66	21.59	3.39	53.12	26.65	13.92	31.71
2013年全排名	12	13	30	16	27	30	24	26	31	2	27	28	25
2014年全排名	12	13	29	14	27	39	25	31	35	4	14	30	29
升降	0	0	1	2	0	-9	-1	-5	-4	-2	13	-2	-4
优势度	优势	优势	劣势	中势	中势	劣势	中势	劣势	劣势	优势	中势	劣势	劣势

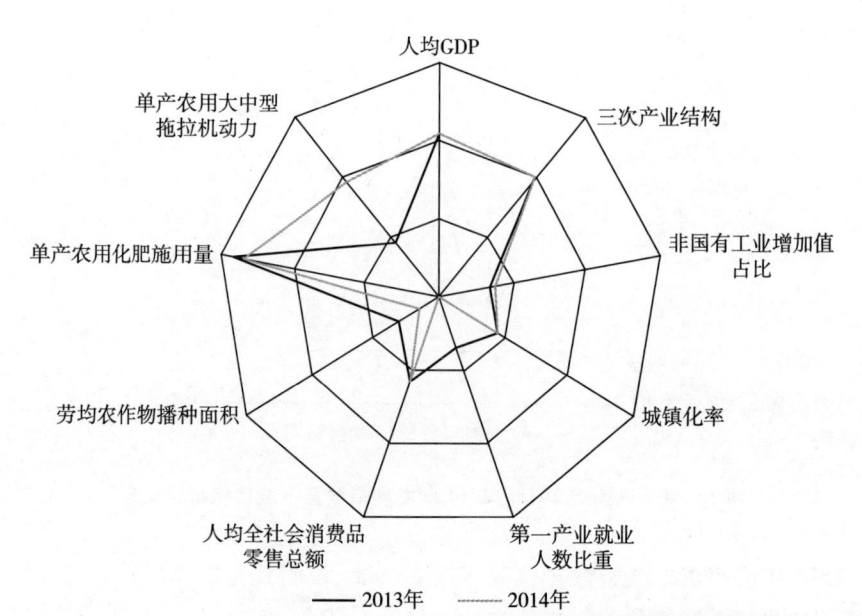

图34-2 汝州市2013～2014年经济发展指数及下层指标排位比较

（1）2014年汝州市经济发展指数排位处于第29位，表明其在中原经济区处于劣势地位，与2013年相比排位下降4位。其中工业化指数排位处于第14位，与2013年相比排位上升2位；城镇化指数排位处于第31位，与2013年相比排位下降5位；农业现代化指数排位处于第30位，与2013年相比排位下降2位。

（2）从方案层指标的优势度看，人均GDP、三次产业结构、单产农用化肥施用量指标是汝州市经济发展指数中的优势指标，非国有工业增加值占比、第一产业就业人数比重、劳均农作物播种面积为汝州市经济发展指数中的劣势指标，其余指标均为汝州市经济发展指数中的中势指标。

（3）从雷达图图形变化看，2014年与2013年相比，面积有所缩小，经济发展指数排位呈现下降趋势。

（4）从排位变化的动因看，在非国有工业增加值占比、单产农用大中型拖拉机动力指标排位上升和第一产业就业人数比重、人均全社会消费品零售总额、劳均农作物播种面积、单产农用化肥施用量指标排位下降的综合作用下，2014年汝州市经济发展指数排位下降4位，居中原经济区第29位。

三 汝州市生态环境发展评价分析

2013~2014年，汝州市生态环境发展指数及其下层指标评价值和排位变化情况，如表34-3和图34-3所示。

表34-3 汝州市2013~2014年生态环境发展评价值及排名

指标	万元GDP能耗	按辖区面积平均的工业烟尘排放量	工业固体废物综合利用率	生态环境发展指数
2013年	82.38	71.05	100.00	83.56
2014年	84.14	93.38	100.00	88.84
2013年全排名	20	31	2	20
2014年全排名	20	14	1	16
升降	0	17	1	4
优势度	中势	中势	优势	中势

（1）2014年汝州市生态环境发展指数排位处于第16位，表明其在中原经济区处于中势地位，与2013年相比排位上升4位。

（2）从方案层指标的优势度看，万元GDP能耗、按辖区面积平均的工业烟尘排放量指标是汝州市生态环境发展指数中的中势指标，工业固体废物综合利用率指标是汝州市生态环境发展指数中的优势指标。

（3）从雷达图图形变化看，2014年与2013年相比，面积有所增大，生态环境发展指数排位呈现上升态势。

（4）从排位变化的动因看，在按辖区面积平均的工业烟尘排放量、工业固体废物综

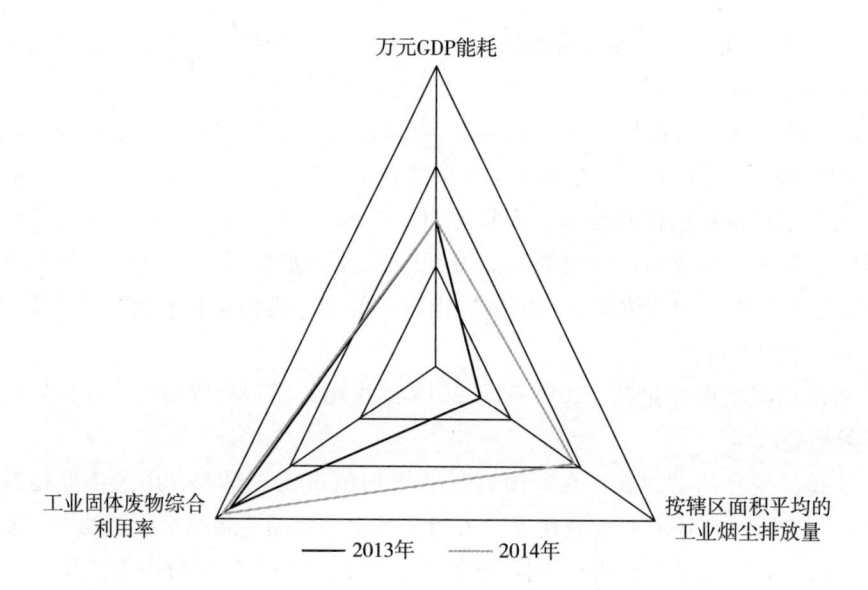

图 34-3 汝州市 2013~2014 年生态环境发展指数及下层指标排位比较

合利用率指标排位上升和万元 GDP 能耗指标排位不变的综合作用下,2014 年汝州市生态环境发展指数排位上升 4 位,居中原经济区第 16 位。

四 汝州市社会环境发展评价分析

2013~2014 年,汝州市社会环境发展指数及其下层指标评价值和排位变化情况,如表 34-4 和图 34-4 所示。

表 34-4 汝州市 2013~2014 年社会环境发展评价值及排名

指标	城乡居民收入结构	城镇居民人均可支配收入	农村居民人均纯收入	收入指数	每万人卫生技术人员数	每万人卫生机构床位数	健康指数	万人中小学专任教师数	人均教育经费	教育指数	人均城市公园绿地面积	人均城市道路面积	万人城市公共汽车数	城市生活环境指数	社会环境发展指数
2013 年	32.03	23.00	32.56	29.19	25.43	69.30	47.36	-18.09	16.64	-0.72	35.46	43.92	7.32	36.51	24.53
2014 年	33.04	27.31	35.51	31.95	29.12	54.43	41.78	42.53	18.40	30.47	22.02	42.94	19.56	28.17	32.76
2013 年全排名	4	31	9	9	33	3	18	40	31	39	14	20	19	17	34
2014 年全排名	4	32	9	9	32	21	27	21	33	27	32	18	18	24	28
升降	0	-1	0	0	1	-18	-9	19	-2	12	-18	2	1	-7	6
优势度	优势	劣势	优势	优势	劣势	中势	中势	中势	劣势	中势	劣势	中势	中势	中势	劣势

(1) 2014 年汝州市社会环境发展指数排位处于第 28 位,表明其在中原经济区处于劣势地位,与 2013 年相比排位上升 6 位。其中收入指数排位处于第 9 位,与 2013 年相比排

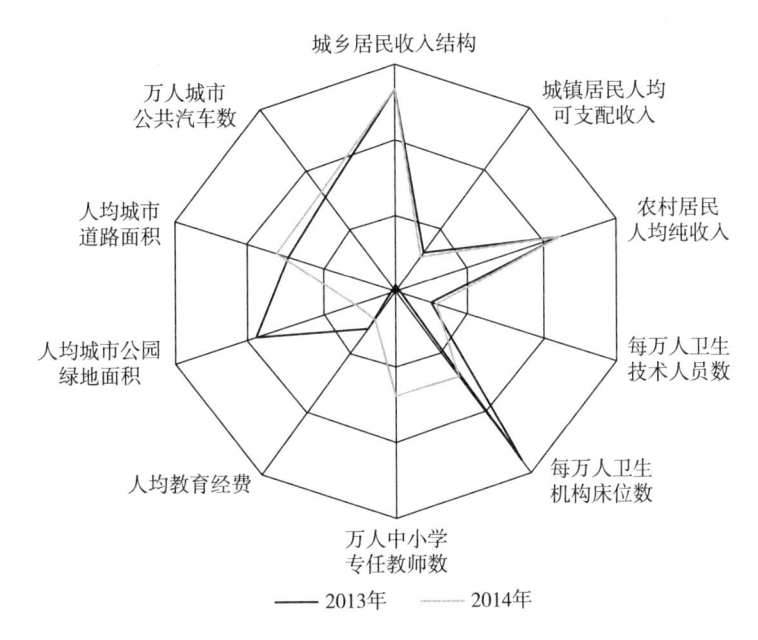

图 34-4　汝州市 2013~2014 年社会环境发展指数及下层指标排位比较

位不变；健康指数排位处于第 27 位，与 2013 年相比排位下降 9 位；教育指数排位处于第 27 位，与 2013 年相比排位上升 12 位；城市生活环境指数排位处于第 24 位，与 2013 年相比排位下降 7 位。

（2）从方案层指标的优势度看，城乡居民收入结构、农村居民人均纯收入是汝州市社会环境发展指数中的优势指标，城镇居民人均可支配收入、每万人卫生技术人员数、人均教育经费、人均城市公园绿地面积为汝州市社会环境发展指数中的劣势指标，其余指标均为汝州市社会环境发展指数中的中势指标。

（3）从雷达图图形变化看，2014 年与 2013 年相比，面积明显增大，社会环境发展指数排位呈现上升态势。

（4）从排位变化的动因看，在每万人卫生技术人员数、万人中小学专任教师数、人均城市道路面积、万人城市公共汽车数指标排位上升和城镇居民人均可支配收入、每万人卫生机构床位数、人均教育经费、人均城市公园绿地面积指标排位下降的综合作用下，2014 年汝州市社会环境发展指数排位上升 6 位，居中原经济区第 28 位。

第35章
滑县发展指数分析

一 滑县发展评价分析

2013~2014年,滑县发展指数及其下层指标评价值和排位情况,如表35-1和图35-1所示。

表35-1 滑县2013~2014年发展评价值及排名

指标	经济发展指数	生态环境发展指数	社会环境发展指数	滑县发展指数
2013年	11.59	97.14	18.92	27.80
2014年	13.64	79.35	27.30	28.46
2013年全排名	40	4	38	40
2014年全排名	40	26	37	40
升降	0	-22	1	0
优势度	劣势	中势	劣势	劣势

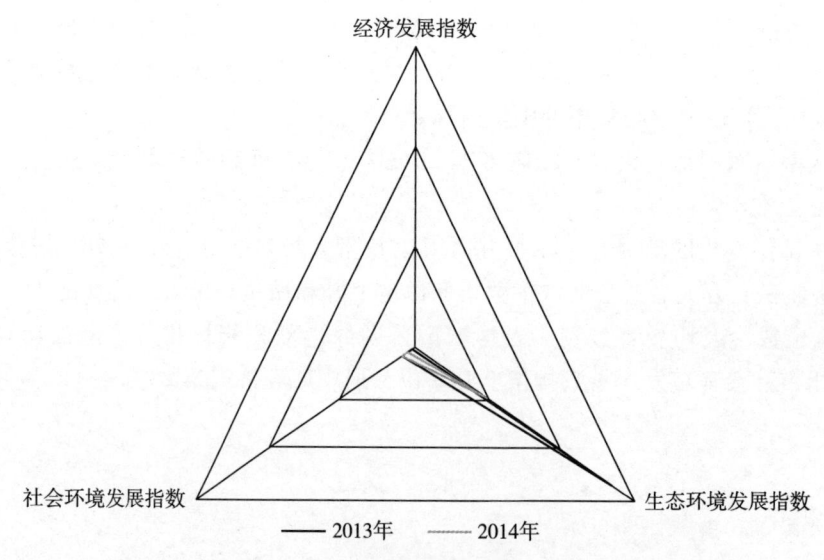

图35-1 滑县2013~2014年发展指数及下层指标排位比较

(1) 2014年滑县发展指数排位处于第40位,表明其在中原经济区处于劣势地位,与2013年相比排位不变。

(2) 从准则层指标的优势度看,生态环境发展指数是滑县发展指数中的中势指标,经济发展指数、社会环境发展指数是滑县发展指数中的劣势指标。

(3) 从雷达图图形变化看，2014年与2013年相比，面积基本不变，滑县发展指数排位呈现平稳态势。

(4) 从排位变化的动因看，在社会环境发展指数指标排位上升、生态环境发展指数指标排位下降和经济发展指数指标排位不变的综合作用下，2014年滑县发展指数排位不变，居中原经济区第40位。

二 滑县经济发展评价分析

2013~2014年，滑县经济发展指数及其下层指标评价值和排位变化情况，如表35-2和图35-2所示。

表35-2 滑县2013~2014年经济发展评价值及排名

指标	人均GDP	三次产业结构	非国有工业增加值占比	工业化指数	城镇化率	第一产业就业人数比重	人均全社会消费品零售总额	城镇化指数	劳均农作物播种面积	单产农用化肥施用量	单产农用大中型拖拉机动力	农业现代化指数	经济发展指数
2013年	22.52	-19.52	96.95	28.99	-10.00	23.82	12.67	1.29	42.67	26.43	32.34	38.97	11.59
2014年	25.23	-8.59	97.06	32.83	-7.0	26.39	16.40	4.25	13.51	30.89	65.24	21.31	13.64
2013年全排名	38	40	5	38	40	38	38	40	7	5	6	5	40
2014年全排名	38	40	5	38	40	38	38	40	28	7	3	22	40
升降	0	0	0	0	0	0	0	0	-21	-2	3	-17	0
优势度	劣势	劣势	优势	劣势	劣势	劣势	劣势	劣势	劣势	优势	优势	中势	劣势

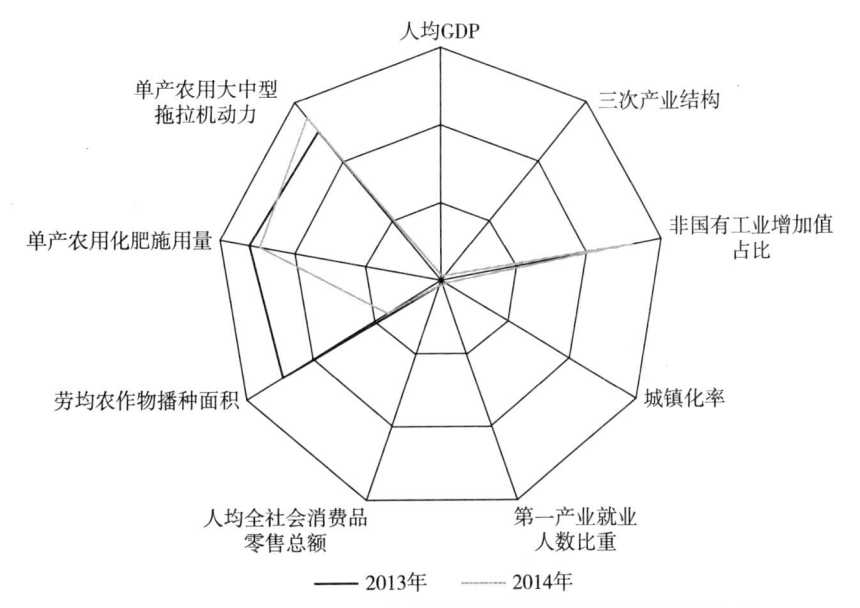

图35-2 滑县2013~2014年经济发展指数及下层指标排位比较

（1）2014年滑县经济发展指数排位处于第40位，表明其在中原经济区处于劣势地位，与2013年相比排位不变。其中工业化指数排位处于第38位，与2013年相比排位不变；城镇化指数排位处于第40位，与2013年相比排位不变；农业现代化指数排位处于第22位，与2013年相比排位下降17位。

（2）从方案层指标的优势度看，非国有工业增加值占比、单产农用化肥施用量、单产农用大中型拖拉机动力指标是滑县经济发展指数中的优势指标，其余指标均为滑县经济发展指数中的劣势指标。

（3）从雷达图图形变化看，2014年与2013年相比，面积略有缩小，经济发展指数排位呈现平稳趋势。

（4）从排位变化的动因看，在单产农用大中型拖拉机动力指标排位上升和劳均农作物播种面积、单产农用化肥施用量指标排位下降的综合作用下，2014年滑县经济发展指数排位不变，居中原经济区第40位。

三 滑县生态环境发展评价分析

2013~2014年，滑县生态环境发展指数及其下层指标评价值和排位变化情况，如表35-3和图35-3所示。

表35-3 滑县2013~2014年生态环境发展评价值及排名

指标	万元GDP能耗	按辖区面积平均的工业烟尘排放量	工业固体废物综合利用率	生态环境发展指数
2013年	98.08	96.95	94.18	97.14
2014年	98.65	94.38	0.00	79.35
2013年全排名	3	8	23	4
2014年全排名	3	10	40	26
升降	0	-2	-17	-22
优势度	优势	优势	劣势	中势

（1）2014年滑县生态环境发展指数排位处于第26位，表明其在中原经济区处于中势地位，与2013年相比排位下降22位。

（2）从方案层指标的优势度看，万元GDP能耗、按辖区面积平均的工业烟尘排放量指标是滑县生态环境发展指数中的优势指标，工业固体废物综合利用率指标是滑县生态环境发展指数中的劣势指标。

（3）从雷达图图形变化看，2014年与2013年相比，面积明显缩小，生态环境发展指数排位呈现下降态势。

（4）从排位变化的动因看，在按辖区面积平均的工业烟尘排放量、工业固体废物综合利用率指标排位下降和万元GDP能耗指标排位不变的综合作用下，2014年滑县生态环境发展指数排位下降22位，居中原经济区第26位。

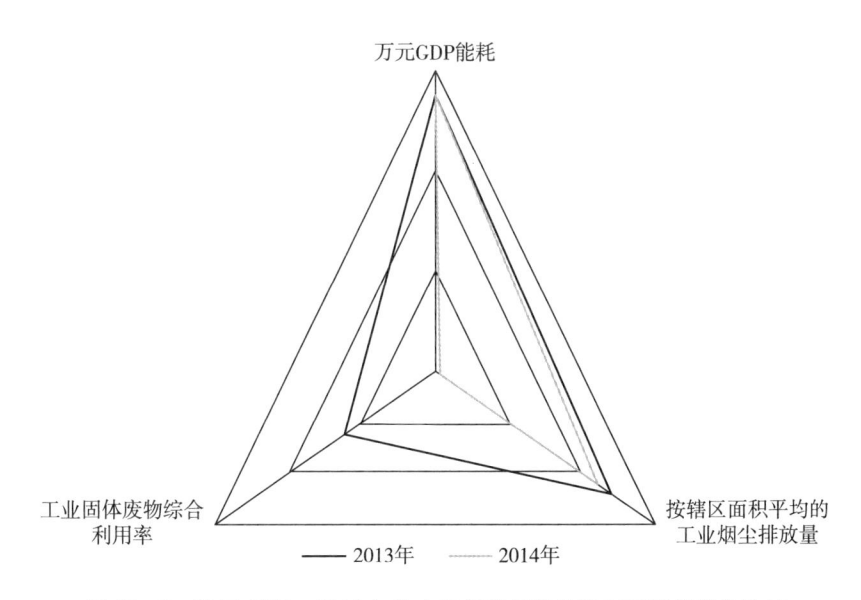

图 35-3 滑县 2013~2014 年生态环境发展指数及下层指标排位比较

四 滑县社会环境发展评价分析

2013~2014 年，滑县社会环境发展指数及其下层指标评价值和排位变化情况，如表 35-4 和图 35-4 所示。

表 35-4 滑县 2013~2014 年社会环境发展评价值及排名

指标	城乡居民收入结构	城镇居民人均可支配收入	农村居民人均纯收入	收入指数	每万人卫生技术人员数	每万人卫生机构床位数	健康指数	万人中小学专任教师数	人均教育经费	教育指数	人均城市公园绿地面积	人均城市道路面积	万人城市公共汽车数	城市生活环境指数	社会环境发展指数
2013 年	12.76	17.35	18.47	16.19	27.43	48.90	38.16	-5.81	11.49	2.84	37.01	61.16	9.36	46.30	18.92
2014 年	13.01	22.53	21.59	19.04	33.12	56.34	44.73	34.12	12.13	23.12	59.07	65.02	26.38	50.15	27.30
2013 年全排名	26	38	39	39	29	23	27	38	40	38	12	8	15	9	38
2014 年全排名	31	38	39	39	26	18	22	29	40	34	4	7	15	7	37
升降	-5	0	0	0	3	5	5	9	0	4	8	1	0	2	1
优势度	劣势	劣势	劣势	劣势	中势	中势	中势	劣势	劣势	劣势	优势	优势	中势	优势	劣势

（1）2014 年滑县社会环境发展指数排位处于第 37 位，表明其在中原经济区处于劣势地位，与 2013 年相比排位上升 1 位。其中收入指数排位处于第 39 位，与 2013 年相比排位不变；健康指数排位处于第 22 位，与 2013 年相比排位上升 5 位；教育指数排位处于第 34 位，与 2013 年相比排位上升 4 位；城市生活环境指数排位处于第 7 位，与 2013 年相比

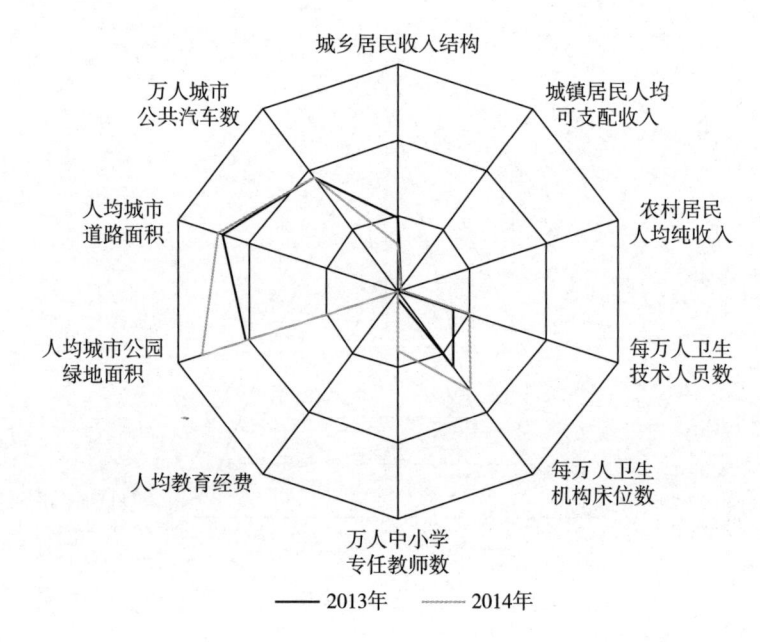

图 35 - 4　滑县 2013~2014 年社会环境发展指数及下层指标排位比较

排位上升 2 位。

（2）从方案层指标的优势度看，人均城市公园绿地面积、人均城市道路面积为滑县社会环境发展指数中的优势指标，每万人卫生技术人员数、每万人卫生机构床位数、万人城市公共汽车数为滑县社会环境发展指数中的中势指标，其余指标均为滑县社会环境发展指数中的劣势指标。

（3）从雷达图图形变化看，2014 年与 2013 年相比，面积略有增大，社会环境发展指数排位呈现上升态势。

（4）从排位变化的动因看，在每万人卫生技术人员数、每万人卫生机构床位数、万人中小学专任教师数、人均城市道路面积、人均城市公园绿地面积指标排位上升和城乡居民收入结构指标排位下降的综合作用下，2014 年滑县社会环境发展指数排位上升 1 位，居中原经济区第 37 位。

第 36 章
长垣县发展指数分析

一 长垣县发展评价分析

2013~2014 年,长垣县发展指数及其下层指标评价值和排位情况,如表 36-1 和图 36-1 所示。

表 36-1 长垣县 2013~2014 年发展评价值及排名

指标	经济发展指数	生态环境发展指数	社会环境发展指数	长垣县发展指数
2013 年	46.64	95.48	37.63	51.98
2014 年	49.64	96.11	40.65	54.58
2013 年全排名	8	6	2	3
2014 年全排名	8	5	2	2
升降	0	1	0	1
优势度	优势	优势	优势	优势

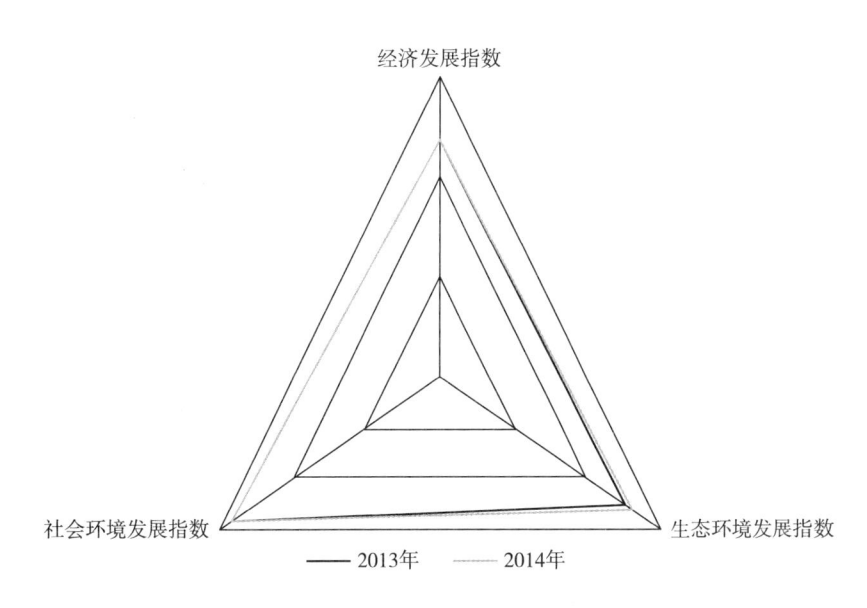

图 36-1 长垣县 2013~2014 年发展指数及下层指标排位比较

(1) 2014 年长垣县发展指数排位处于第 2 位,表明其在中原经济区处于优势地位,与 2013 年相比排位上升 1 位。

（2）从准则层指标的优势度看，经济发展指数、生态环境发展指数、社会环境发展指数均是长垣县发展指数中的优势指标。

（3）从雷达图图形变化看，2014年与2013年相比，面积略有增加，长垣县发展指数排位呈上升态势。

（4）从排位变化的动因看，在生态环境发展指数排位上升和经济发展指数、社会环境发展指数排位保持不变的综合作用下，2014年长垣县发展指数排位上升1位，居中原经济区第2位。

二 长垣县经济发展评价分析

2013~2014年，长垣县经济发展指数及其下层指标评价值和排位情况，如表36-2和图36-2所示。

表36-2 长垣县2013~2014年经济发展评价值及排名

指标	人均GDP	三次产业结构	非国有工业增加值占比	工业化指数	城镇化率	第一产业就业人数比重	人均全社会消费品零售总额	城镇化指数	劳均农作物播种面积	单产农用化肥施用量	单产农用大中型拖拉机动力	农业现代化指数	经济发展指数
2013年	44.45	56.44	98.48	57.65	16.07	82.81	19.44	33.80	182.23	9.38	2.61	136.30	46.64
2014年	47.13	61.12	98.57	60.21	19.30	84.73	22.51	36.67	189.50	12.29	11.68	143.00	49.64
2013年全排名	21	21	2	11	26	1	35	14	1	20	39	1	8
2014年全排名	20	20	3	12	25	1	35	14	1	19	32	1	8
升降	1	1	-1	-1	1	0	0	0	0	1	7	0	0
优势度	中势	中势	优势	优势	中势	优势	劣势	中势	优势	中势	劣势	优势	优势

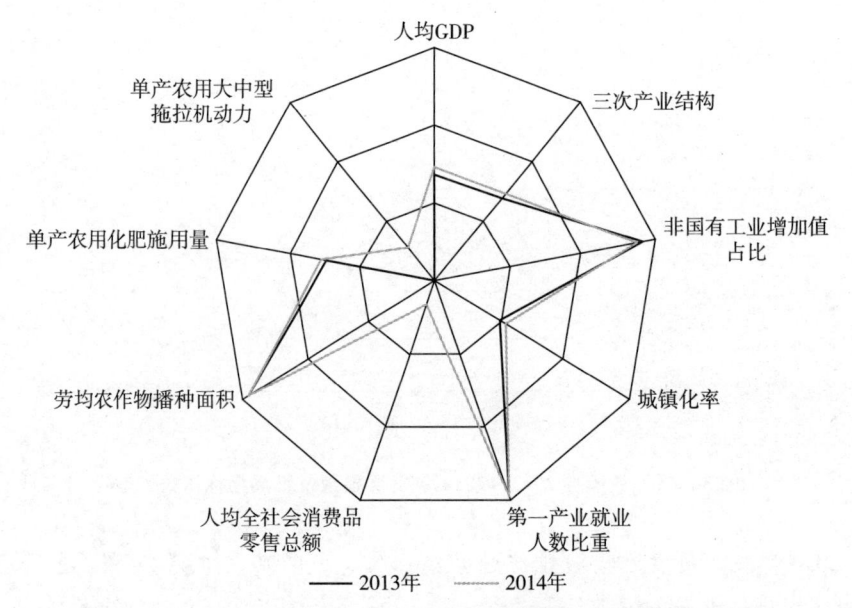

图36-2 长垣县2013~2014年经济发展指数及下层指标排位比较

（1）2014年长垣县经济发展指数排位处于第8位，表明其在中原经济区处于优势地位，与2013年相比排位保持不变。其中工业化指数排位处于第12位，与2013年相比排位下降1位。城镇化指数排位处于第14位，与2013年相比排位保持不变。农业现代化指数排位仍处于第1位，与2013年相比排位保持不变。

（2）从方案层指标的优势度看，非国有工业增加值占比、第一产业就业人数比重、劳均农作物播种面积是长垣县经济发展指数中的优势指标，人均全社会消费品零售总额、单产农用大中型拖拉机动力是长垣县经济发展指数中的劣势指标。

（3）从雷达图图形变化看，2014年与2013年相比，面积明显增大，长垣县经济发展指数排位呈上升态势。

（4）从排位变化的动因看，在非国有工业增加值占比指标排位下降和人均GDP、三次产业结构、城镇化率、单产农用化肥施用量、单产农用大中型拖拉机动力指标排位上升的综合作用下，2014年长垣县经济发展指数排位保持不变，居中原经济区第8位。

三　长垣县生态环境发展评价分析

2013~2014年，长垣县生态环境发展指数及其下层指标评价值和排位情况，如表36-3和图36-3所示。

表36-3　长垣县2013~2014年生态环境发展评价值及排名

指标	万元GDP能耗	按辖区面积平均的工业烟尘排放量	工业固体废物综合利用率	生态环境发展指数
2013年	94.64	93.77	100.00	95.48
2014年	95.76	93.38	100.00	96.11
2013年全排名	6	14	2	6
2014年全排名	6	13	1	5
升降	0	1	1	1
优势度	优势	优势	优势	优势

（1）2014年长垣县生态环境发展指数排位处于第5位，表明其在中原经济区处于优势地位，与2013年相比排位上升1位。

（2）从方案层指标的优势度看，万元GDP能耗、工业固体废物综合利用率、按辖区面积平均的工业烟尘排放量均是长垣县生态环境发展指数中的优势指标。

（3）从雷达图图形变化看，2014年与2013年相比，面积略微增大，长垣县生态环境发展指数排位呈上升态势。

（4）从排位变化的动因看，在按辖区面积平均的工业烟尘排放量、工业固体废物综合利用率排位上升和万元GDP能耗排位不变的综合作用下，2014年长垣县生态环境发展指数排位上升1位，居中原经济区第5位。

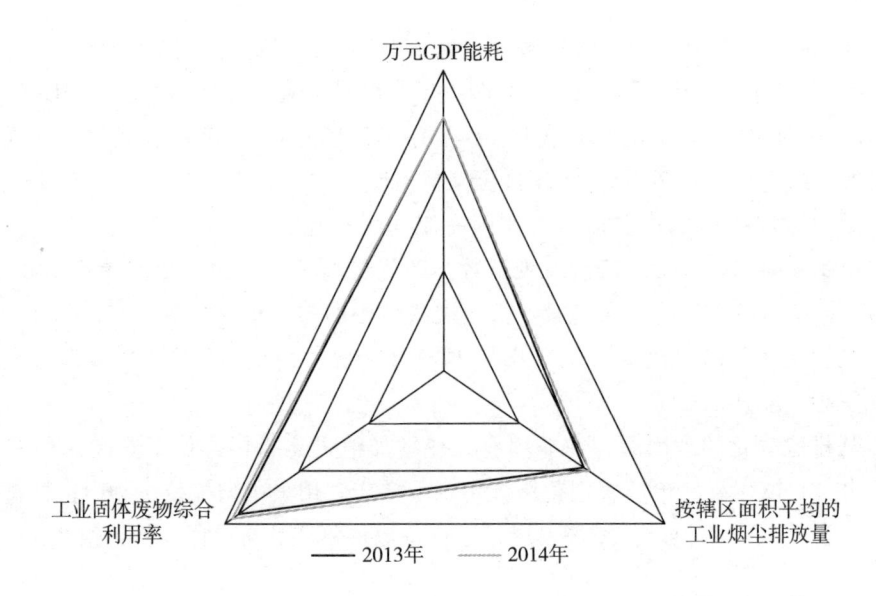

图 36-3 长垣县 2013~2014 年生态环境发展指数及下层指标排位比较

四 长垣县社会环境发展评价分析

2013~2014 年,长垣县社会环境发展指数及其下层指标评价值和排位情况,如表 36-4 和图 36-4 所示。

表 36-4 长垣县 2013~2014 年社会环境发展评价值及排名

指标	城乡居民收入结构	城镇居民人均可支配收入	农村居民人均纯收入	收入指数	每万人卫生技术人员数	每万人卫生机构床位数	健康指数	万人中小学专任教师数	人均教育经费	教育指数	人均城市公园绿地面积	人均城市道路面积	万人城市公共汽车数	城市生活环境指数	社会环境发展指数
2013 年	46.08	19.85	37.06	34.33	53.99	55.63	54.81	42.69	21.94	32.32	29.28	49.70	9.53	40.20	37.63
2014 年	46.60	25.39	40.42	37.47	54.37	58.60	56.49	50.62	22.23	36.42	47.78	50.34	26.95	41.69	40.65
2013 年全排名	1	34	4	4	2	18	7	14	17	14	21	13	14	14	2
2014 年全排名	1	34	4	4	3	12	5	13	27	17	12	11	14	11	2
升降	0	0	0	0	-1	6	2	1	-10	-3	9	2	0	3	0
优势度	优势	劣势	优势	优势	优势	优势	优势	优势	中势	中势	优势	优势	中势	优势	优势

(1) 2014 年长垣县社会环境发展指数排位处于第 2 位,表明其在中原经济区处于优势地位,与 2013 年相比排位保持不变。其中收入指数排位处于第 4 位,与 2013 年相比排位保持不变。健康指数排位处于第 5 位,与 2013 年相比排位上升 2 位。教育指数排位处于第 17 位,与 2013 年相比排位下降 3 位。城市生活环境指数处于第 11 位,与 2013 年相

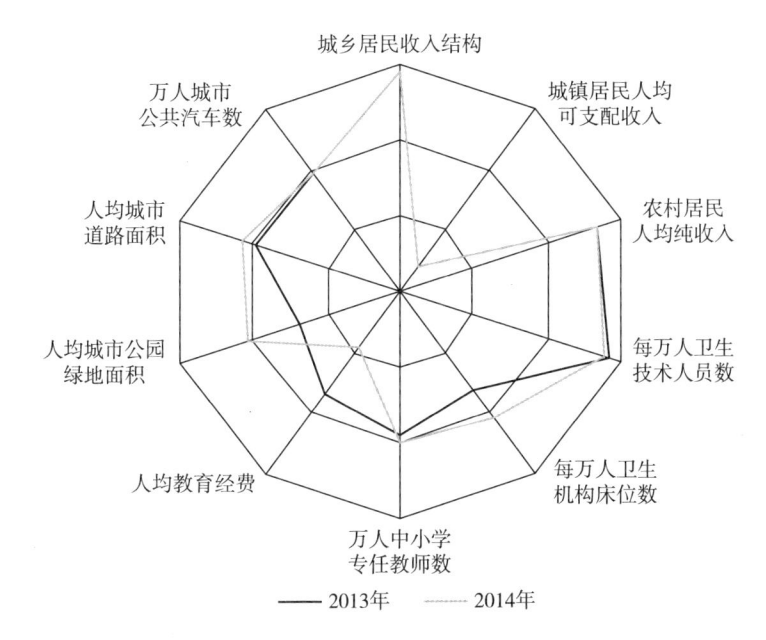

图 36 – 4　长垣县 2013~2014 年社会环境发展指数及下层指标排位比较

比排位上升 3 位。

（2）从方案层指标的优势度看，城乡居民收入结构、农村居民人均纯收入、每万人卫生技术人员数、每万人卫生机构床位数、万人中小学专任教师数、人均城市道路面积、人均城市公园绿地面积是长垣县社会环境发展指数中的优势指标，城镇居民人均可支配收入是长垣县社会环境发展指数中的劣势指标。

（3）从雷达图图形变化看，2014 年与 2013 年相比，面积基本不变，长垣县社会环境发展指数排位呈稳定态势。

（4）从排位变化的动因看，在每万人卫生技术人员数、人均教育经费指标排位下降和每万人卫生机构床位数、万人中小学专任教师数、人均城市公园绿地面积、人均城市道路面积指标排位上升的综合作用下，2014 年长垣县社会环境发展指数排位保持不变，居中原经济区第 2 位。

第37章
邓州市发展指数分析

一 邓州市发展评价分析

2013~2014年,邓州市发展指数及其下层指标评价值和排位情况,如表37-1和图37-1所示。

表37-1 邓州市2013~2014年发展评价值及排名

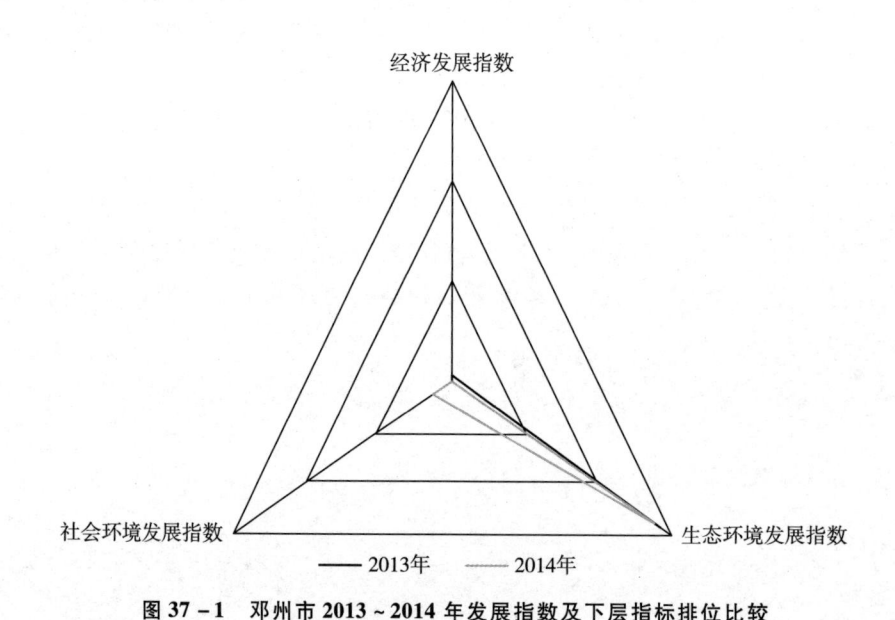

指标	经济发展指数	生态环境发展指数	社会环境发展指数	邓州市发展指数
2013年	20.57	98.41	17.88	32.54
2014年	21.75	97.77	27.64	35.95
2013年全排名	38	2	39	35
2014年全排名	39	3	36	35
升降	-1	-1	3	0
优势度	劣势	优势	劣势	劣势

图37-1 邓州市2013~2014年发展指数及下层指标排位比较

(1) 2014年邓州市发展指数排位处于第35位,表明其在中原经济区处于劣势地位,与2013年相比排位保持不变。

(2) 从准则层指标的优势度看,生态环境发展指数是邓州市发展指数中的优势指标,经济发展指数、社会环境发展指数是邓州市发展指数中的劣势指标。

(3) 从雷达图图形变化看,2014年与2013年相比,面积略微增大,邓州市发展指数呈现稳定趋势。

(4) 从排位变化的动因看,在经济发展指数、生态环境发展指数排位下降和社会环境发展指数排位上升的综合作用下,2014年邓州市发展指数排位保持不变,居中原经济区第35位。

二 邓州市经济发展评价分析

2013～2014年,邓州市经济发展指数及其下层指标评价值和排位情况,如表37-2和图37-2所示。

表37-2 邓州市2013～2014年经济发展评价值及排名

指标	人均GDP	三次产业结构	非国有工业增加值占比	工业化指数	城镇化率	第一产业就业人数比重	人均全社会消费品零售总额	城镇化指数	劳均农作物播种面积	单产农用化肥施用量	单产农用大中型拖拉机动力	农业现代化指数	经济发展指数
2013年	32.09	-0.11	91.55	37.54	7.50	17.13	22.11	11.61	41.68	19.37	8.54	34.81	20.57
2014年	34.27	6.23	93.16	40.44	10.05	11.80	25.59	12.22	37.91	21.76	22.36	33.73	21.75
2013年全排名	33	37	11	34	37	40	34	38	8	8	33	9	38
2014年全排名	32	37	11	34	37	40	34	39	13	9	17	12	39
升降	1	0	0	0	0	0	0	-1	-5	-1	16	-3	-1
优势度	劣势	劣势	优势	劣势	劣势	劣势	劣势	劣势	优势	优势	中势	优势	劣势

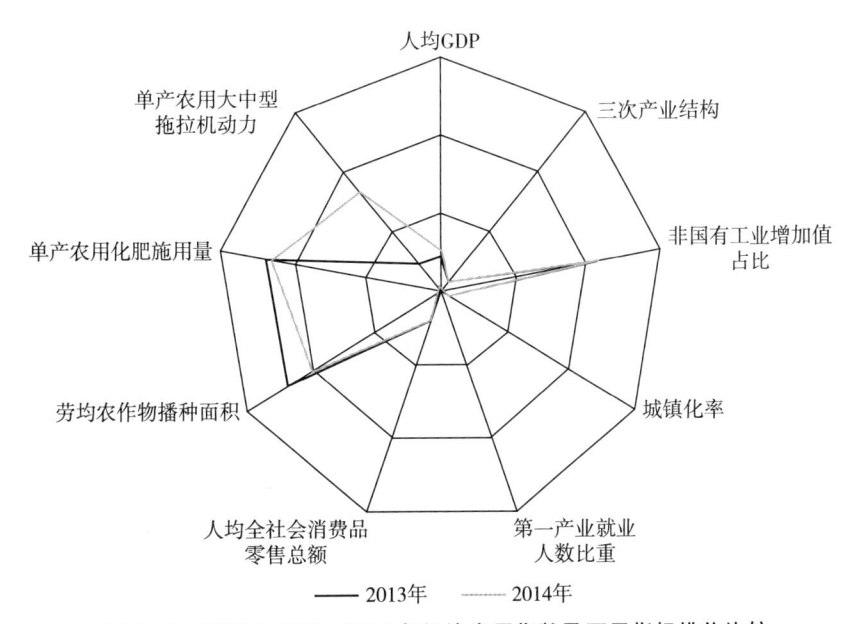

图37-2 邓州市2013～2014年经济发展指数及下层指标排位比较

（1）2014年邓州市经济发展指数排位处于第39位，表明其在中原经济区处于劣势地位，与2013年相比排位下降1位。其中工业化指数排位处于第34位，与2013年相比排位保持不变；城镇化指数排位处于第39位，与2013年相比排位下降1位；农业现代化指数排位处于第12位，与2013年相比排位下降3位。

（2）从方案层指标的优势度看，非国有工业增加值占比、劳均农作物播种面积、单产农用化肥施用量是邓州市经济发展指数中的优势指标，单产农用大中型拖拉机动力是邓州市经济发展指数中的中势指标，其余均是邓州市经济发展指数中的劣势指标。

（3）从雷达图图形变化看，2014年与2013年相比，面积略有扩大，经济发展指数排位呈稳定态势。

（4）从排位变化的动因看，在人均GDP、单产农用大中型拖拉机动力指标排位上升和劳均农作物播种面积、单产农用化肥施用量指标排位下降的综合作用下，2014年邓州市经济发展指数排位下降1位，居中原经济区第39位。

三 邓州市生态环境发展评价分析

2013~2014年，邓州市生态环境发展指数及其下层指标评价值和排位情况，如表37-3和图37-3所示。

表37-3 邓州市2013~2014年生态环境发展评价值及排名

指标	万元GDP能耗	按辖区面积平均的工业烟尘排放量	工业固体废物综合利用率	生态环境发展指数
2013年	98.85	96.57	98.79	98.41
2014年	99.68	95.97	93.17	97.77
2013年全排名	2	9	14	2
2014年全排名	2	8	26	3
升降	0	1	-12	-1
优势度	优势	优势	中势	优势

（1）2014年邓州市生态环境发展指数排位处于第3位，表明其在中原经济区处于优势地位，与2013年相比排位下降1位。

（2）从方案层指标的优势度看，万元GDP能耗、按辖区面积平均的工业烟尘排放量是邓州市生态环境发展指数中的优势指标，工业固体废物综合利用率是邓州市生态环境发展指数中的中势指标。

（3）从雷达图图形变化看，2014年与2013年相比，面积明显缩小，邓州市生态环境发展指数排位呈下降态势。

（4）从排位变化的动因看，在按辖区面积平均的工业烟尘排放量指标排位上升和工业固体废物综合利用率指标排位下降的综合作用下，2014年邓州市生态环境发展指数下降1位，居中原经济区第3位。

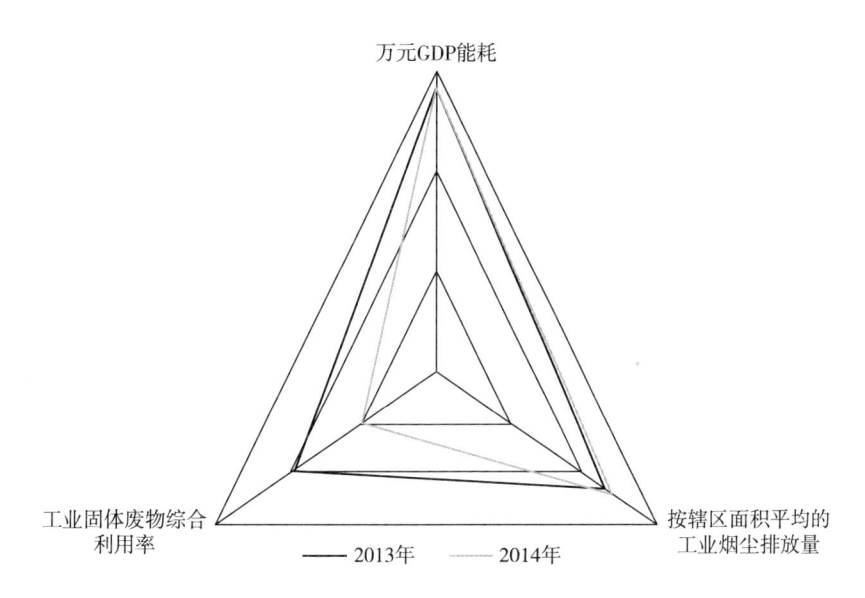

图 37-3 邓州市 2013~2014 年生态环境发展指数及下层指标排位比较

四 邓州市社会环境发展评价分析

2013~2014 年,邓州市社会环境发展指数及其下层指标评价值和排位情况,如表 37-4 和图 37-4 所示。

表 37-4 邓州市 2013~2014 年社会环境发展评价值及排名

指标	城乡居民收入结构	城镇居民人均可支配收入	农村居民人均纯收入	收入指数	每万人卫生技术人员数	每万人卫生机构床位数	健康指数	万人中小学专任教师数	人均教育经费	教育指数	人均城市公园绿地面积	人均城市道路面积	万人城市公共汽车数	城市生活环境指数	社会环境发展指数
2013 年	22.79	25.51	29.18	25.83	11.50	27.74	19.62	-15.74	13.70	-1.02	51.49	36.83	2.37	30.95	17.88
2014 年	23.81	29.95	32.27	28.67	17.56	45.75	31.65	39.21	14.19	26.70	18.92	33.86	3.02	18.60	27.64
2013 年全排名	10	28	15	15	40	38	38	39	39	40	6	25	37	26	39
2014 年全排名	10	26	17	17	39	30	36	24	39	28	34	22	37	35	36
升降	0	2	-2	-2	1	8	2	15	0	12	-28	3	0	-9	3
优势度	优势	中势	中势	中势	劣势	劣势	劣势	中势	劣势	劣势	中势	劣势	劣势	劣势	劣势

(1) 2014 年邓州市社会环境发展指数排位处于第 36 位,表明其在中原经济区处于劣势地位,与 2013 年相比排位上升 3 位。其中收入指数排位处于第 17 位,与 2013 年相比

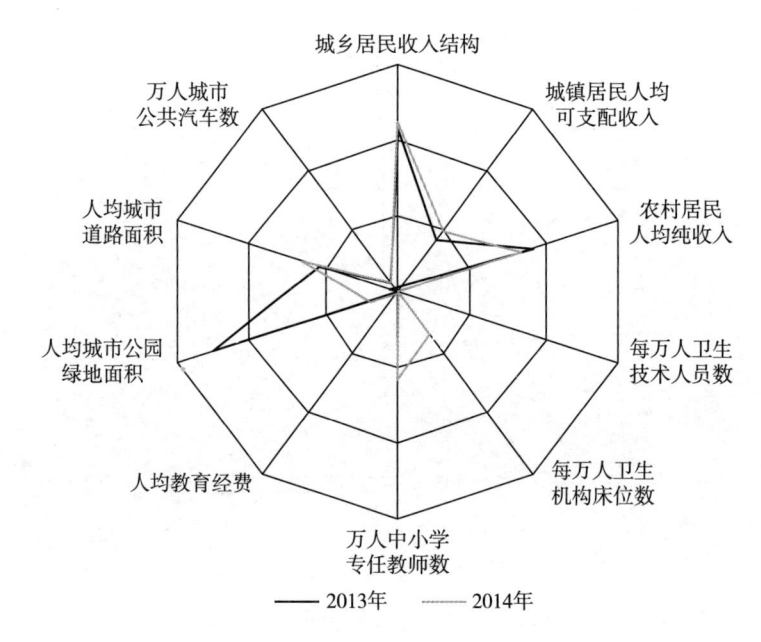

图 37-4 邓州市 2013~2014 年社会环境发展指数及下层指标排位比较

排位下降 2 位；健康指数排位处于第 36 位，与 2013 年相比排位上升 2 位；教育指数排位处于第 28 位，与 2013 年相比排位上升 12 位；城市生活环境指数处于第 35 位，与 2013 年相比排位下降 9 位。

（2）从方案层指标的优势度看，城乡居民收入结构是邓州市社会环境发展指数中的优势指标，每万人卫生技术人员数、每万人卫生机构床位数、人均城市公园绿地面积、人均教育经费、万人城市公共汽车数是邓州市社会环境发展指数中的劣势指标。

（3）从雷达图图形变化看，2014 年与 2013 年相比，面积略微增大，社会环境发展指数排位呈上升趋势。

（4）从排位变化的动因看，在城镇居民人均可支配收入、每万人卫生技术人员、每万人卫生机构床位数、万人中小学专任教师数等指标排位上升和农村居民人均纯收入、人均城市公园绿地面积指标排位下降的综合作用下，2014 年邓州市社会环境发展指数上升 3 位，居中原经济区第 36 位。

第38章
永城市发展指数分析

一 永城市发展评价分析

2013~2014年,永城市发展指数及其下层指标评价值和排位变化情况,如表38-1和图38-1所示。

表38-1 永城市2013~2014年发展评价值及排名

指标	经济发展指数	生态环境发展指数	社会环境发展指数	永城市发展指数
2013年	33.47	59.40	31.65	37.20
2014年	37.24	63.37	37.91	41.72
2013年全排名	22	37	20	29
2014年全排名	20	36	7	24
升降	2	1	13	5
优势度	中势	劣势	优势	中势

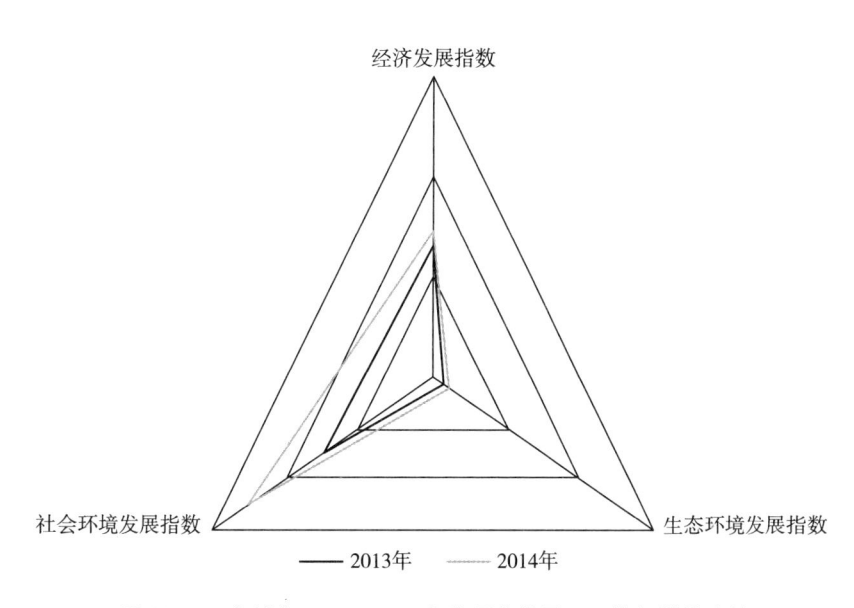

图38-1 永城市2013~2014年发展指数及下层指标排位比较

(1) 2014年永城市发展指数排位处于第24位,表明其在中原经济区处于中势地位,与2013年相比排位上升了5位。

（2）从准则层指标的优势度看，社会环境发展指数是永城市发展指数中的优势指标，经济发展指数是永城市发展指数中的中势指标，生态环境发展指数是永城市发展指数中的劣势指标。

（3）从雷达图图形变化看，2014年与2013年相比，面积略有增大，永城市发展指数排位呈上升态势。

（4）从排位变化的动因看，在经济发展指数、社会环境发展指数、生态环境发展指数排位均上升的综合作用下，2014年永城市发展指数排位上升了5位，居中原经济区第24位。

二　永城市经济发展评价分析

2013~2014年，永城市经济发展指数及其下层指标评价值和排位变化情况，如表38-2和图38-2所示。

表38-2　永城市2013~2014年经济发展评价值及排名

指标	人均GDP	三次产业结构	非国有工业增加值占比	工业化指数	城镇化率	第一产业就业人数比重	人均全社会消费品零售总额	城镇化指数	劳均农作物播种面积	单产农用化肥施用量	单产农用大中型拖拉机动力	农业现代化指数	经济发展指数
2013年	47.22	53.20	2.01	39.37	18.21	57.81	28.61	29.65	57.57	8.10	28.20	46.51	33.47
2014年	47.58	51.61	10.39	40.94	21.09	63.40	32.66	33.36	74.24	11.98	57.78	62.25	37.24
2013年全排名	16	22	40	32	24	6	28	19	3	24	10	3	22
2014年全排名	18	22	40	33	24	5	28	16	3	21	5	2	20
升降	-2	0	0	-1	0	1	0	3	0	3	5	1	2
优势度	中势	中势	劣势	劣势	中势	优势	劣势	中势	优势	中势	优势	优势	中势

（1）2014年永城市经济发展指数排位处于第20位，表明其在中原经济区处于中势地位，与2013年相比排位上升了2位。其中工业化指数排位处于第33位，与2013年相比排位下降了1位；城镇化指数排位处于第16位，与2013年相比排位上升了3位；农业现代化指数排位处于第2位，与2013年相比排位上升了1位。

（2）从方案层指标的优势度看，单产农用大中型拖拉机动力、劳均农作物播种面积、第一产业就业人数比重是永城市经济发展指数中的优势指标，人均GDP、三次产业结构、城镇化率、单产农用化肥施用量是永城市经济发展指数中的中势指标，非国有工业增加值占比、人均全社会消费品零售总额是永城市经济发展指数中的劣势指标。

（3）从雷达图图形变化看，2014年与2013年相比，面积略有增大，永城市经济发展指数排位呈上升态势。

（4）从排位变化的动因看，在第一产业就业人数比重、单产农用化肥施用量、单产

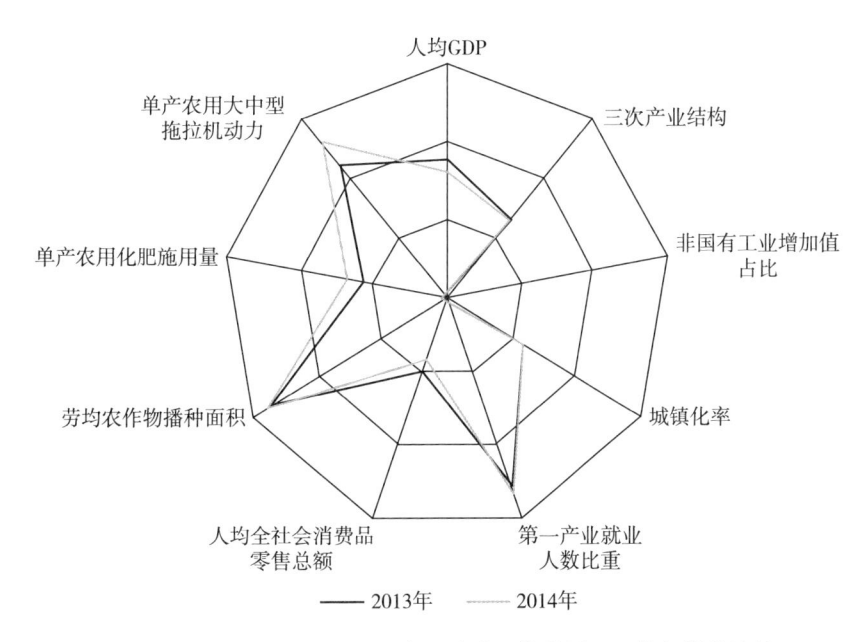

图 38-2 永城市 2013~2014 年经济发展指数及下层指标排位比较

农用大中型拖拉机动力指标排位上升，人均 GDP 指标排位下降和其他指标排位保持不变的综合作用下，2014 年永城市经济发展指数排位上升了 2 位，居中原经济区第 20 位。

三 永城市生态环境发展评价分析

2013~2014 年，永城市生态环境发展指数及其下层指标评价值和排位变化情况，如表 38-3 和图 38-3 所示。

表 38-3 永城市 2013~2014 年生态环境发展评价值及排名

指标	万元 GDP 能耗	按辖区面积平均的工业烟尘排放量	工业固体废物综合利用率	生态环境发展指数
2013 年	42.15	76.29	100.00	59.40
2014 年	47.49	79.66	100.00	63.37
2013 年全排名	39	29	2	37
2014 年全排名	39	28	1	36
升降	0	1	1	1
优势度	劣势	劣势	优势	劣势

（1）2014 年永城市生态环境发展指数排位处于第 36 位，表明其在中原经济区处于劣势地位，与 2013 年相比排位上升了 1 位。

（2）从方案层指标的优势度看，工业固体废物综合利用率是永城市生态环境发展指数中的优势指标，万元 GDP 能耗、按辖区面积平均的工业烟尘排放量是永城市生态环境发展指数中的劣势指标。

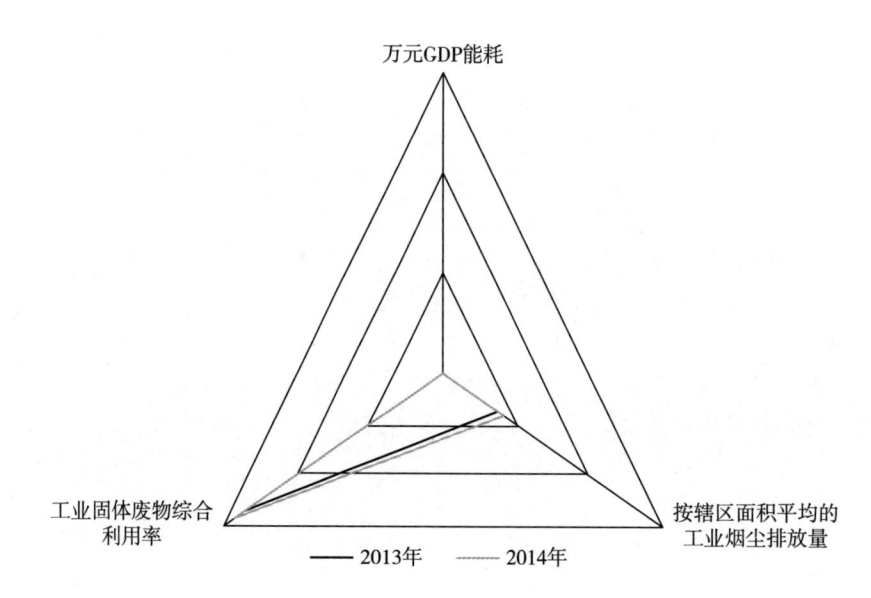

图 38-3　永城市 2013~2014 年生态环境发展指数及下层指标排位比较

（3）从雷达图图形变化看，2014 年与 2013 年相比，面积略有增大，永城市生态环境发展指数排位呈上升态势。

（4）从排位变化的动因看，在按辖区面积平均的工业烟尘排放量、工业固体废物综合利用率指标排位上升和其他指标排位保持不变的综合作用下，2014 年永城市生态环境发展指数排位上升了 1 位，居中原经济区第 36 位。

四　永城市社会环境发展评价分析

2013~2014 年，永城市社会环境发展指数及其下层指标评价值和排位变化情况，如表 38-4 和图 38-4 所示。

表 38-4　永城市 2013~2014 年社会环境发展评价值及排名

指标	城乡居民收入结构	城镇居民人均可支配收入	农村居民人均纯收入	收入指数	每万人卫生技术人员数	每万人卫生机构床位数	健康指数	万人中小学专任教师数	人均教育经费	教育指数	人均城市公园绿地面积	人均城市道路面积	万人城市公共汽车数	城市生活环境指数	社会环境发展指数
2013年	13.65	30.03	26.27	23.32	28.83	45.73	37.28	37.60	23.34	30.47	34.44	64.07	20.76	66.09	31.65
2014年	14.33	35.16	29.63	26.37	34.24	50.49	42.37	69.29	25.03	47.16	45.95	68.75	64.47	59.72	37.91
2013年全排名	25	19	23	23	27	28	29	21	8	19	16	6	2	2	20
2014年全排名	28	17	23	23	25	24	26	7	22	8	13	5	2	3	7
升降	-3	2	0	0	2	4	3	14	-14	11	3	1	0	-1	13
优势度	劣势	中势	中势	中势	中势	中势	中势	优势	中势	优势	优势	优势	优势	优势	优势

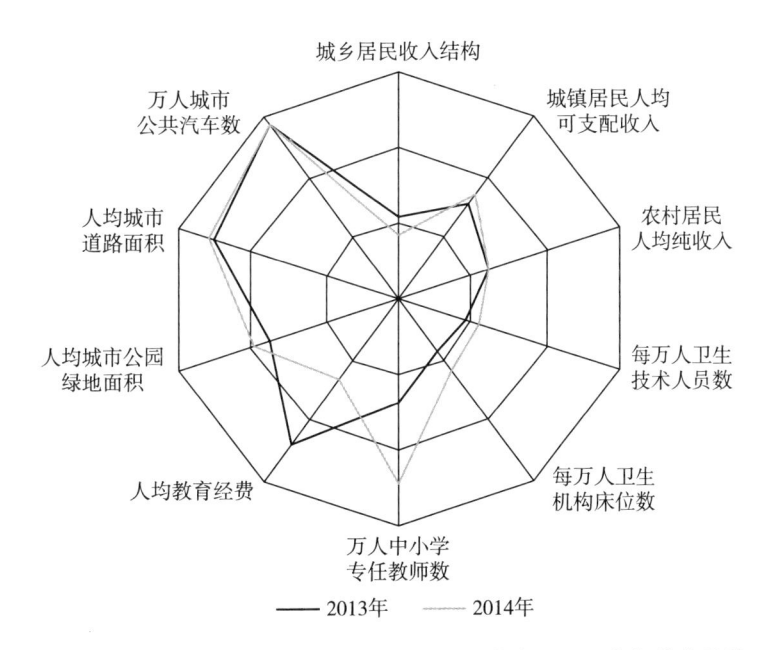

图 38-4　永城市 2013~2014 年社会环境发展指数及下层指标排位比较

（1）2014 年永城市社会环境发展指数排位处于第 7 位，表明其在中原经济区处于优势地位，与 2013 年相比排位上升了 13 位。其中收入指数排位处于第 23 位，与 2013 年相比排位没有发生变化；健康指数排位处于第 26 位，与 2013 年相比排位上升了 3 位；教育指数排位处于第 8 位，与 2013 年相比排位上升了 11 位；城市生活环境指数排位处于第 3 位，与 2013 年相比排位下降 1 位。

（2）从方案层指标的优势度看，万人中小学专任教师数、人均城市公园绿地面积、人均城市道路面积、万人城市公共汽车数是永城市社会环境发展指数中的优势指标，城镇居民人均可支配收入、农村居民人均纯收入、每万人卫生技术人员数、每万人卫生机构床位数、人均教育经费是永城市社会环境发展指数中的中势指标，城乡居民收入结构是永城市社会环境发展指数中的劣势指标。

（3）从雷达图图形变化看，2014 年与 2013 年相比，面积明显增大，永城市社会环境发展指数排位呈上升态势。

（4）从排位变化的动因看，城镇居民人均可支配收入、每万人卫生技术人员数、每万人卫生机构床位数、万人中小学专任教师数、人均城市公园绿地面积、人均城市道路面积指标排位上升，城乡居民收入结构、人均教育经费指标排位下降和其他指标排位保持不变的综合作用下，2014 年永城市社会环境发展指数排位上升了 13 位，居中原经济区第 7 位。

第 39 章
固始县发展指数分析

一 固始县发展评价分析

2013~2014年,固始县发展指数及其下层指标评价值和排位变化情况,如表 39-1 和图 39-1 所示。

表 39-1 固始县 2013~2014 年发展评价值及排名

指标	经济发展指数	生态环境发展指数	社会环境发展指数	固始县发展指数
2013 年	25.27	89.20	31.67	37.67
2014 年	28.58	89.75	36.51	40.95
2013 年全排名	31	14	19	27
2014 年全排名	31	14	13	27
升降	0	0	6	0
优势度	劣势	中势	优势	中势

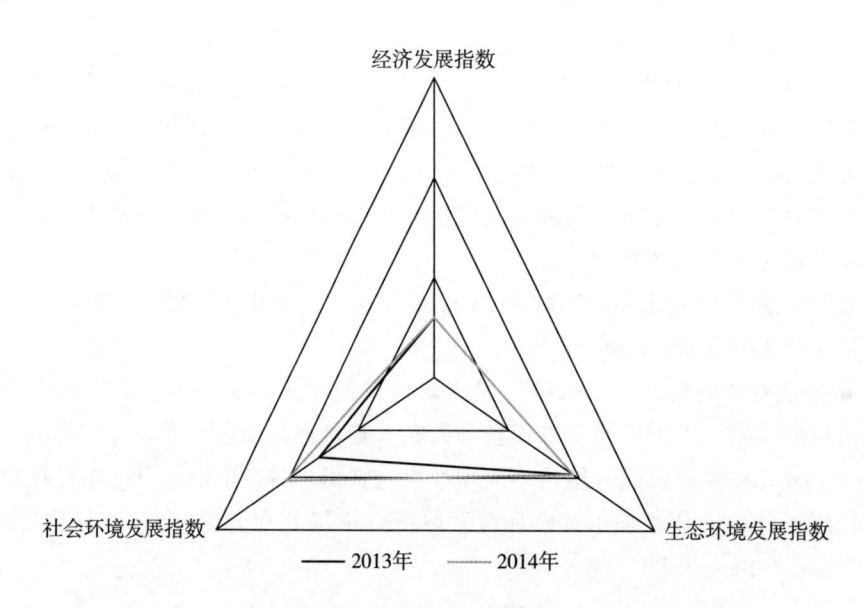

图 39-1 固始县 2013~2014 年发展指数及下层指标排位比较

(1) 2014 年固始县发展指数排位处于第 27 位,表明其在中原经济区处于中势地位,与 2013 年相比排位没有发生变化。

（2）从准则层指标的优势度看，社会环境发展指数是固始县发展指数中的优势指标，生态环境发展指数是固始县发展指数中的中势指标，经济发展指数是固始县发展指数中的劣势指标。

（3）从雷达图图形变化看，2014年与2013年相比，面积略有扩大，固始县发展指数排位呈平稳态势。

（4）从排位变化的动因看，在社会环境发展指数排位上升和其他指标排位保持不变的综合作用下，2014年固始县发展指数排位没有发生变化，居中原经济区第27位。

二 固始县经济发展评价分析

2013~2014年，固始县经济发展指数及其下层指标评价值和排位变化情况，如表39-2和图39-2所示。

表39-2 固始县2013~2014年经济发展评价值及排名

指标	人均GDP	三次产业结构	非国有工业增加值占比	工业化指数	城镇化率	第一产业就业人数比重	人均全社会消费品零售总额	城镇化指数	劳均农作物播种面积	单产农用化肥施用量	单产农用大中型拖拉机动力	农业现代化指数	经济发展指数
2013年	33.57	(8.99)	97.85	37.91	8.75	38.97	34.50	19.44	34.53	0.61	7.37	26.28	25.27
2014年	35.50	0.42	98.65	41.11	11.59	43.12	38.01	22.69	38.29	3.24	20.25	30.71	28.58
2013年全排名	31	38	3	33	36	19	17	29	15	38	37	18	31
2014年全排名	30	28	2	32	36	18	17	30	12	37	20	14	31
升降	1	10	1	1	0	1	0	-1	3	1	17	4	0
优势度	劣势	劣势	优势	劣势	劣势	中势	中势	劣势	优势	劣势	中势	中势	劣势

（1）2014年固始县经济发展指数排位处于第31位，表明其在中原经济区处于劣势地位，与2013年相比排位没有发生变化。其中工业化指数排位处于第32位，与2013年相比排位上升了1位；城镇化指数排位处于第30位，与2013年相比排位下降了1位；农业现代化指数排位处于第14位，与2013年相比排位上升了4位。

（2）从方案层指标的优势度看，非国有工业增加值占比、劳均农作物播种面积是固始县经济发展指数中的优势指标，第一产业就业人数比重、人均全社会消费品零售总额、单产农用大中型拖拉机动力是固始县经济发展指数中的中势指标，人均GDP、三次产业结构、城镇化率、单产农用化肥施用量是固始县经济发展指数中的劣势指标。

（3）从雷达图图形变化看，2014年与2013年相比，面积略有增大，固始县经济发展指数排位呈上升态势。

（4）从排位变化的动因看，在人均GDP、三次产业结构、非国有工业增加值占比、第一产业就业人数比重、劳均农作物播种面积、单产农用化肥施用量、单产农用大中型拖

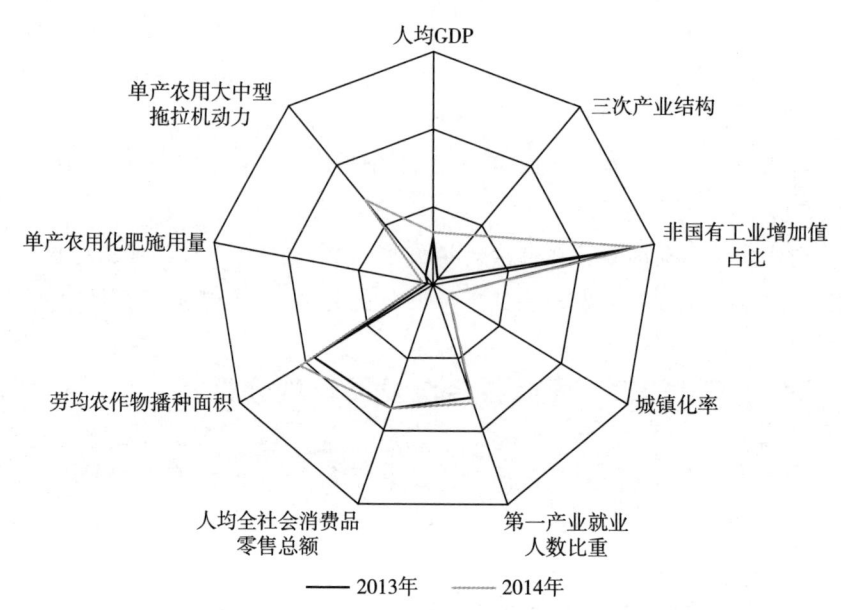

图 39－2　固始县 2013～2014 年经济发展指数及下层指标排位比较

拉机动力指标排位上升和其他指标排位保持不变的综合作用下，2014 年固始县经济发展指数排位没有发生变化，居中原经济区第 31 位。

三　固始县生态环境发展评价分析

2013～2014 年，固始县生态环境发展指数及其下层指标评价值和排位变化情况，如表 39－3 和图 39－3 所示。

表 39－3　固始县 2013～2014 年生态环境发展评价值及排名

指标	万元 GDP 能耗	按辖区面积平均的工业烟尘排放量	工业固体废物综合利用率	生态环境发展指数
2013 年	82.76	99.89	100.00	89.20
2014 年	83.83	99.21	100.00	89.75
2013 年全排名	19	2	2	14
2014 年全排名	21	1	1	14
升降	－2	1	1	0
优势度	中势	优势	优势	中势

（1）2014 年固始县生态环境发展指数排位处于第 14 位，表明其在中原经济区处于中势地位，与 2013 年相比排位没有发生变化。

（2）从方案层指标的优势度看，按辖区面积平均的工业烟尘排放量、工业固体废物综合利用率是固始县生态环境发展指数中的优势指标，万元 GDP 能耗是固始县生态环境发展指数中的中势指标。

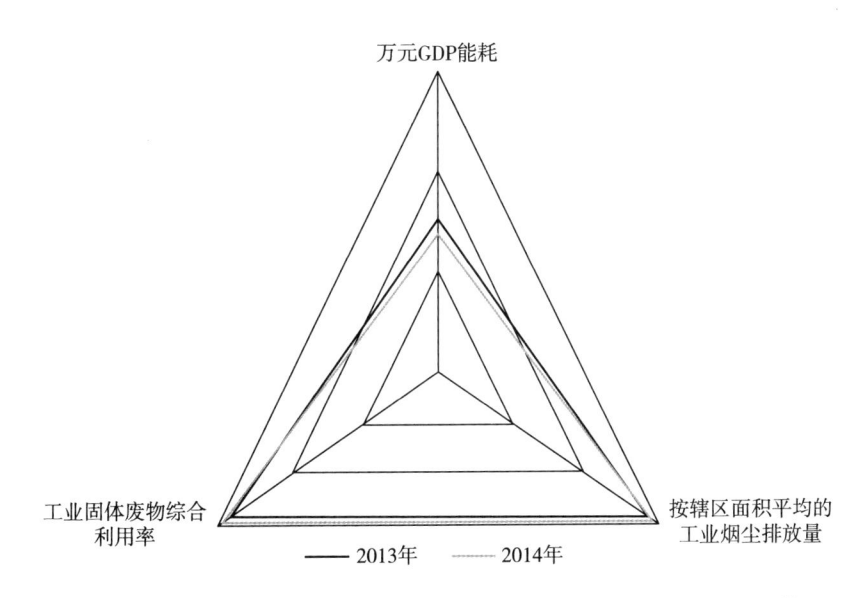

图 39-3 固始县 2013~2014 年生态环境发展指数及下层指标排位比较

（3）从雷达图图形变化看，2014 年与 2013 年相比，面积基本不变，固始县生态环境发展指数排位呈平稳态势。

（4）从排位变化的动因看，在按辖区面积平均的工业烟尘排放量、工业固体废物综合利用率指标排位上升和万元 GDP 能耗指标排位下降的综合作用下，2014 年固始县生态环境发展指数排位没有发生变化，居中原经济区第 14 位。

四 固始县社会环境发展评价分析

2013~2014 年，固始县社会环境发展指数及其下层指标评价值和排位变化情况，如表 39-4 和图 39-4 所示。

表 39-4 固始县 2013~2014 年社会环境发展评价值及排名

指标	城乡居民收入结构	城镇居民人均可支配收入	农村居民人均纯收入	收入指数	每万人卫生技术人员数	每万人卫生机构床位数	健康指数	万人中小学专任教师数	人均教育经费	教育指数	人均城市公园绿地面积	人均城市道路面积	万人城市公共汽车数	城市生活环境指数	社会环境发展指数
2013 年	20.11	20.39	24.74	21.75	19.99	32.34	26.16	72.65	22.69	47.67	64.95	36.83	6.69	42.90	31.67
2014 年	20.29	25.69	27.86	24.61	24.61	44.54	34.58	90.54	23.14	56.84	64.95	33.86	17.47	38.76	36.51
2013 年全排名	12	33	26	26	38	34	36	5	11	5	2	25	23	11	19
2014 年全排名	14	33	26	26	34	33	33	1	24	2	3	22	20	14	13
升降	-2	0	0	0	4	1	3	4	-13	3	-1	3	3	-3	6
优势度	中势	劣势	中势	中势	劣势	劣势	劣势	优势	中势	优势	优势	中势	中势	中势	优势

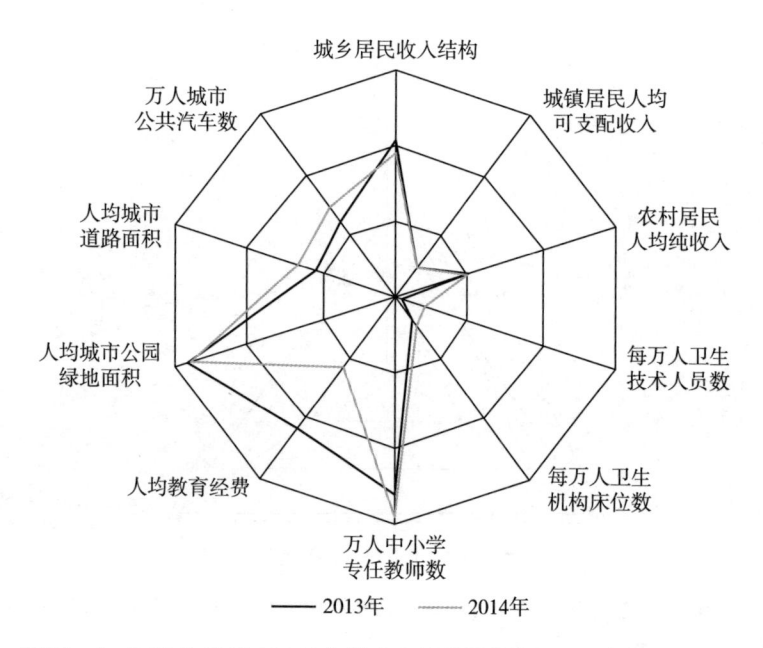

图 39 – 4　固始县 2013 ~ 2014 年社会环境发展指数及下层指标排位比较

（1）2014 年固始县社会环境发展指数排位处于第 13 位，表明其在中原经济区处于优势地位，与 2013 年相比排位上升了 6 位。其中收入指数排位处于第 26 位，与 2013 年相比排位没有发生变化；健康指数排位处于第 33 位，与 2013 年相比排位上升了 3 位；教育指数排位处于第 2 位，与 2013 年相比排位上升了 3 位；城市生活环境指数排位处于第 14 位，与 2013 年相比排位下降了 3 位。

（2）从方案层指标的优势度看，万人中小学专任教师数、人均城市公园绿地面积是固始县社会环境发展指数中的优势指标；城乡居民收入结构、农村居民人均纯收入、人均教育经费、人均城市道路面积、万人城市公共汽车数是固始县社会环境发展指数中的中势指标；城镇居民人均可支配收入、每万人卫生技术人员数、每万人卫生机构床位数是固始县社会环境发展指数中的劣势指标。

（3）从雷达图图形变化看，2014 年与 2013 年相比，面积基本不变，社会环境发展指数排位呈上升态势。

（4）从排位变化的动因看，在每万人卫生技术人员数、每万人卫生机构床位数、万人中小学专任教师数、人均城市道路面积、万人城市公共汽车数指标排位上升，城乡居民收入结构、人均教育经费、人均城市公园绿地面积指标排位下降和其他指标排位保持不变的综合作用下，2014 年固始县社会环境发展指数排位上升了 6 位，居中原经济区第 13 位。

第40章
鹿邑县发展指数分析

一 鹿邑县发展评价分析

2013~2014年,鹿邑县发展指数及其下层指标评价值和排位情况,如表40-1和图40-1所示。

表40-1 鹿邑县2013~2014年发展评价值及排名

指标	经济发展指数	生态环境发展指数	社会环境发展指数	鹿邑县发展指数
2013年	28.94	97.83	33.49	41.6
2014年	37.10	98.29	34.53	46.36
2013年全排名	28	3	12	18
2014年全排名	21	2	17	14
升降	7	1	-5	4
优势度	中势	优势	中势	中势

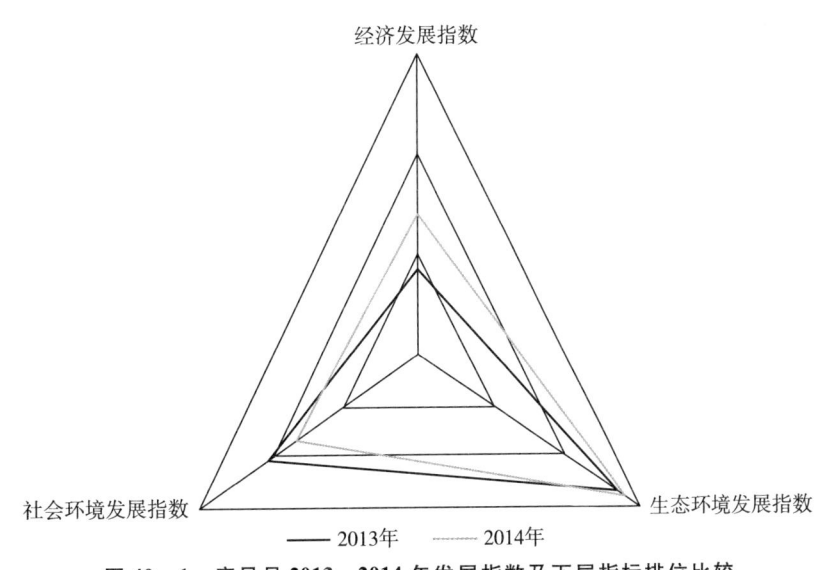

图40-1 鹿邑县2013~2014年发展指数及下层指标排位比较

(1) 2014年鹿邑县发展指数排位处于第14位,在中原经济区处于中势地位,与2013年相比排位上升4位。

(2) 从准则层指标的优势度看,生态环境发展指数是鹿邑县发展指数中的优势指标,经济发展指数、社会环境发展指数是鹿邑县发展指数中的中势指标。

（3）从雷达图图形变化来看，2014年与2013年相比，面积略有增大，鹿邑县发展指数呈上升趋势。

（4）从排位变化的动因看，在经济发展指数、生态环境发展指数排位上升和社会环境发展指数排位下降的综合作用下，2014年鹿邑县发展指数排位上升4位，居中原经济区第14位。

二 鹿邑县经济发展评价分析

2013~2014年，鹿邑县经济发展指数及其下层指标评价值和排位情况，如表40-2和图40-2所示。

表40-2 鹿邑县2013~2014年经济发展评价值及排名

指标	人均GDP	三次产业结构	非国有工业增加值占比	工业化指数	城镇化率	第一产业就业人数比重	人均全社会消费品零售总额	城镇化指数	劳均农作物播种面积	单产农用化肥施用量	单产农用大中型拖拉机动力	农业现代化指数	经济发展指数
2013年	37.67	27.16	99.18	47.87	9.29	44.07	29.67	20.57	33.14	9.93	2.17	26.33	28.94
2014年	40.37	36.56	99.47	51.43	12.23	65.85	33.38	28.50	78.70	11.94	10.88	61.10	37.10
2013年全排名	25	29	1	24	35	16	27	28	16	19	40	17	28
2014年全排名	25	29	1	25	34	4	26	25	2	22	35	3	21
升降	0	0	0	-1	1	12	1	3	14	-3	5	14	7
优势度	中势	劣势	优势	中势	劣势	优势	中势	中势	优势	中势	劣势	优势	中势

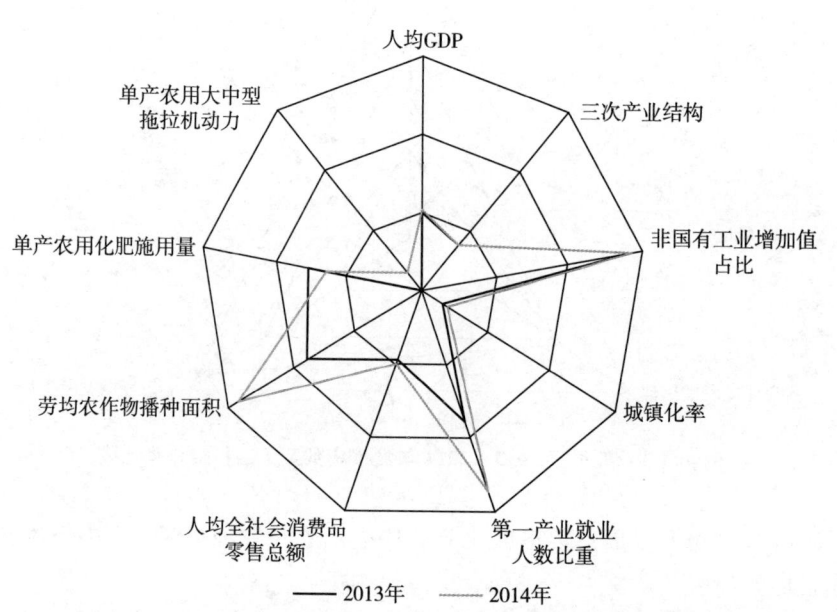

图40-2 鹿邑县2013~2014年经济发展指数及下层指标排位比较

（1）2014年鹿邑县经济发展指数排位处于第21位，在中原经济区处于中势地位，与2013年相比排位上升7位。其中工业化指数排位处于第25位，与2013年相比排位下降1位；城镇化指数排位处于第25位，与2013年相比排位上升3位；农业现代化指数排位处于第3位，与2013年相比排位上升14位。

（2）从方案层指标的优势度看，非国有工业增加值占比、第一产业就业人数比重、劳均农作物播种面积是鹿邑县经济发展指数中的优势指标，三次产业结构、城镇化率、单产农用大中型拖拉机动力是鹿邑县经济发展指数中的劣势指标，其余指标是鹿邑县经济发展指数中的中势指标。

（3）从雷达图图形变化看，2014年与2013年相比，面积明显增大，经济发展指数排位呈上升态势。

（4）从排位变化的动因看，在城镇化率、第一产业就业人数、人均全社会消费品零售总额、劳均农作物播种面积、单产农用大中型拖拉机动力指标排位上升和单产农用化肥施用量指标排位下降的综合作用下，2014年鹿邑县经济发展指数排位上升7位，居中原经济区第21位。

三 鹿邑县生态环境发展评价分析

2013~2014年，鹿邑县生态环境发展指数及其下层指标评价值和排位情况，如表40-3和图40-3所示。

表40-3 鹿邑县2013~2014年生态环境发展评价值及排名

指标	万元GDP能耗	按辖区面积平均的工业烟尘排放量	工业固体废物综合利用率	生态环境发展指数
2013年	97.32	97.38	100	97.83
2014年	98.23	96.79	100.00	98.29
2013年全排名	4	7	2	3
2014年全排名	4	5	1	2
升降	0	2	1	1
优势度	优势	优势	优势	优势

（1）2014年鹿邑县生态环境发展指数排位处于第2位，表明其在中原经济区处于优势地位，与2013年相比排位上升1位。

（2）从方案层指标的优势度看，万元GDP能耗、按辖区面积平均的工业烟尘排放量、工业固体废物综合利用率均是鹿邑县生态环境发展指数中的优势指标。

（3）从雷达图图形变化看，2014年与2013年相比，面积略有增大，生态环境发展指数排位呈上升趋势。

（4）从排位变化的动因看，在按辖区面积平均的工业烟尘排放量、工业固体废物综合利用率指标排位上升的综合作用下，2014年鹿邑县生态环境发展指数排位上升1位，居中原经济区第2位。

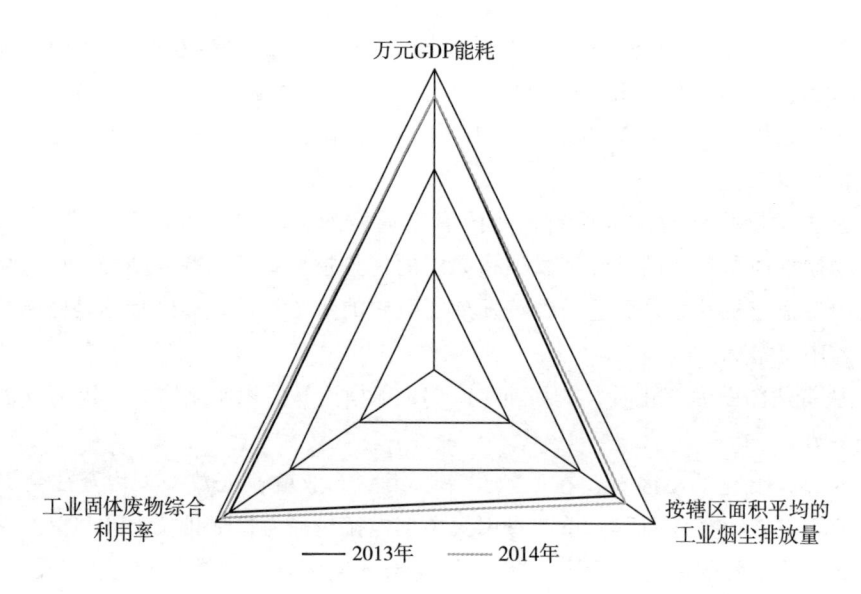

图 40-3 鹿邑县 2013~2014 年生态环境发展指数及下层指标排位比较

四 鹿邑县社会环境发展评价分析

2013~2014 年,鹿邑县社会环境发展指数及其下层指标评价值和排位情况,如表 40-4 和图 40-4 所示。

表 40-4 鹿邑县 2013~2014 年社会环境发展评价值及排名

指标	城乡居民收入结构	城镇居民人均可支配收入	农村居民人均纯收入	收入指数	每万人卫生技术人员数	每万人卫生机构床位数	健康指数	万人中小学专任教师数	人均教育经费	教育指数	人均城市公园绿地面积	人均城市道路面积	万人城市公共汽车数	城市生活环境指数	社会环境发展指数
2013 年	18.34	19.26	23.06	20.22	25.89	51.6	38.74	90.2	22.43	56.31	12.58	44.92	3.79	23.13	33.49
2014 年	19.06	24.39	26.40	23.28	29.28	65.71	47.50	75.88	22.44	49.16	23.36	44.22	7.77	25.12	34.53
2013 年全排名	16	36	29	29	31	19	25	1	14	2	34	16	33	32	12
2014 年全排名	18	35	30	30	31	8	19	4	25	5	30	15	33	31	17
升降	-2	1	-1	-1	0	11	6	-3	-11	-3	4	1	0	1	-5
优势度	中势	劣势	劣势	劣势	劣势	优势	中势	优势	中势	优势	劣势	中势	劣势	劣势	中势

(1) 2014 年鹿邑县社会环境发展指数排位处于第 17 位,表明其在中原经济区处于中势地位,与 2013 年相比排位下降 5 位。其中收入指数排位处于第 30 位,与 2013 年相比排位下降 1 位;健康指数排位处于第 19 位,与 2013 年相比排位上升 6 位;教育指数排位处于第 5 位,与 2013 年相比排位下降 3 位;城市生活环境指数处于第 31 位,与 2013 年

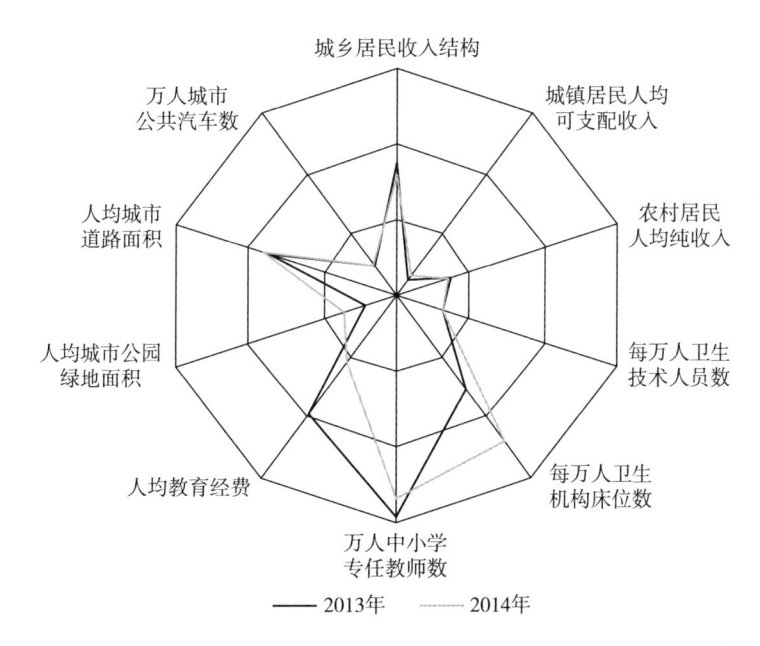

图 40-4 鹿邑县 2013~2014 年社会环境发展指数及下层指标排位比较

相比排位上升 1 位。

（2）从方案层指标的优势度看，每万人卫生机构床位数、万人中小学专任教师数是鹿邑县社会环境发展指数中的优势指标，城乡居民人均可支配收入、农村居民人均纯收入、每万人卫生技术人员数、人均城市公园绿地面积、万人城市公共汽车数是鹿邑县社会环境发展指数中的劣势指标，其余指标是鹿邑县社会环境发展指数中的中势指标。

（3）从雷达图图形变化看，2014 年与 2013 年相比，面积略有缩小，社会环境发展指数排位呈下降趋势。

（4）从排位变化的动因看，在城镇居民人均可支配收入、每万人卫生机构床位数、人均城市公园绿地面积、人均城市道路面积指标排位上升以及城乡居民收入结构、农村居民人均纯收入、万人中小学专任教师数、人均教育经费指标排位下降的综合作用下，2014 年鹿邑县社会环境发展指数排位下降 5 位，居中原经济区第 17 位。

第41章
新蔡县发展指数分析

一 新蔡县发展评价分析

2013~2014年，新蔡县发展指数及其下层指标评价值和排位情况，如表41-1和图41-1所示。

表41-1 新蔡县2013~2014年发展评价值及排名

指标	经济发展指数	生态环境发展指数	社会环境发展指数	新蔡县发展指数
2013年	14.4	92.1	17.74	28.15
2014年	23.06	92.59	28.48	36.06
2013年全排名	39	8	40	39
2014年全排名	38	7	35	34
升降	1	1	5	5
优势度	劣势	优势	劣势	劣势

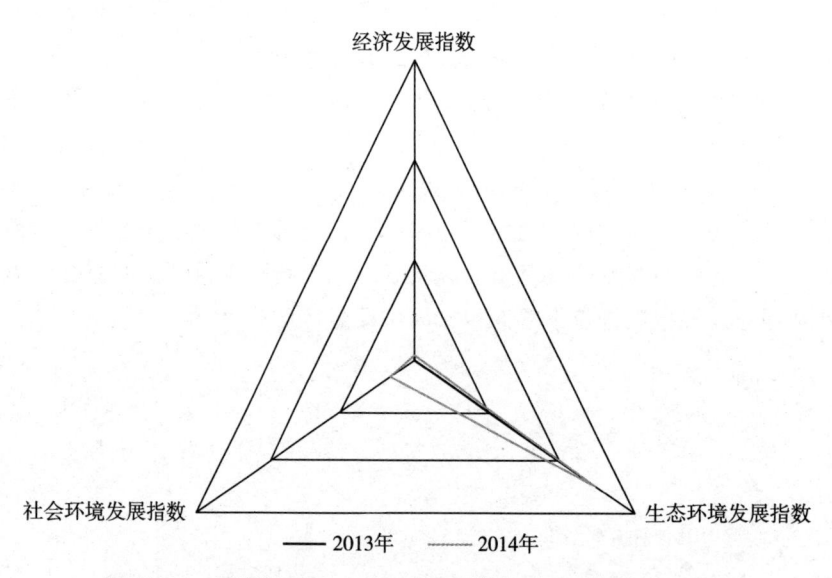

图41-1 新蔡县2013~2014年发展指数及下层指标排位比较

（1）2014年新蔡县发展指数排位处于第34位，表明其在中原经济区处于劣势地位，与2013年相比在中原经济区排位上升5位。

（2）从准则层指标的优势度看，生态环境发展指数是新蔡县发展指数中的优势指标，经济发展指数、社会环境发展指数是新蔡县发展指数中的劣势指标。

（3）从雷达图图形变化看，2014年与2013年相比，面积略有增大，新蔡县发展指数排位呈现上升趋势。

（4）从排位变化的动因看，在经济发展指数、生态环境发展指数和社会环境发展指数排位上升的综合作用下，2014年新蔡县发展指数排位上升5位，居中原经济区第34位。

二 新蔡县经济发展评价分析

2013～2014年，新蔡县经济发展指数及其下层指标评价值和排位情况，如表41-2和图41-2所示。

表41-2 新蔡县2013～2014年经济发展评价值及排名

指标	人均GDP	三次产业结构	非国有工业增加值占比	工业化指数	城镇化率	第一产业就业人数比重	人均全社会消费品零售总额	城镇化指数	劳均农作物播种面积	单产农用化肥施用量	单产农用大中型拖拉机动力	农业现代化指数	经济发展指数
2013年	24.16	-13.3	96.61	31.16	-3.75	27.52	9.37	5.82	32.3	5.41	7.94	25.49	14.4
2014年	25.42	-3.47	96.62	33.88	-1.16	56.50	12.49	15.33	70.83	5.45	21.27	55.19	23.06
2013年全排名	37	39	7	37	39	36	40	39	18	29	35	21	39
2014年全排名	37	39	7	37	39	10	40	38	2	34	18	4	38
升降	0	0	0	0	0	26	0	1	16	-5	17	17	1
优势度	劣势	劣势	优势	劣势	劣势	优势	劣势	劣势	优势	劣势	中势	优势	劣势

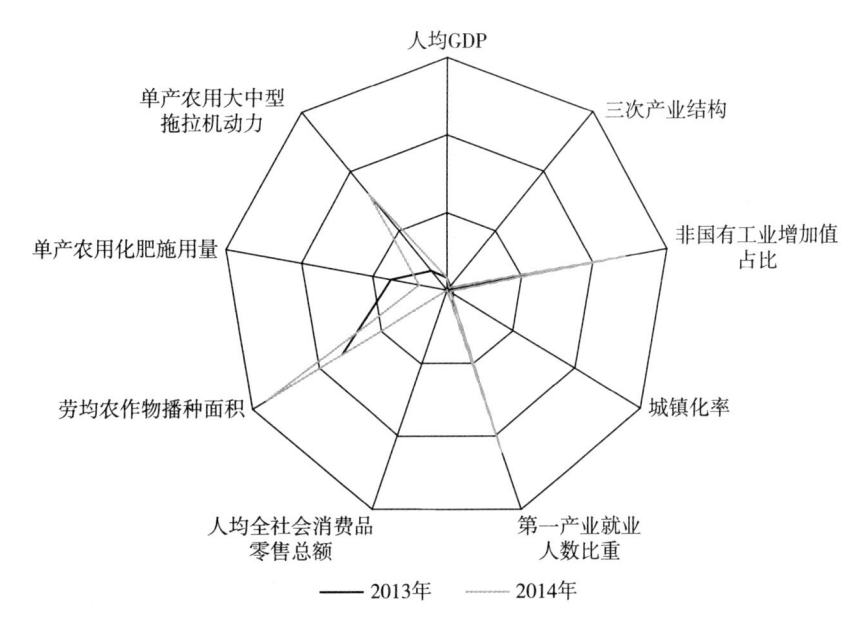

图41-2 新蔡县2013～2014年经济发展指数及下层指标排位比较

(1) 2014年新蔡县经济发展指数排位处于第38位,表明其在中原经济区处于劣势地位,与2013年相比排位上升1位。

(2) 从方案层指标的优势度看,非国有工业增加值占比、第一产业就业人数比重、劳均农作物播种面积是新蔡县经济发展指数中的优势指标,人均GDP、三次产业结构、城镇化率、人均全社会消费品零售总额、单产农用化肥施用量是新蔡县经济发展指数中的劣势指标,其余指标是新蔡县经济发展指数中的中势指标。

(3) 从雷达图图形变化看,2014年与2013年相比,面积明显增大,经济发展指数排位呈上升态势。

(4) 从排位变化的动因看,在第一产业就业人数比重、劳均农作物播种面积、单产农用大中型拖拉机动力指标排位上升和单产农用化肥施用量指标排位下降的综合作用下,2014年新蔡县经济发展指数排位上升1位,居中原经济区第38位。

三 新蔡县生态环境发展评价分析

2013~2014年,新蔡县生态环境发展指数及其下层指标评价值和排位情况,如表41-3和图41-3所示。

表41-3 新蔡县2013~2014年生态环境发展评价值及排名

指标	万元GDP能耗	按辖区面积平均的工业烟尘排放量	工业固体废物综合利用率	生态环境发展指数
2013年	87.36	100.01	100	92.1
2014年	88.39	99.15	100.00	92.59
2013年全排名	13	1	2	8
2014年全排名	13	2	1	7
升降	0	-1	1	1
优势度	优势	优势	优势	优势

(1) 2014年新蔡县生态环境发展指数排位处于第7位,表明其在中原经济区处于优势地位,与2013年相比排位上升1位。

(2) 从方案层指标的优势度看,万元GDP能耗、按辖区面积平均的工业烟尘排放量、工业固体废物综合利用率均是新蔡县生态环境发展指数中的优势指标。

(3) 从雷达图图形变化看,2014年与2013年相比,面积基本不变,生态环境发展指数排位呈上升趋势。

(4) 从排位变化的动因看,在工业固体废物综合利用率排位上升和按辖区面积平均的工业烟尘排放量排位下降的综合作用下,2014年新蔡县生态环境发展指数排位上升1位,居中原经济区第7位。

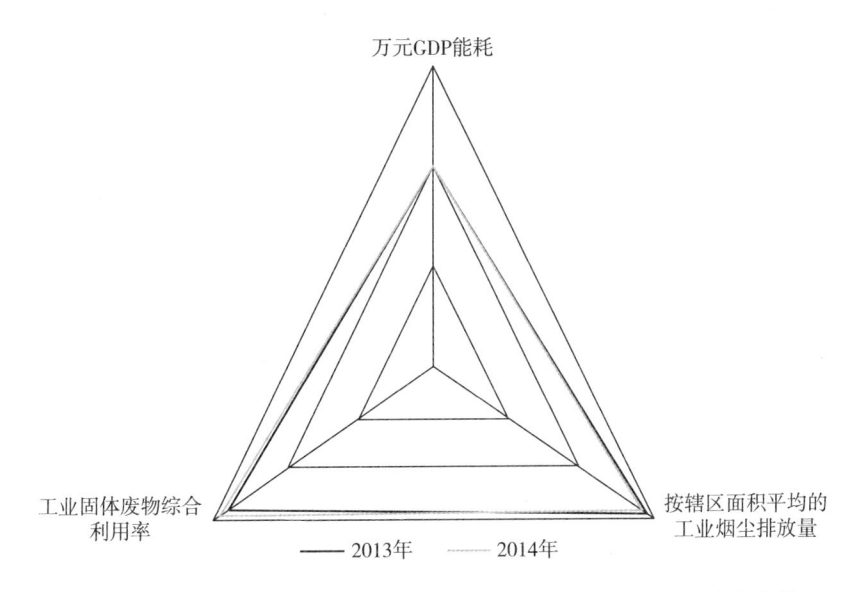

图 41-3　新蔡县 2013~2014 年生态环境发展指数及下层指标排位比较

四　新蔡县社会环境发展评价分析

2013~2014 年，新蔡县社会环境发展指数及其下层指标评价值和排位情况，如表 41-4 和图 41-4 所示。

表 41-4　新蔡县 2013~2014 年社会环境发展评价值及排名

指标	城乡居民收入结构	城镇居民人均可支配收入	农村居民人均纯收入	收入指数	每万人卫生技术人员数	每万人卫生机构床位数	健康指数	万人中小学专任教师数	人均教育经费	教育指数	人均城市公园绿地面积	人均城市道路面积	万人城市公共汽车数	城市生活环境指数	社会环境发展指数
2013 年	17.08	15.37	20.08	17.51	22.94	16.29	19.61	9.13	19.55	14.34	12.32	44.92	5.26	25.57	17.74
2014 年	17.91	20.51	23.50	20.64	23.88	17.66	20.77	71.75	21.82	46.78	22.98	44.22	12.66	26.62	28.48
2013 年全排名	19	39	36	36	34	40	39	37	26	37	35	16	30	31	40
2014 年全排名	19	39	37	37	37	40	40	6	29	9	31	15	28	28	35
升降	0	0	-1	-1	-3	0	-1	31	-3	28	4	1	2	3	5
优势度	中势	劣势	劣势	劣势	劣势	劣势	劣势	优势	劣势	优势	中势	劣势	劣势	劣势	劣势

（1）2014 年新蔡县社会环境发展指数排位处于第 35 位，表明其在中原经济区处于劣势地位，与 2013 年相比排位上升 5 位。其中收入指数排位处于第 37 位，与 2013 年相比排位下降 1 位；健康指数排位处于第 40 位，与 2013 年相比排位下降 1 位；教育指数排位处于第 9 位，与 2013 年相比排位上升 28 位；城市生活环境指数处于第 28 位，与 2013 年

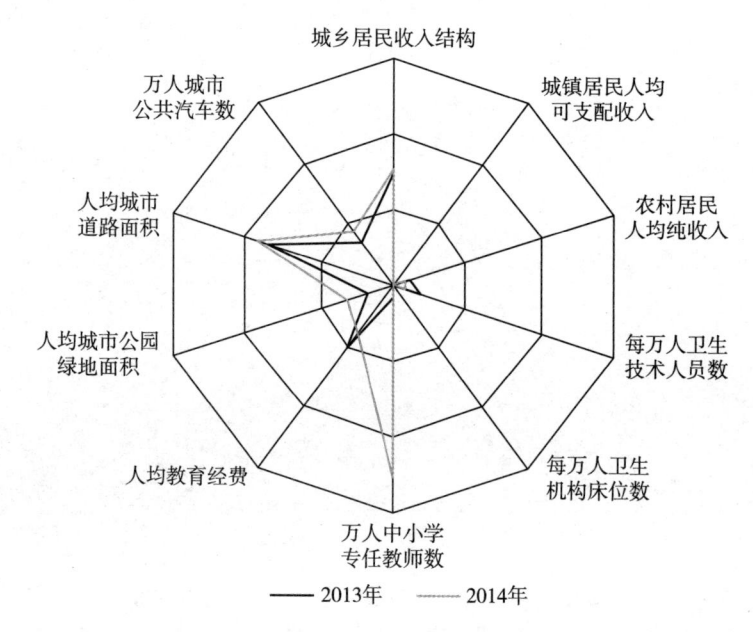

图 41-4 新蔡县 2013~2014 年社会环境发展指数及下层指标排位比较

相比排位上升 3 位。

（2）从方案层指标的优势度看，万人中小学专任教师数是新蔡县社会环境发展指数中的优势指标，城镇居民人均可支配收入、农村居民人均纯收入、每万人卫生技术人员数、每万人卫生机构床位数、人均教育经费、人均城市公园绿地面积、万人城市公共汽车数是新蔡县社会环境发展指数中的劣势指标，其余指标是新蔡县社会环境发展指数中的中势指标。

（3）从雷达图图形变化看，2014 年与 2013 年相比，面积略有增大，社会环境发展指数排位呈上升趋势。

（4）从排位变化的动因看，在万人中小学专任教师数、人均城市公园绿地面积、人均城市道路面积、万人城市公共汽车数指标排位上升以及农村居民人均纯收入、每万人卫生技术人员数、人均教育经费指标排位下降的综合作用下，2014 年新蔡县社会环境发展指数排位上升 5 位，居中原经济区第 35 位。

后　记

　　《中原经济区发展指数报告（2016）》是该系列年度出版物的第四本，编撰工作自2015年12月启动，由我统筹，经过多次讨论，确定思路、统一技术路线和写作规范，并拟定相关专题，由张建秋和张国骁具体负责完成，最终由我终审定稿。该项研究成果也是河南省高等学校重点科研项目计划"中原经济区新型城镇化引领城乡统筹发展的路径与对策研究"（项目编号：16A790003）的阶段性成果之一。

　　在编写过程中，我的研究生柴森、赵贺朵、赵岩、朱华宇、吴朝阳、李少楠参与了各地市篇章的分析编写，并承担了全书的校对工作，柴森同学还负责了出版相关工作，在此一并表示感谢。

耿明斋
2016年6月29日

图书在版编目(CIP)数据

中原经济区发展指数报告.2016/耿明斋主编.--北京：社会科学文献出版社,2016.10
（中原发展研究院智库丛书）
ISBN 978-7-5097-9741-9

Ⅰ.①中… Ⅱ.①耿… Ⅲ.①区域经济发展-研究报告-河南-2016 Ⅳ.①F127.61

中国版本图书馆 CIP 数据核字（2016）第223186号

·中原发展研究院智库丛书·
中原经济区发展指数报告（2016）

主　　编／耿明斋
执行主编／张建秋
副 主 编／张国骁

出 版 人／谢寿光
项目统筹／邓泳红
责任编辑／吴　敏　张　超

出　　版／社会科学文献出版社·皮书出版分社（010）59367127
　　　　　 地址：北京市北三环中路甲29号院华龙大厦　邮编：100029
　　　　　 网址：www.ssap.com.cn
发　　行／市场营销中心（010）59367081　59367018
印　　装／三河市东方印刷有限公司

规　　格／开　本：787mm×1092mm　1/16
　　　　　 印　张：15.25　字　数：360千字
版　　次／2016年10月第1版　2016年10月第1次印刷
书　　号／ISBN 978-7-5097-9741-9
定　　价／180.00元

本书如有印装质量问题，请与读者服务中心（010-59367028）联系

▲ 版权所有 翻印必究